Pilares

de la

Vida Cristiana

• • • ෨ෆ • • •

José J. Ramírez

editorial
δουλος
Embajadores en cadenas

San Antonio, Texas

Editorial Doulos
17039 Autry Falls
San Antonio, Texas 78247
www.editorialdoulos.com
editor@editorialdoulos.com

Colección
Ministerio y Pastoral
Volumen 6

Contenido

Prefacio

Hace algunos años leí un libro acerca de discipulado cristiano que me dejó intrigado por la forma como el escritor definía la vida cristiana. Aunque todavía era un niño en la fe cristiana, la forma como el escritor presentaba la fe cristiana no encajaba con mi percepción acerca del cristianismo. Desde niño fui formado en las doctrinas bíblicas y siempre he seguido con diligencia enriquecer mi conocimiento con la verdad que nos presenta el texto sagrado. La fe cristiana en un estilo de vida que se va perfeccionando según profundizamos en la palabra de Dios. Todo aquel que quiera conocer a Dios siempre será impulsado por el Espíritu Santo a buscarlo en la revelación escrita, la Biblia; siendo Cristo la máxima y perfecta revelación de Dios. El estudioso encuentra la base de su doctrina en la verdad revelada por Dios, ya que fuera de esta, la verdad está sometida al escrutinio.

A lo largo de mi carrera ministerial he podido observar la gran necesidad que la iglesia tiene de material para discipulado, material que profundice en temas del día a día. Hay grandes obras de teología, con contenido profundo, pero cuando se trata de discipular a la iglesia normalmente se cree que el contenido debe ser superficial y ligero para que las personas nuevas en la fe cristiana lo entiendan. Hay algo que llamó mi atención en mis años de preparación doctrinal-teológica, el Dr. R. C. Sproul, una de las mentes más brillantes del siglo XX, me ha enseñado en sus libros, videos y escritos cristianos que uno puede ser profundo usando un vocabulario sencillo, ya que el lector y oyente necesita conceptos profundos simplificados para llevarlos a la práctica en su diario vivir. Una de las grandes ordenanzas que Jesús nos dejó en la Gran Comisión fue el hacer discípulos de todas las naciones Mt. 28:19.

No sé cuántos libros y materiales que hablan del tema del discipulado he leído. Es que soy un fiel creyente de que para tener una iglesia saludable el discipulado es importante. Cada vez que puedo voy a semanarios y tomo cursos que hablen del tema; porque veo la necesidad de estar actualizado para preparar bien a los hermanos que vienen a la iglesia con múltiples necesidades, especialmente los nuevos en la fe. Antes de entrar al Seminario Internacional de Miami yo había pasado por las aulas de varios seminarios, y había estudiado tres años y medio en una universidad cristiana, porque tenía hambre de conocer a profundidad las Escrituras, pero ninguna había llenado las expectativas teológicas que tenía. Por momentos pensé entrar a la universidad para estudiar psicología porque creía que Dios me estaba llamando a la consejería de matrimonio o familias con hijos problemáticos. Sin embargo, fue en mi primera clase sobre el curso del "Evangelio de Marcos" que impartió el Dr. Cornelio Hegeman en el centro MINTS Toronto que mi mente se aclaró y desde el 2003 a la fecha sigo estudiando teología reformada convencido de que es la teología que mejor interpreta la Biblia.

Es evidente que discipular a la iglesia es un trabajo que se debe hacer con diligencia. Además, requiere de discipuladores que sin importar las dificultades se dediquen a esta labor, hombres y mujeres que según el llamado de Dios pongan a la disposición del reino de Dios sus dones y talentos para preparar a los fieles en la palabra de Dios. Estas personas deben ser sensibles a la obra que el Espíritu Santo está haciendo en las personas que han sido puestas delante de ellos para que les guíen y sirvan según la gracia de Dios les impulse. Estas personas que han sido nutridas y encaminadas a la vida cristiana son atraídas a las instalaciones para que en un solo cuerpo de creyentes presenten su adoración delante de la presencia del Dios soberano que merece nuestra adoración y gratitud por mostrarnos su gracia inmerecida. Estos cristianos reunidos testifican a otras la obra que Cristo ha hecho en sus vidas, una obra que trasciende las limitaciones de una mente finita. Otro fin que se logra con el discipulado es unir a las personas en grupos de estudio pequeños en donde crecen en fraternidad y conocimiento de Dios.

Este curso es uno de los cinco cursos que MINTS me ha pedido que escriba para el Doctorado en Ministerio que estoy cursando. Cada una de las lecciones están diseñadas para llevar al estudiante de teología a reconocer la importancia de conocer las Escrituras para conocer el propósito de Dios para nuestras vidas. La idea principal de este curso es la edificación del cuerpo de Cristo, y el crecimiento en aquellas disciplinas que nos llevan a madurar en la fe en Cristo, su reino y su gloria con la que nos ha cubierto como pueblo del pacto. estoy agradecido con MINTS por la formación que me ha provisto y estoy comprometido con Dios y con su iglesia para dar lo mejor de mi para que la iglesia sea edificada y tenida por digna de pertenecer. Reconozco que este curso no cubre todo acerca del discipulado cristiano, pero en él presento ocho principios que ayudaran a la persona a crecer en el conocimiento y amor por Dios y su reino.

También me gustaría presentar mi agradecimiento a hombre fieles a Dios y a la iglesia que creyeron en mí y que me dieron la oportunidad para hacer ministerio en una iglesia que todavía está en plena maduración estructural. Si, quiero agradecer al Dr. Eric Pennings, al Dr. Cornelio Hegeman, al Rev. Richard Bout y al anciano Arthur Miedema, hombres que han inspirado y apoyado mi ministerio incondicionalmente. También me gustaría reconocer el cuidado, consejos y regaños que recibí del anciano Rosabel Rosales, un hombre temeroso de Dios y muy prudente y que aun después de que ya está con el Señor sigue influenciando mi vida. Por último, estoy profundamente agradecido por la oportunidad que he tenido para escribir este curso y mi oración es que todos aquellos estudiantes y no estudiantes que lo lean sean bendecidos con el material que tiene en sus manos. Estoy profundamente agradecido por la bondad de Dios quien usa lo débil y sencillo de este mundo para gloria de su nombre y para que su reino siga el rumbo trazado por Él desde antes de la fundación del mundo. Es mi petición a Dios para que esta obra impacte a muchas personas y que prepare a la iglesia para recibirlo como una herramienta para su edificación. ¡A Dios sea la gloria!

José J. Ramírez
Toronto, Canadá
2023

Introducción

La obra más elevada a la que un cristiano debería dedicarse con cuidado y reverencia es a la búsqueda del conocimiento de Dios. Sin embargo, este conocimiento no se puede alcanzar por un mero acto intelectual 1ª Cor. 1:18-21, es indispensable entonces la revelación especial de Dios para que este conocimiento sea completo 1ª Cor. 2:10. El hombre necesita a Dios para poder profundizar en este conocimiento, ya que «para el hombre natural las obras de Dios, especialmente la obra de la cruz son locura» 1ª Cor. 2:14. Así que para entender la revelación de Dios en la Biblia, necesitamos de la obra directa de Dios por medio del Espíritu Santo Jn. 14:26; 15:26. La revelación que Dios ha hecho de si por medio de la creación no es suficiente para la salvación, por esto es importante recibir a Cristo para entender la obra de Dios, porque Él es la última y más eficaz revelación. Sin embargo, si la iglesia quiere conocer firme y vívidamente a Dios, debe por fuerza que enfocarse en el estudio serio de la palabra de Dios.

¿Será posible alcanzar el conocimiento de Dios? En los límites que establece la revelación escrita sí; pero fuera de esta revelación es imposible conocer la voluntad de Dios. Se ha escrito mucho material de discipulado y de muchas maneras, algunos en forma de preguntas y respuestas, otros definen la doctrina bíblica, otros de forma sistemática toman temas bíblicos y los desarrollan más profunda y sistemáticamente; sin embargo, no existe el meto único, todo lo contrario, Dios usa muchos medios de enseñanza-

aprendizaje para formar a su pueblo intelectual y espiritualmente. Eso formación sufre un proceso de
maduración por medio de la enseñanza bíblica y la
práctica de las disciplinas espirituales, o también llamadas medios de gracia: la oración, la lectura de la
palabra de forma sistematizada y los sacramentos.

Si en su meta como líder o pastor esta ver una
iglesia saludable y en crecimiento, usted debe enseñar a esta iglesia a conocer a Dios y debe llevarla a
la práctica de aquellos principios bíblicos que le llevaran a la madurez cristiana. Desafortunadamente
en la iglesia se puede ver a muchos cristianos inmaduros, débiles en la fe y sin fundamento doctrina,
porque después de muchos años de haber recibido
el don de gracia de la salvación siguen bebiendo leche en vez de comer comida solida 1ª Cor. 3:1-3. Por
favor no me vaya a mal interpretar creyendo que lo
que digo es que la persona ha perdido y va a perder
su salvación; para nada, lo que quiero decir es que
su vida en la iglesia será marcada por la inmadurez.
Sin embargo, lo que el discipulado hace es da formación, fortalecer la fe y produce madurez cristiana. En
este estudio, nos hemos propuesto presentar varios
temas que ayudaran al creyente en su vida cristiana.

Por otro lado, lo que hacemos en este estudio es
proveerle a la iglesia las herramientas para que profundice en el conocimiento de Dios y si reino. El estudio está centrado en la obra de Tri-Un Dios, Padre,
Hijo y Espíritu Santo y toda la doctrina bíblica que
propone tiene su base y fundamento en las Sagradas
Escrituras. El fin que buscamos es el de entender el
discipulado desde la Gran Comisión y por medio del
propósito de Dios, quien nos lleva al fin del mensaje
único de la Biblia, el Plan de Redención, cuya única

conclusión es la preparación de la iglesia para la eternidad, una iglesia madura que va siendo transformada a la medida del varón perfecto, esto es Cristo. Dios en este plan busca transformar la cultura con el evangelio, llamando todas las cosas a la perfecta sujeción a Jesucristo. Esto solo se cumplirá cuando la iglesia sea corregida en aquellas cosas que limitan su desarrollo cristiano por medio del estudio de la fe cristiana. En este estudio se presentan varios temas que ayudaran a conocer a Dios de una manera más personal y vivencial. Así que, este estudio ayudará a la iglesia a facilitar las cosas el crecimiento personal y como cuerpo de creyentes en algunas doctrinas importantes para la fe.

Como creyente debemos entender que la iglesia le pertenece a Dios, Él la fundó, Él la compró con su sangre, Él la va sosteniendo por la obra del Espíritu y Él la glorificará en el día de la redención final. Dios es el dueño de la iglesia. La iglesia debe transformar las culturas de la tierra por medio del mensaje del evangelio de gracia y de bondad. El verdadero discipulado permite que la iglesia anuncie el reino de Dios en la persona y obra de Jesucristo, presente el evangelio desde la óptica del Plan de Redención en Cristo transformando su contexto con la única verdad con carácter eterno, y constantemente participe en la Mio Dei, la misión de Dios. La iglesia esta sostenida en la obra de Dios y nada ni nadie la podrá destruir. Sin embargo, es formada bíblica y doctrinalmente por hombres de Dios que serán beneficiados por medio del material que está en sus manos.

¿Cuál es la estructura de este estudio? Los principios del discipulado bíblico presentados en este material han sido separadas en ocho lecciones: La lección uno presenta la razón de porque existe la predicación bíblica y pone al descubierto lo que pasa cuando la iglesia predica la verdad o simplemente entretiene. La lección dos nos enfoca en el conocimiento de la fe que es obra del Espíritu Santo en el corazón de los elegidos y nos alimenta con la esperanza de que como esta fe no es obra de nosotros, sino de Dios, esta nos asegura que somos salvos del infierno y hemos sido trasladados al reino del Hijo de Dios, Jesucristo. La lección tres enfatiza la importancia de la sana doctrina para el crecimiento saludable de la iglesia. La lección cuatro nos habla de la importancia de mantener una adoración bíblica y ordenada cuando entramos a la presencia de Dios. Además, nos asegura que Dios es un Dios de orden y nos llama precisamente a presentar nuestra adoración con entendimiento y gozo porque estamos agradecidos por la obra de Dios. La quinta lección ubica a los miembros de la iglesia en el lugar en el que pueden servir y nos enseña que Dios nos ha dado dones y talentos a cada uno para que sirvamos a los demás y para que vivamos en comunidad, la comunidad de los santos. La sexta lección se enfoca en aquellas virtudes con las que el pueblo de Dios ha sido dotado y le coloca en el sitio oportuno para ser de bendición a sus hermanos como cuerpo. La séptima lección nos coloca en la medula de lo que somos como iglesia misionera, el servicio cristiano. Toda la iglesia debe ser un siervo, ya que Cristo es el modelo que seguimos y Cristo fue el Siervo Sufriente Is. 53. La lección ocho nos urge a llevar a cabo la Gran Comisión con cuidado y dedicación hasta los últimos confines de la tierra. Al principio de las lecciones se presenta en términos generales de lo que se va a hablar y al final se presentan un grupo de preguntas que ayudaran al lector a ejercitar su habilidad cognitiva.

¿Por qué se le da tanta importancia al discipulado en este curso? Se le da importancia porque el Señor Jesús antes de irse al cielo enfatizo que debíamos ir por todo el mundo discipulado a los creyentes y enseñando el día agradable del Señor Mt. 28:18-20 y nos dejó una gran promesa, Él estaría con nosotros a través de la obra del Espíritu Santo. Así que, la iglesia tiene un compromiso con Dios y con su reino de discipular a los que creen en Jesús. La iglesia en los últimos años ha crecido enormemente en número, pero es una iglesia enferma de muerte porque sus miembros se ven como meros números y no como hijos de Dios que merecen ser discipulados para que alcancen la madurez para su desarrollo y debe ser enseñados en aquellas doctrinas que le consoliden en el cuerpo de creyentes. Es una necesidad que formemos comunidades de cristianos que encarnen aquellos valores y principios del reino que proclamen el verdadero evangelio y no un evangelio enfocado en metidos y principios humanos. ¡Dios nos ayude para cumplir con esta obra!

1

La Predicación Bíblica

Introducción

El estudioso de la palabra de Dios debe poner en la labor de predicación su talento y, más aún, un insaciable deseo de llevar el mensaje de las Escrituras al contacto con la vida misma del oyente y de su persona. Un mensaje sin una experiencia vívida es como un carro sin motor, no sirve para nadie, ya que esta inhabitado para producir alguna clase de servicio. El mensaje tiene que producir un cambio en la vida del expositor y del oyente. El Gran reformador y pastor Richard Baxter dijo en cierta ocasión:

«Nunca conoció un hombre que valiera algo en su ministerio, que no sintiera angustia por ver el fruto de su labor. Los *principios* y la *pasión* deben unirse para que algo significativo ocurra en el púlpito. Sin los principios y la pasión de un gran exponente entregado al arte de la predicación, el sermón es solo información y jamás logrará el sentido transformador para lo cual Dios iluminó he impulsó al predicador para que lleve el mensaje al corazón necesitado de oír palabra de Dios. A la investigación y ponencia del texto el exponente debe añadirle: su vida, su intuición, su madurez, su imaginación y su dedicación. Así como el *hidrógeno* y el *oxígeno* producen agua, el *deseo* y la *preparación*, cuando se unen, producen comunicadores eficaces de la verdad de Dios».[1]

La pasión, la dedicación, la santidad y los principios son los que llevan al predicador presentar un mensaje con información, por consiguiente, con el evangelio. El predicador siempre debe buscar la salvación de oyente inconverso.

El Testimonio de Grandes Predicadores

Juan Calvino: Es una explicación de la Escritura. Las palabras de la Escritura son la fuente y el contenido de la predicación […] La predicación no sólo es la explicación de la Escritura, sino que también es la aplicación de la Escritura.

Unger: […] Realmente no es predicar acerca de la Biblia sino predicar la Biblia. «Lo que dijo el Señor» es el alfa y la omega de la predicación expositiva. Comienza en la Biblia y termina en la Biblia y todo lo que interviene brota de la Biblia. Y aplique a las necesidades actuales de aquellos que lo escuchan.

Dr. Martyn Lloyd-Jones: […] la verdadera predicación expositiva es predicación doctrinal, es predicación que se ocupa de las verdades específicas de Dios para el hombre.

El consejo del apóstol Pablo ante la predicación

---

[1]https://www.google.com/search?q=El+gran+reformador+y+pastor+Richard+Baxter+coment%C3%B3+cierta+vez+que%3A+%E2%80%9Cnunca+conoci%C3%B3+un+hombre+que+valiera+algo+en+su+ministerio%

es concreta y demuestra fidelidad al llamado. Ojalá y todos los predicadores llevarán a la práctica el principio expuesto por el apóstol a los gentiles: «Pues no somos como muchos, que medran falsificando la palabra de Dios, sino que, con sinceridad, como de parte de Dios, y delante de Dios, hablamos en Cristo», 2ª Cor. 2:17. Todo lo contrario a los falsos predicadores, quienes lisonjean a la gente con el mensaje, el verdadero predicador dice la verdad sin importar los resultados inmediatos de su mensaje. Es posible que un predicador que expone sus ideas con carisma tenga éxito y frutos inmediatos, pero este fruto no durará porque están fundados en lo que Pablo llama «falsificando la palabra» el fruto es falso, porque viene de la falsedad. Pero si, el predicador debe presentar el mensaje de salvación como palabra de Dios, porque viene de Dios, el mensaje es sacado de las Escrituras. Además, debe de hacerlo con temor y temblor, porque cuando predica esta delante de Dios y de su pueblo exponiendo las verdades de Dios; y por supuesto no debe faltar el evangelio —Cristo es en donde él mensaje aterriza. Así que, el predicador, habla en nombre de Dios, se presenta delante de Dios y testifica de la obra de la cruz.

Características que Acompañan al Predicador

Un buen predicador debe sentir que sus venas hierven de pasión por la predicación. No es una simple predicación, sino una predicación bíblica. El predicador debe mantenerse apasionado por presentar un mensaje bíblico y que llegue al corazón del oyente. No se trata solo de *cultivar* (sembrar la semilla de la verdad) en el intelecto del oyente, sino de *cautiva* el ser del oyente. Sería bueno observar el método de predicación del apóstol Pablo; él podía ser un hombre tosco al presentar conceptos doctrinales, pero era también un hombre que presentaba su argumento intelectual profundo conocimiento de los temas y a la vez ser también un predicador sensible a la necesidad del evangelio para el pueblo de Dios. «Consideren como se fusionan la exposición y la exhortación en sus cartas. Por ejemplo, cuando finaliza 2ª Cor. 5, entrega una de las explicaciones más importantes del Nuevo Testamento sobre la doctrina de la reconciliación. Trata temas formidables: en Cristo, Dios estaba reconciliando al mundo consigo mismo, y no tomó en cuenta a los hombres sus pecados, sino que, por causa nuestra Cristo, quien no cometió pecado, fue tratado como pecador, para que fuésemos hechos justicia de Dios».[2] Esto implica llegar al punto donde todo el ser del receptor sea sacudido por la verdad presentada en el mensaje predicado. Para lograr esto el mensaje debe ser bíblico y con un trabajo hermenéutico diligente. La predicación abre una puerta al conocimiento de Dios; sin embargo, por medio de la predicación el oyente debe ser confrontado con su realidad para que su decisión sea seguir a Cristo. Así que, el conocimiento abre la puerta a la comprensión del evangelio. «Los tres elementos esenciales de la predicación son: la verdad, la claridad, y la pasión… En el caso del predicador y su Biblia, Campbell Morgan dijo: «No puedo comprender por mi parte por qué a ese hombre no lo arrebataba en ocasiones el fuego, y la fuerza y el fervor de su trabajo».[3] El predicador fue

---

[2] Stott, R. W. John., "*La Predicación: Puente Entre Dos Mundos*", p. 275.
[3] *Ibid*, pp.276-277.

llamado por Dios para presentar un mensaje bíblico, pero no hacerlo como si preside un funeral; aunque le esté hablando a personas muertas, espiritualmente hablando, el mensaje puede aun ser vívido, sin perder de vista la erudición. Al final el evangelio es dinámico. Jesús nos dió ejemplo, cuando Él presentaba el mensaje de salvación lo hacía de tal manera que procuraba llenar las necesidades espirituales, intelectuales y físicas de sus oyentes. Debemos aprender del gran maestro homilética, Jesucristo.

Por otro lado, un buen sermón sin una excelente aplicación para poco aprovecha. La misma definición de predicación lo dice todo: «La predicación en sentido bíblico y teológico es la comunicación de un mensaje divino por encargo de Dios revelador. En lo que sigue, sólo se tienen en cuenta los escritos del NT; para el AT, profetas».[4] Una buena aplicación siempre está conectado con un corazón ardiente por el arte de predicar. Creo que el Dr. Lloyd-Jones ha señalado un punto crucial. «El fuego de la predicación depende del fuego del predicador, y ello proviene a su vez del Espíritu Santo. Nuestros sermones nunca prenderán fuego a menos que el fuego del Espíritu Santo arda en nuestros corazones y sirvamos al Señor con el fervor que da el Espíritu, Rom. 12:11».[5] La predicación debe hacer arder nuestros corazones, así como a los discípulos que caminaron con Jesús el camino a Emaús, ellos dijeron: «¿No ardían nuestros corazones mientras nos hablaba y

---

[4] Tec Kumul, Abel R., "*Taller de Homilética y Hermenéutica*", p. 3. http://ieca.com.ec/libros/Abel%20Tec%20-%20Taller%20De%20Homiletica.pdf
[5] *Ibid*, p.278.

abría las Escrituras?» Lc. 24:32. El sermón debe aterrizar en una verdad que deje al oyente pensando en cómo aplicarlo a su realidad cotidiana. El verdadero campo para la práctica del sermón está en el día a día de la persona. Nada de lo que la persona haga puede ser más importante que rendir gloria a Dios con su comportamiento en sociedad. Sin embargo, este cuidado debe tenerlo el predicador al asegurarse de que la verdad expuesta es para cambiar el corazón del oyente.

Elementos de la Predicación Bíblica

La predicación bíblica tiene aplicación, y esa aplicación no violará el propósito ni la función del texto en su situación original; además, sin aplicación es solo *exposición* y no *predicación expositiva*. Es información narrada, exteriorizada, pero no es un mensaje departe de Dios al oyente. Neh. 8:8 «Y leían en el libro de la ley de Dios claramente, y ponían el sentido, [...*interpretaban*...] de modo que entendiesen la lectura». Nehemías está demostrando que la palabra que se predica debe ser interpretada para que el pueblo entienda de que se trata el mensaje, y así cambien su caminar. La iglesia solo tiene una verdad, la Biblia; así que, debe «reconocer la unidad y continuidad de la Biblia. Para seguir esta progresión de la revelación, la teología bíblica se basa fundamentalmente en la unidad de la paternidad literaria primaria de la Biblia, así como en la continuidad orgánica de la obra de Dios en la revelación y en la redención».[6] El apóstol Pablo en Hch. 20:26,27 nos enseña: «Por tanto, yo os protesto en el día de hoy, que estoy

---

[6] *Ibid*, p.4.

limpio de la sangre de todos; porque no he rehuido anunciaros todo el consejo de Dios». El *mensaje de Pablo* siempre fue sacado de la palabra de Dios. Este hecho hace libre al predicador de la perdición de sus oyentes, ya que la misma palabra que condena a la persona que decide seguir en su pecado, es la misma palabra que libera al hombre de su pecado y libera al predicador de la culpa de los que se pierden.

Tenemos una lista de declaraciones acerca de la predicación: (1) La fuente del mensaje se halla en la Biblia. La iglesia bíblica no tiene otra fuente que la Palabra de Dios en su predicación. El mensaje no es solo meticulosamente investigado a la luz del contexto bíblico, sino que es cuidadosamente interpretado por la Biblia misma. Esta es una de las grandes doctrinas recuperada por los reformadores del siglo XVI; LA SOLA SCRIPTURA, este término significa específicamente: la Biblia es el intérprete de la Biblia. En este sentido no hay lugar para la especulación, la ambigüedad, la ociosidad, o el mal manejo del arte de predicar. No, cuando las Escrituras ocupan el centro del método de investigación, el desenlace será siempre la gloria de Dios. (2) La exégesis es hecha al pasaje. El predicador debe cuidar de hacer una exégesis apropiada y fiel al pasaje en estudio; esta es una completa responsabilidad del expositor. La predicación debe ser tomado seriamente. La predicación se trata de cambiar la vida de los oyentes y la única con capacidad para ello es la palabra de Dios. La preposición –ex– significa extraer de. Es sacar la esencia del mensaje detrás del texto en estudio; pero, también se trata de transmitir este mensaje con la seguridad de que es palabra de Dios. (3) Se estudia un solo pasaje bíblico. Un sermón trata con un solo pasaje de la Escritura. Esto significa que los versículos de referencia que vamos a utilizar en la predicación deben de estar alineados, en sintonía con el tema, y sometidos al pasaje principal desde donde se está predicando. No se trata de tomar versículos que tienen palabras similares al pasaje principal. De lo que se trata es de buscar aquellos versículos que nos van a ayudar a traer claridad al pasaje y que apoyan la tesis principal de pasaje. Un predicador serio usa bien la Biblia.

El Fin de la Predicación

El sermón bíblico tiene un fin definido por sí solo. El fin del sermón es declarar las verdades de Dios para su pueblo y llevar al oyente a entender la necesidad que tiene de Dios. Para conseguir llegar al fin anhelado, es importante hacer una exégesis adecuada. «El propósito de la exégesis (primer paso hacia la predicación bíblica), es comprender el texto lo más cabalmente posible. Debe siempre estar acompañada no solo de una extensa y apropiada investigación, sino de mucha oración en el marco de una vida piadosa y redimida».[7] El predicador debe familiarizarse con el texto para entender su mensaje, pero también para sacar aquellas verdades que le ayudaran para su propia vida. «Su papel como exégeta es desvelar cualquier misterio escondido, tomando en cuenta que todos los misterios ya fueron revelados. El papel del interprete es de administrador, un amo de llaves […] Evite el estatus quo, y sospeche de la

---

[7] https://es.scribd.com/document/363983682/7-Pasos-Hacia-La-Predicacion-Expositiva

creatividad. Haga su trabajo. Conozca los sistemas teológicos a fondo, y bautícelos de humanos».[8] El exegeta es un maestro que presenta las verdades bíblicas a personas que merecen recibir una información legítima. Así que, recuerde que como predicador usted es un emisario de la verdad, pero este hecho le convierte en un atalaya de la verdad. Por otro lado, Dios le ha dotado de autoridad y le ha convertido en un embajador, un representante de su reino de gracia, por lo cual el mensaje que predica es un mensaje que viene de Dios. Como pastor y ministro del evangelio, Dios le ha llamado a ser un mensajero de Buenas Nuevas y por sus oraciones y predicación las personas oyen el mensaje de arrepentimiento y el Espíritu Santo obra en sus corazones la salvación en Cristo.

En el sermón predicado por Pedro el Día de Pentecostés encontramos un ejemplo claro del fin de la predicación. El mensaje de Pedro logró el cambio de dirección en la mente y corazón de los oyentes. ¿Cómo se ve esta transformación? Lo demuestra la reacción de los oyentes, Hch. 2:14-41. El sermón de Pedro sigue cuatro etapas: —(1) introducción— Pedro está llamando la atención de los oyentes; vv14,15 —(2) tesis del sermón— La tesis es el argumento teológico principal del sermón de Pedro —persuasión […] es la teología— *«este es el cumplimento de la promesa hecha por Dios a nuestros padres»*, vv16-21, Pedro empieza su argumentación —(3) la Cristología vv22-24— Jesús ya no es el siervo sufriente, sino el DIOS-HOMBRE que fue glorificado por el Padre para que

---

[8] *Ibid*, p.5.

se siente en su trono de gloria con Él *Primer argumento Cristológico:* el testimonio de los profetas del Antiguo Testamento vv25-31. Cumplimiento de la profecía bíblica acerca del Mesías. *Segundo argumento Cristológico:* el testimonio de los apóstoles v32; Ef. 2:20… Dios resucitó a su Hijo de entre los muertos. *Tercer argumento Cristológico:* el testimonio del Espíritu Santo vv33-36. La venida del Espíritu Santo no fue por accidente u ocasional: es el cumplimiento de la promesa del Padre, quien prometió que, al serle quitado el Hijo al pueblo de la promesa, Dios el Padre y Dios el Hijo enviarían al Consolador para que este con su iglesia hasta el fin de los tiempos. —(4) la obra es de Dios. Que el sermón llega a la parte intelectual del pecador y el Espíritu Santo hace su obra de convencimiento en el corazón para perdón de pecado por el sacrifico de Cristo. ¡¡¡AMEN!!![9]

El Significado de la Predicación

La predicación bíblica tiene un significado transformador y nunca pierde su eficacia. La predicación bíblica manifiesta; es decir, trae a luz lo que está en tinieblas, alumbra en lugar oscuro. «Hablando en general, el discurso es material hablado. Es lógico y lineal […] Para encontrar la estructura de un discurso, es útil escribir el texto en un trozo de papel sin los saltos de los párrafos o quitando los números de los versículos dados por los editores de nuestras biblias […] Todas las cosas importantes que hay que buscar

---

[9] *Es un error garrafal usar demasiados versículos para apoyar el argumento, hay que usar la Biblia, pero son pasajes seleccionados. Siempre es bueno buscar uno o dos versículos que apoyen nuestro argumento y asegurarnos que los vamos a usar correctamente en el contexto.*

están relacionadas con la gramática».[10] El predicador bíblico, expone lo que está mal y propone una
solución. Por ende, el sermón debe *expone el pecado y
declara la palabra de Dios y el evangelio* como solución
al pecado. En otras palabras, el predicador envía la
palabra de Dios la cual regresará con el efecto para
lo cual fue enviada Isa. 55:11. Es Dios hablándole al
pueblo por medio de su vocero. La predicación bíblica, proclama el evangelio de gracia; es decir,
anuncia las buenas nuevas de salvación en la obra
de Cristo. Como atalaya de la verdad debemos estar
comprometidos con esta verdad hasta el final. El atalaya en el antiguo Israel cumplía un papel específico,
este se situaba en una parte alta desde donde anuncia las noticias, fueran buenas o malas.

La palabra de Dios cumple el papel de consejo,
exhortar. Este es un verbo transitivo con el cual se
anima a las personas para que hagan algo en pro de
una causa o con un fin. En la predicación el predicador exhorta a sus oyentes a que vivan para Dios y se
sometan a su palabra. 1ª Cor. 14:3 y 2ª Tim. 4:1-5. Pablo en estos dos pasajes exhorta a que se predique la
verdad para que el pueblo sea atraído hacia Dios por
una sana predicación. De hecho, en 1ª Cor. 14:3 Pablo explica que el fin de la predicación es triple: —*a)
edificación*— La palabra es construir algo de la
nada. El predicador construye puentes de relación y
santificación entre Dios y los hombres con su predicación. —*b) exhortación*— llamar al arrepentimiento y cambio de dirección. —*c) consolación*—

---

[10] Helm, David., *"La Predicación Expositiva: Como Proclamar la Palabra de
Dios hoy"*, p.63.

Trae sosiego al alma abatida por el pecado. «Mientras caminan, él demuestra a estos discípulos cómo Moisés y todos los profetas —todas las Escrituras— tienen que ver con él Lc. 24:25-27. Más tarde esa noche se une al resto de los once y lo hace de nuevo; les abre sus mentes para comprender las Escrituras, y para ver que lo que fue escrito acerca de él en la ley de Moisés, en los profetas y en los Salmos debe cumplirse vv. 44-45».[11] Fueron nuevas de gran gozo las que recibieron los discípulos aquel día. Dios vino a quitar toda la opresión, maldad, angustia y dar libertad a los oprimidos Is. 61:1-4. Este es el trabajo del predicador comprometido con el mensaje puro del santo evangelio. En Cristo se cumple a plenitud la profecía de Is. 61:1-4; Lc. 4:18-22. La Buena Nueva es que Dios vino a ofrecer su vida y a habitar entre su pueblo.

La Importancia de la Predicación

Por medio de la predicación bíblica Dios encuentra al hombre perdido y lo conduce a la salvación 2ª Tim. 3:15. También lo lleva a la riqueza de la madurez cristiana, formando el carácter de su Hijo Jesucristo en la vida de su pueblo 2ª Tim. 3:16,17. Cuando Dios en su gracia y bondad confronta al ser humano con su condición por medio de la predicación, Dios lo toma del centro de su ser, su alma y le lleva a una experiencia transformadora sin precedente, concluyendo en la gloria de Dios. La predicación bíblica se puede definir como: «La comunicación de un concepto bíblico, derivado de, y transmitido por medio de, un estudio histórico, gramatical

---

[11] *Ibid*, p.70.

y literario de cierto pasaje en su contexto, que el Espíritu Santo aplica, primero, a la personalidad y la experiencia del predicador, y luego, a través de este, a sus oyentes».[12] Este es aún asunto de gracia, ya que Dios llama a simples mortales para que lleven el mensaje a su pueblo. «Solamente hay una manera de permanecer fieles al texto bíblico, que sea el texto quien gobierne el sermón en forma y contenido. Si algo debemos exigir de la predicación, es que sea fiel al texto».[13] Nada en la predicación tiene mayor énfasis que permanecer enfocado en lo que el texto dice; además, que el sermón sea basado en la vida y obra de Cristo, usando el Antiguo Testamento en el Nuevo Testamento o viceversa, para mostrar a Cristo en toda la Biblia. El mensaje central de la Biblia es Jesucristo.

Cuando se predica bíblicamente, hay tres componentes que no deben faltar al exponer: Primero, la teología, el —estudio acerca de Dios— el centro del menaje en la historia de redención es la elección de Dios; donde eternamente Dios ha elegido a un pueblo para gloria de su nombre. En este plan, Cristo y el Espíritu Santo son clave. De hecho, «El gobierno implícito del Reino en la palabra Mesías y la inclusión de todas las naciones son ideas increíblemente ricas. No obstante, esta simple frase constituye el corazón del evangelio. El evangelio —al menos para Jesús— se encuentra en todas las partes de la Biblia».[14] El plan de redención se encuentra en toda la Biblia. Segundo, la predicación involucra al predicador. «La Escritura inequívocamente requiere una

---

[12] https://www.indubiblia.org/predicacion-expositiva#h.dwg294tpf2t
[13] Ibid. https://www.indubiblia.org/predicacion-expositiva#h.dwg294tpf2t
[14] *Ibid*, p.71.

proclamación centrada en la voluntad de Dios y en la obligación que tiene la humanidad de obedecer».[15] Esto incluye al predicador. El predicador debe ser ministrado por la palabra antes de comunicar el mensaje a los oyentes. El último grupo bendecido por la predicación bíblica son los congregados. El sermón se presenta para que la congregación sea edificada y para que los que llegan al culto sin Cristo sean transformada por medio del evangelio. Cada domingo millos de cristianos se acercan a la iglesia para adorar a Dios y para oír su voz. De hecho, en el culto cristiano la iglesia adora a Dios con todo su ser y Dios le responde con su presencia. El culto cristiano es un dialogo con Dios donde la iglesia le presenta su gratitud por la salvación y Dios le responde con la bendición de su palabra.

El pasaje gobierna el sermón. El pensamiento del escritor bíblico determina la sustancia del sermón expositivo. Hay ocasiones en que el predicador jamás vuelve a tocar el pasaje que leyó. La intención de parte de Dios es de presentan el mensaje en ese momento para una necesidad especial y posiblemente el predicador jamás vuelva a ser motivado por el Espíritu Santo para predicar este pasaje otra vez. Sin embargo, en ocasiones el mismo pasaje es predicado en múltiples ocasiones porque Dios quiere hacer algo con alguna persona a través del sermón. No podemos dejar de mencionar que, aunque es posible que este sea el último pasó al hacer la exégesis del texto, si puede ser «el más crucial y el más peligroso de todos. Es relatar el mensaje bíblico

---

[15] MacArthur, John., "*El Redescubrimiento de la Predicación Expositiva*", p.1.

de manera fiel y relevante a la vida moderna. En este punto debe entrar en juego toda su capacidad como artífice. Debemos saber que la exposición fiel de un texto no produce por sí misma un sermón efectivo».[16] Además, el predicador debe ser cuidadoso a no ser influenciado por la posmodernidad en la que tiene que desarrollar el mensaje. Por ejemplo, en el mundo posmoderno en el que vivimos el deseo de reconocimiento y grandeza ha llevado a los predicadores a la falacia del mal llamado «evangelio de prosperidad», entre otros movimientos antibíblicos. Este ha sido el gran conflicto entre un buen predicador y el sermón. «La predicación expositiva, al insistir que el mensaje del sermón coincida con el tema del texto, llama de regreso al predicador a su verdadera tarea; la proclamación de la Palabra de Dios en y a través de la Biblia».[17] Para mantenernos firmes en el llamado solo debemos predicar lo que Dios ha revelado en su palabra.

Partimos de otra gran verdad, las ideas humanas deben ser sometidas a la Biblia y no viceversa. El predicador deja a un lado cualquier sentimiento personal, idea preconcebida, situación que le esté afectando para someterse por completo a la soberanía de la Escritura en su mensaje. Tiene que dar un giro en contundente con respecto a sus propias ideas acerca de la Biblia, especialmente si estas ideas entran en conflicto los conceptos del escritor bíblico. El predicador lee para entender, para experimentar y para transmitir lo que lee. La homilética tiene dos componentes que la hacen bella: es una ciencia y es un arte.

---

[16] *Ibid*, p.10.
[17] *Ibid*, p.10.

«La homilética es una ciencia, porque requiere reglas que ayudan a crear un sermón, así como comunicarlos oralmente (predicación). La homilética también es un arte, ya que depende de la habilidad del predicador, el uso correcto de las reglas que nos ayudan a crear y exponer el mensaje de Dios mediante la predicación».[18] La homilética nos ayuda para exponer de forma ordenada nuestro pensamiento.

El predicador presenta un concepto. «La oratoria es el arte de hablar elocuentemente, de persuadir y mover el ánimo mediante la palabra [...] La elocuencia es la habilidad de conmover y convencer. La oratoria es importante, dada la relevancia de la comunicación oral. La manera en que hablamos es base para juzgarnos y, por ella, se nos acepta o se nos rechaza».[19] Las palabras constituyen el material del cual se componen las ideas y se afirman y a menos que aquellas sean inspiradas, estas corren el riesgo de errar al blanco y convertirse en pensamientos humanos. Si un expositor procura con diligencia entender las verdades que encierran las líneas sagradas de la Biblia y comunicar su mensaje fielmente, debe hacerlo a nivel de las ideas que el Espíritu Santo ilumina en su mente. Cuando el predicador fija su doctrina, afirma ideas, y no simplemente frases. «Recordemos que el predicador es un comunicador, el predicador, para ser eficaz, necesita un buen estilo retórico. El primer y más urgente problema del orador es el de hacerse entender. Es importante que el predicador le dé la atención debida no sólo al contenido

---

[18] Martinez, Tomas Eliseo., "*La Predicación: El Proceso de Creación del Sermón*", p.19.
[19] *Ibid*, p.98.
http://www.iglesiareformada.com/Martinez La Predicacion.pdf

de lo que Dios le ha dado en la preparación, sino a la forma de cómo se comunica».[20] El predicador debe cuidar el vocabulario, por eso cada palabra debe ser articulada con la voz de Dios y no con la voz del hombre. Es decir, es Dios quien habla desde el texto sagrado y el predicador es su portavoz. Des de esta perspectiva, el predicador acerca su silla al lugar donde los escritores del texto sagrado se sentaron para redactar el mensaje de Dios para su pueblo de todos los tiempos y desde ese lugar les enseña la verdad a sus oyentes.

Ventajas de la Predicación Expositiva

Cuando predicamos expositivamente tenemos grandes ventajas: consideremos algunas de estas ventajas. (1) confianza de que predicamos la voluntad de Dios. Podemos tener cierto grado de seguridad de que estamos predicando la voluntad de Dios y no nuestra voluntad pietista. Es decir, podemos tener más confianza de predicar la voluntad de Dios cuando exponemos su Palabra. Una de las cualidades que debe tener el predicador es: «un supremo respeto a la verdad. Una convicción general y el reconocimiento de su deber de fidelidad no serán bastantes a guardarlo de todas las influencias sugestivas que se hallan en su camino. Aunque sea un sincero cristiano, está todavía en peligro de ser llevado por senderos falsos, a causa del poder de sus opiniones preconcebidas, o sus relaciones sectarias».[21] (2) compromiso con la veracidad de las Escrituras. «El

---

[20] *Ibid*, p.105.
[21] http://www.ntslibrary.com/normas%20de%20interpretacion.pdf

intérprete bíblico necesita además un profundo juicio, combinado con el poder de una concepción vívida. Mencionamos juntas estas dos cualidades, porque ellas se suplementan mutuamente».[22] Cuando
hacemos una interpretación correcta, el subjetivismo
se reduce al mínimo, si es que no se elimina en su
totalidad, ya que la confianza es en la palabra de
Dios, Él es hablando al pueblo acerca de su voluntad.

El mismo deseo de presentar el tema de la predicación bien nos lleva a dos conceptos más, (3) se expone el consejo de Dios. A medida que predicamos
las Sagradas Escrituras, proclamamos «*todo el consejo
de Dios*» en lugar de exponer nuestro tema favorito.
«Hay un término que, en teología pastoral, en el área
de predicación, es quizá el concepto que ha captu-
rado la mente de todos los que hemos querido estudiar y enseñar sobre la predicación, es el término
κηρύσσω que significa proclamar, declarar, predicar; y las otras palabras relacionadas: κηρυξ (predicador) y κηρυγμα (predicación)».[23] En cierta ocasión
escuche a un predicador fanfarrón decir que él tenía
temas para predicar por lo menos dos años. Desde
que le escuché me di cuenta de que algo estaba mal
con su idea de la predicación. Esto nos lleva a la pregunta, ¿Qué es primero, el tema o la cita bíblica?
Siempre va a ser la cita bíblica desde donde se va a
extraer el tema. (4) La meta de la predicación es la
gloria de Dios. Al predicar debemos tener como fin
máximo dar a conocer a Dios. En donde *Dios es glorificado Sal. 29:2*. La adoración a Dios y la exaltación

---

[22] *Ibid*, p.4.
[23] http://www.iglesiareformada.com/Orozco_Exegesis_Exposicion.pdf

de su nombre es como miel al paladar de un predicador cuando predica de Dios y su verdad. Se debe
enfocar la salvación, se debe hacer evangelismo. La
predicación expositiva es un excelente método para
hacer evangelismo público, pero con conceptos bíblicos. A través de la palabra el predicador ministra
al pueblo de Dios. La predicación bíblica ministra las
necesidades más latentes de la persona. «En todas
las edades donde la Iglesia ha vencido las puertas
del Hades, el evangelio ha conquistado tierras nuevas y la cristiandad ha brillado por su verdadera luz,
la marca distintiva de toda reforma y avivamiento
verdadero ha sido la recuperación de la verdadera
predicación. La Palabra, leída y predicada, sostenida
por oración ha tomado primacía».[24] Así que, la exposición de la palabra de Dios motiva al predicador.
La predicación expositiva motiva y desafía al creyente a la fe, la obediencia y el crecimiento cristiano
Rom. 17:10. La fe nos motiva a vivir de acuerdo con
los estándares del reino Jn. 17:17. El culto de adoración se vuelve más atractivo y se entiende en mensaje de Dios para su pueblo. Por otra parte, el centro
del culto es la predicación. Es algo así como la columna vertebral de la adoración cristiana. El sermón
es el centro del culto cristiano. En la liturgia bíblica
la predicación es el centro. Por eso, cada domingo
cuando la iglesia del Señor se reúne lo hace con la
idea central de escuchar la voz de Dios a través del
mensaje predicado por el pastor.

El sermón debe ser preparado siguiendo un orden lógico de pensamiento. ¿A quiénes quiero al-

---

[24] *Ibid*, p.9.

canza? Y ¿Por qué quiero llegar a ellos? El predicador serio sabe cuán importante es seguir una lógica
definida en la preparación de su sermón. «No importa lo brillante o lo bíblico que sea nuestro sermón,
sin un propósito concreto no vale la pena predicarlo.
Además, el predicador no tendría una idea clara de
por qué está hablando [...] El predicador hace varias
cosas cuando se enfrenta a su congregación: explica,
da ejemplos, exhorta, interpreta, hace gestos, entre
otras cosas».[25] Sin embargo, el predicador que no ha
comprendido que el sermón debe transformar la
vida de sus oyentes. Así que para logar esto debe seguir el siguiente orden: una clara hermenéutica. El
investigador predicador y maestro, debe usar un
método adecuado de interpretación del texto, hermenéutica y su método de exégesis debe ser el mejor. La exégesis– es la aplicación del método hermenéutico. La homilética es el arte de predicar. La presentación del sermón demanda del predicador dominio de la homilética: dominio del concepto de oratoria y gesticulación. «La audiencia no responde a
ideas abstractas, ni nadie se mueve a la acción con
solo leer un bosquejo. Si este no se desarrolla, los
oyentes no captarán su sentido y seguirán sin con-
vencerse. A medida que se desarrolla el sermón, los
oyentes se formulan varias preguntas: «¿Qué querrá
decir con eso? ¿Qué evidencias tendrá de eso en la
vida diaria? Parece interesante, pero ¿cómo funcio-
naría eso en la vida diaria?».[26]

Lo último que el predicador quiere lograr en la
mente del oyente es la necesidad por una aplicación

[25] Robinson, Haddon W., "*La Predicación Bíblica: Como Desarrollar Mensajes Expositivos*", pp.107-108.
[26] *Ibid*, p.138.

del mensaje. Para lograr esto, el predicador debe preocuparse por la condición con la que sus oyentes llegan a escucharle. Pero para lograrlo el sermón debe llevar algunos ingredientes importantes: «Según el orden de importancia, los ingredientes que componen un sermón son: pensamientos, disposición, lenguaje, voz y gestos […] No solo la voz y los gestos del que habla llegan primero a los sentidos del oyente, también las inflexiones de su voz y las acciones transmiten los sentimientos y actitudes con más exactitud que las palabras».[27] Todos y cada una de las personas que llegan a escuchar la predicación tienen una necesidad particular que debe ser suplida con una verdad bíblica y un contenido practico para sus vidas.

La Idea Principal de la Predicación Expositiva

La presentación de un concepto bíblico. Predicar expositivamente consiste en la comunicación de un concepto extraído de la Biblia. Es decir, una idea central para así seguir un hilo de pensamiento. Es algo así como una bala no un perdigón. No es divagar en muchos pensamientos para hacer aterrizar la idea. Todos los sermones deben tener solo una idea principal. «La razón por la que tantos predicadores luchan por recordar hacia dónde va el sermón, y por lo tanto están atados a sus notas, es que han creado un sendero propio y no están siguiendo el claro sendero establecido por el autor. Por esa razón, los oyentes tienen un problema parecido cuando, luego,

---

[27] *Ibid,* p.196.

tratan de seguir los pasos del mensaje por sí mismos».[28] Los puntos o subdivisiones deberán ser partes de esta idea mayor y seguirlas con cuidado para que cumplan el papel para la que fue iluminada por el Espíritu Santo. «La idea central de un mensaje verdaderamente expositivo refleja la idea central que procuraba el autor bíblico mismo. Algunas veces es evidente a partir de una evaluación cuidadosa del texto original. Por otro lado, a menudo sólo un estudio del amplio contexto que podría extenderse hasta el contexto de todo el libro puede revelar lo que es». Es importante estudiar el contexto en el que el texto fue escrito para determinar el mensaje central que fue enviado al auditórium original.

Otro de los grandes distintivos del sermón es el tema. Todo sermón debe tener un tema, el cual debe ser extraído del pasaje bíblica en el que se basa su sermón. El tema sale del pasaje del cual se va a presentar el mensaje. «El título debe reflejar el contenido del sermón y no debe trascenderlo u oscurecerlo en manera alguna [...] al elegir un título, se debe enfocar la persona de Cristo más que el trabajo del creyente, Aquel a quien el creyente acude continuamente (2.4). Sólo entonces, de manera secundaria, se llama la atención a la relación del creyente con Cristo y el servicio para Él».[29] Ningún sermón está listo para ser predicado, ni siquiera para ser escrito, hasta que no pueda expresar su tema en una frase corta, elocuente y tan clara como el agua cristalina.

El predicador siempre debe depender en la gracia

---

[28] Muñoz, Javier., "*Homilética: Predicando la Gracia, un Mensaje Cristocéntrico*", p.102.
[29] *Ibid,* p.110.

de Dios para llevar a cabo un trabajo según la voluntad de Dios que le llamao a esta loable labor. Bajo la
dependencia del Espíritu Santo, el predicador procura con diligencia y amor presentarse ante sus in-
terlocutores con un mensaje que cambie vidas por
medio de: confrontar el pecado, convencer, convertir y consolar a hombres y mujeres mediante la predicación de conceptos bíblicos. «Si el predicador ha
de presentar el mensaje de Dios con poder, la oración debe permear su vida y proveer un medio ambiente para el fruto del Espíritu que dure a través de
toda su existencia Gál. 5:22, 23. Su ejemplo espiritual
hace que otros tomen su mensaje con seriedad.
Como seguidor de Dios, su credibilidad espiritual
atrae poderosamente a otros a seguirle, debido a que
es un pionero, él practica una devoción total a
Dios».[30] El predicador no confía en sus habilidades
de oratoria, sino que pone su fe y esperanza en la
obra que Dios está haciendo en las vidas de los oyentes y su propia vida. Dios es el que debe ser glorificado con todo lo que hace en el pulpito; el predicador es a su vez santificado con la palabra para este
ministerio Is. 6:6,7.

La definición de la idea. La palabra griega *eidõ*,
que significa −ver− y, en consecuencia, −cono-
cer− = Idea: Un sumario de la vida que saca lo común de las particularidades de la experiencia y las
relaciona entre sí. Llegar a la capacidad de desarrollar una excelente idea al predicar lleva tiempo, mucha disciplina y un buen método de investigación.
Los predicadores buenos no nacen, después del lla-

---

[30] MacArthur, John., "*La Predicación: Como Predicar Bíblicamente*", p.76.

mado de Dios, estos se hacen. Los buenos exposito-
res de la Biblia, «Se han disciplinado para trabajar
duro y por mucho tiempo. Esa disciplina y ardua tarea no demanda ni recompensa más que cuando se
trata de determinar la idea central y la estructura de
un pasaje. En esta breve discusión sólo se pueden
desarrollar unas cuantas ideas básicas, pero si se siguen, harán que la forma del sermón refleje la esencia del pasaje y lo que legítimamente es la predicación expositiva».[31] El predicador pone el corazón y
su experiencia en cada sermón predicado, no se vale
de artimañas para que se oiga bien, si no que da comida solida al pueblo de Dios. Es un escultor que
está formando obras de arte para adornar el cielo.

Es importante ejercitar nuestro cerebro para formar ideas que nos ayuden para presentar un buen
sermón, por ejemplo: como buscar el sujeto, ¿Quién
es? El sujeto, es el tema, este representa la respuesta
precisa y concreta a la pregunta, ¿de qué estoy hablando? Después viene el predicado— es decir, el
complemento, este responde la pregunta: ¿Qué estoy diciendo exactamente acerca de lo que hablo?
Luego se pasa a la aplicación; para eso debemos
desarrollar ejercicio aplicativo. Un ejemplo de este
orden de la idea la encontramos en el Sal. 117, debemos hacernos la pregunta: ¿Por qué debe el ser humano adorar a Dios? El complemento responde esta
pregunta: (1) Por lo que Dios es 1:1. ¿Qué es Dios?
Dios es fiel al pacto, 1:2. Pero, además, Dios es misericordioso, 1:3. Dios ha mostrado su amor sin límites; el segundo punto se puede subtitular: (2) por lo
que Dios hace 2.1. Es que Dios hace maravillas, 2.2.

---

[31] *Ibid*, p.261.

Porque Dios cumple sus promesas, 2.3. De igual manera, Dios ha salvado a su pueblo. Esta es una forma sencilla de hacer un bosquejo para el Salmo 117, un salmo que refleja la importancia de adorar a Dios.

Herramientas para la Investigación del Sermón

Para el maestro de homilética es fundamental entender cómo piensa el predicador y así puede entender el mensaje. De esta manera el maestro de homilética puede hábilmente describir el proceso de preparación del sermón a sus estudiantes. Hay un par de preguntas que un estudiante hábil de homilética puede hacerse: ¿Cómo identificar entre un buen y entre un mal predicador? ¿Cómo sacarle el máximo a la preparación de una buena predicación? No hay una respuesta contundente para estas preguntas. Las respuestas son más bien cuestión de las capacidades intelectuales del estudiante y de la experiencia acumulada preparando y escuchando buenos y malas predicaciones. «La estructura o el flujo de cada pasaje es, por lo tanto, de máxima importancia en la preparación de un mensaje verdaderamente expositivo o exegético. Comprender el argumento de un pasaje y de todo un libro es esencial si uno ha de entender lo que el autor está comunicando».[32] Llegar a esta madurez en la exposición de un sermón lleva tiempo, mucha investigación y una vida devocional cuidadosa.

Un buen predicador, predica buenos sermones. Un buen sermón sigue varias líneas de pensamiento que llaman la atención de los oyentes y los mantiene cautivados. Un excelente predicador articula sus

---

[32] *Ibid*, p.262.

ideas de tal manera que su lógica de pensamiento es sólida. No divaga en el pensamiento, sino que su oratoria consigue claridad en la exposición de los conceptos de su sermón. Sigue un método de estudio, claro y sencillo. Hay varios métodos didácticos que se pueden utilizar para preparar un sermón que impacte la mente y provee herramientas para la práctica de los oyentes. «La majestad de Dios es una cura desconocida. Hay en el ambiente muchas recetas populares cuyos beneficios son superficiales y breves. La predicación que no tiene el aroma de la grandeza de Dios podrá entretener por un tiempo, mas no calmará el grito del alma que clama: Muéstrame tu Gloria».[33] Es que todo comienza con Dios y todo es encaminado para que sirva para su gloria y honor. Sin Dios nada somos y con Dios lo tenemos todo.

Métodos para la Investigación del Sermón

Existe un terreno amplio en la predicación bíblica, sin embargo, hay un solo camino a seguir, llevar a los oyentes a la cruz de Cristo. «En la cruz de Cristo, Dios se ha propuesto vencer ambos obstáculos a la predicación. Vence el obstáculo objetivo externo de la justa oposición de Dios al orgullo humano y vence el obstáculo subjetivo interno de nuestra orgullosa oposición a la gloria de Dios. Al hacerlo así, la cruz se torna la base de la validez objetiva de la predicación y la base de la humildad subjetiva de la predicación».[34] Cada sermón predicado debe aterrizar en el evangelio. La fuente de la vida en el reino es el

---

[33] Piper, John., *"La Supremacía de Dios en la Predicación"*, p.8.
[34] *Ibid*, p.31.

sacrificio de Cristo. «El problema fundamental al predicar es cómo puede el predicador proclamar esperanza a los pecadores en vista de la irreprensible justicia de Dios. Por supuesto que el hombre no ve este asunto como un problema serio. Nunca lo ha hecho».[35] Por eso es importante proclamar a Cristo y a este crucificado, como el único que pudo y puede aplacar la ira de Dios.

Para poder llegar al meollo de la investigación, los métodos de estudio que utilizamos hacen la diferencia. Aunque es bueno decir que los métodos para una investigación bíblica diligente son muchos, pero en esta ocasión solo vamos a revisar algunos de los métodos didácticos que se proponen para hacer una exégesis bíblica responsable. Mi anhelo es que estos métodos didácticos ayuden a los estudiantes de homilética a profundizar en el contenido bíblico-teológico y así presentar un sermón rico en contenido.

Método Analítico. La línea de pensamiento de este método es: *Tesis, Antítesis, Síntesis*. La tesis es el fundamento del pensamiento que se va a desarrollar en el sermón. La tesis es la verdad que se encuentra en el texto. La antítesis es la posible oposición que sufrirá el sermón. El predicador debe ir preparado para dar respuesta a las inquietudes y preguntas que surjan mientras presenta su sermón, aunque estas no le sean presentadas verbalmente. El predicador no debe permitir que su audiencia se vaya a casa con dudas acerca del tema. La síntesis es el evangelio. El predicador debe en cada sermón presentar a Cristo como la medida de todo el sermón y la respuesta

---

[35] *Ibid*, p.32.

para la condición humana. Cada persona que llega a escuchar el sermón se acerca con una necesidad que debe ser suplida con la predicación del evangelio. En la síntesis se debe hace énfasis en la historia de redención planificada, desarrollada y que será consumada por el Padre al final de los tiempos. El mensaje es un llamado de Dios al arrepentimiento a un cambio de vida y no se debe perder la oportunidad de presentar el Plan de Redención contando cuentos o haciendo reír a la gente. Dejemos los chistes para los comediantes, el predicador es un médico del corazón y del alma.

Método Literario. Este método analiza principalmente la estructura de los libros de la Biblia, y los capítulos, por ejemplo: puntuación, donde comienza y donde termina un párrafo, donde comienza y donde termina un capítulo, etc.… para usar de la manera correcta este método, lo más importante es leer con cuidad cada aspecto del pasaje en estudio y sus referencias escriturales. Otro ejemplo del uso del método literario es la observación cuidadosa del argumento presentado por el escritor bíblico cuando escribió su obra. El tema central del libro, y los subtemas contenidos en los capítulos. El estilo utilizado por el escritor bíblico cuando redacto su obra es otro asunto a considera en el método literario.

Método Inductivo. El método inductivo les permite a los predicadores estudiar las partes más importantes del texto en dos etapas principales. *1) investigación de los textos de referencia*. El predicador debe poner mucha atención a los textos que conectan el texto central del sermón con el pensamiento central.

No se trata de tomar textos de referencia solo porque tiene una palabra que se parece con el texto en estudio, sino que los textos de referencia unen la enseñanza que se quiere transmitir con el sermón. Por ejemplo: cuando se usa un texto como referencia; siempre se debe tener el cuidado de explicar lo que significa ese texto, porque la explicación refuerza el pensamiento que se está siguiendo en la predicación. La idea del uso adecuado del método inductivo es doble: a) no tomar un texto fuera de su contexto y b) la Escritura se interpreta con las Escrituras. *2) consideración de los datos relevantes del texto*. El estudio de las palabras claves es importante, anotaciones gramaticales, la vida del autor y los oyentes originales, la cultura en la que el oyente y el predicador estaban inmersos a la hora del mensaje.

Método devocional. La idea del método devocional es la gloria de Dios. El predicador debe tener un tiempo apartado para orar por el impacto que su sermón debería tener en su vida personal, así como en la vida de las personas que le van a escuchar. El predicador investiga verdades reveladas en otro contexto histórico y las trae a la vida a un contexto diferente. Por eso, su vida devocional, es decir, su vida de oración es importante para lograr el propósito que Dios busca con el mensaje de su palabra. El Dr. Cornelius Hegeman comenta: «Las enseñanzas son verdades y declaraciones que surgen del texto. Hay que reconocer el mensaje de Dios en el texto […] Las enseñanzas tienen subpuntos para aclarar y mostrar las implicaciones evangélicas del texto […] Las enseñanzas tomarán en cuenta la relación del texto con el evangelio. Identifique el corazón de Dios, el corazón del comunicador y el corazón del oyente».[36] El mensaje va desde el corazón de Dios hasta el corazón del oyente. El predicador suplica a Dios por resultados en la predicación. La dependencia del predicador es exclusivamente en la gracia de Dios. Dios es el que provee resultados a su esfuerzo. Nada puede hacer el hombre para suplir las necesidades con las que sus oyentes llegan, pero Dios a través de su palabra puede transformar la mente y el corazón del oyente. Por eso, el evangelio en la predicación es fundamental.

¿Cómo Preparar un Sermón?

La preparación de un sermón lleva varias etapas. Ya dijimos que lo primero para preparar un sermón correctamente es: seleccionamos el pasaje desde donde vamos a comunicar las verdades. La primera etapa es, leer varias veces en texto—. Además de leer el texto es importante leer varias veces el libro en donde se encuentra el texto del que vamos a predicar. Si es un libro grande es bueno leer unos diez capítulos antes al texto y unos diez después del texto para entender el contexto en el que el escritor bíblico escribió su discurso.

La segunda etapa es, el uso de diversas versiones de la Biblia. Es imperativo leer el texto en diferentes

---

[36] Hegeman, Cornelius., "*Hermenéutica*", p. 49…. «La oración es hablar con Dios. Usando el contenido del pasaje se puede hablar con Dios. En la oración hay: alabanza, confesión de pecados, peticiones especiales y acción de gracias. Repito, es importante usar el contenido del texto para orar a Dios. Como Dios nos habla por la Palabra, en oración presentamos la Palabra a Dios. Eso es parte del círculo hermenéutico: Dios, por la Palabra, al creyente, por la interpretación y comunicación, para oración y acción».

versiones de la Biblia para comparar las traduccio-
nes y tener una mejor luz de lo que quiso trasmitir el
escritor bíblico. «No es algo inventado por el predicador para ayudarse, ej. Hch. 2:36. La frase resume o
condensa el mensaje que uno desea predicar - ¡y, a
veces, es difícil encontrar esa oración clave! ¡Por favor! No se desanime; inténtelo y lo logrará».[37]

La tercera y última etapa es, es uso de los idiomas
originales. Es difícil para un predicador común y corriente dominar a plenitud los idiomas en los que la
Biblia fue escrita (hebreo, arameo y griego), pero si
puede dominar las herramientas para hacer traducción del pasaje en estudio. El mar de información
que va a descubrir será inmenso.

El primer paso para un estudio frutífero es la ob-
servancia; es decir, observar con cuidado los detalles
del texto en estudio. «Observar significa: el acto, el
poder y el hábito de ver y notar; observar estrechamente; prestarle completa atención a lo que uno ve.
La observación requiere concentración. Esto es difícil para muchos de nosotros».[38] Aunque un pasaje
no presente problema alguno, se debe observar y
nuevamente observar y por último observar para sacar el mensaje que Dios quiere transmitir a su pueblo. Se trata de ser diligentes al presentar el mensaje
de Dios para su pueblo. «Debemos adquirir la capacidad de leer un pasaje bíblico en particular como si
lo estuviéramos leyendo por primera vez [...] trata
de penetrar en el pasaje, anota los puntos en los que
se dan las principales divisiones del pensamiento, y

[37] Medina, Juan y Thompson, Les., "*El Mensaje que Predicamos*", p.36.
[38] Berg, Muguel., "*El Placer de Estudiar la Biblia*", p.22.

observa el plan general o el desarrollo del argumento [...]. Un buen sistema es que trates de hallar
un título para cada párrafo».[39] El predicador debe
estar comprometido con Dios, el mensaje y su audiencia.

Un buen predicador sabe que en su biblioteca
personal no deben faltar herramientas de estudio
como: una buena biblia de estudio, un buen diccionario de la lengua española, un buen diccionario teológico, una buena concordancia bíblica, un buen diccionario hebreo-español, o griego-español, una gramática hebrea y una gramática griega. Libros que le
ayuden con el estudio profundo de palabras, de hechos históricos, de lugares importantes y de gramática. Estas herramientas le ayudarán al estudioso de
las Escrituras a profundizar en el sermón. La predicación es un arte y como todo buen arte hay que pulir la técnica para obtener resultados sorprendentes
y gloriosos para la exaltación del nombre de Dios.
Para pulir el arte de la predicación, los subpuntos
son indispensables. «En los subpuntos se encuentra
lugar para explicar las cuestiones gramaticales, lite-
rarias, históricas y demás dudas que surjan del texto.
Es allí donde se pueden aclarar términos o frases difíciles de entender. Se deben dar definiciones y ubi-
car a los oyentes dentro del contexto del escritor, del
propósito del libro o epístola».[40] Los subpuntos ayudan al predicador a mantener un orden lógico en la
exposición del tema.

---

[39] *Ibid*, pp.22,23.
[40] *Ibid*, p.42.

Conclusión

Dios hace un llamado general y un llamado particular. ¿A que me refiero con esto? «Todos los cristianos son "llamados". Este llamamiento básico es a Cristo como Señor y Salvador Ef. 1:18; 4:1; 2ª Tim. 1:19; Heb. 3:1; 2ª P. 1:10. Pero Dios también llama con vista a las buenas obras, las cuales Dios preparó de antemano para que anduviésemos en ellas, Ef. 2:10. En las buenas obras está incluido el llamamiento a predicar».[41] Dios nos ha llamado a su reino de gracia y de bondad, pero también ha llamado a hombres que Él ha dotado con el don de la predicación para que alcancen a los elegidos dispersos en todo el mundo. «Cuando Pablo escribe de la experiencia de su conversión, se refiere a ella para ejemplo [prototipo] de los que habrían de creer en [Jesucristo] para vida eterna 1ª Tim. 1:16. Dos puntos importantes se expresan en esta exposición pública de la gracia de Dios a un notable pecador. Primero, la misericordia de Dios que se muestra a Pablo. Segundo, el llamado que Pablo recibe de Dios».[42] Por donde quiera que se vea este llamado, es un acto de la libre gracia de Dios a hombre pecadores que Él salva y luego les entrega la gracia de predicar y anunciar el evangelio para que sus elegidos lo oigan y vengan al arrepentimiento.

En este estudio comenzamos explicando aquellas características que acompañan al predicador y que le hacen acto para esta loable labor. Un buen predicador está comprometido con la predicación y dedica su vida, su esfuerzo y dinero para capacitarse

---

[41] Olford, Stephen F. y Olford, David L., "*Guía de Predicación Expositiva*", p.7.
[42] *Ibid,* p.8.

para esta labor. No duda en ningún momento de su llamado. Además, su predicación es expositiva y sacada de la Biblia. En otras palabras, predica la Biblia. «La naturaleza esencial de la predicación expositiva es, por lo tanto, predicación que explica un pasaje de manera tal como para guiar a la congregación a una aplicación verdadera y práctica de ese pasaje. No hay un método único por el cual esto se consigue».[43] Se explica este pasaje con detalles sin divagar en muchos pensamientos. «El aspecto más importante de la predicación expositiva es que comunica la revelación bíblica de Dios y su voluntad. Dada la subjetividad del predicador, las limitaciones de la mente humana, el efecto del pecado en incluso nuestros mejores pensamientos, y el devastador efecto del subjetivismo de la teología moderna, es más que probable que un sermón contendrá algún error en cuanto a hechos o juicios».[44] Por eso es imperativo que el predicador dedique el tiempo necesario para la investigación diligente del tema que pretende predicar a su congregación.

Así como hay elementos que son importantes para la predicación bíblica; así también existe in fin primario para ella. «Todo cristiano consciente y aplicado tiene como meta estudiar, interpretar y poder aplicar correctamente las Escrituras […] vale la pena subrayar que hay cuatro pasos básicos en el estudio correcto de la Biblia: observación, interpretación, correlación y aplicación».[45] El principal significado de

---

[43] Liefeld, Walter L., *"Del Texto al Sermón: Como Predicar Expositivamente"*, p.11

[44] *Ibid*, p.17.

[45] Henrichsen, Walter A., *"Entendamos: 24 Principios Básicos para la Interpretación Bíblica"*, p. 13.

la predicación bíblica es su poder transformador y la eficacia. Así que destacamos en este estudio la importancia de predicar la Biblia y no puras ideas humanas. Existen varias ventajas de predicar la Biblia de forma sistemática. Por ejemplo: seguridad de que lo que predicamos es la voluntad de Dios; el compromiso con la veracidad de las Escrituras. Para ellos hay una sola idea, el predicador no deambula en un mar de ideas, hay una sola. La predicación sigue un hilo de pensamiento que le permite hacer una hermenéutica sana. Dios nos ayude para presentar un mensaje bíblico, que se entienda y transformador.

Preguntas de Estudio

1. ¿Cuál era la posición de Richard Baxter acerca de la predicación y porque es relevante para estos días cuando se sufre de una sana predicación?

2. ¿Cuál debe ser la motivación y pasión del predicador bíblico?

3. ¿Cuáles son las tres declaraciones acerca de la predicación?

4. ¿Cuáles son los tres componentes que no deben faltar en el sermón?

5. Defina lo que significa la oratoria.

6. ¿Cuáles son las cuatro ventajas de predicar expositivamente?

7. ¿Qué se quiere decir con idea principal? ¿En qué nos ayuda seguir una idea definida?

8. ¿Qué es lo que hace un buen predicador? Y ¿Qué es lo que sigue para cautivar al oyente?

9. ¿Cuáles son los cuatro métodos para la investigación del sermón?

10. Según el autor, ¿Qué es la predicación bíblica?

2

La Fe Cristiana: Una obra de Dios

Introducción

Dios ha llamado a sus hijos a la fe: a la confianza plenamente en su plan de redención y en la soberanía ejercida sobre todo lo creado. Dios mantiene el control de todo. El escritor a los hebreos nos instruye acerca de esta fe, Hb. 11:1. La palabra griega usada por el escrito para —FE— es —*pistis*—, la que significa literalmente firme persuasión, convicción basada en lo oído y relacionada con el término —*peitho*—, que significa persuadir enérgicamente. Se usa en el Nuevo Testamento siempre cuando se refiere a la fe en Dios, en Cristo y en la obra del Espíritu Santo; es decir, aquellas cosas espirituales.

Los principales elementos de la fe que le han sido otorgados al creyente, por la obra del Espíritu y esto para recibir con esperanza la obra de Cristo y por supuesto dan como fruto una relación con Dios son: Primero, Certeza. Este término en conexión con el verbo griego —*pisteuo*— produce en el interior del cristiano un pleno reconocimiento de la revelación o verdad acerca de Dios y su obra, 2ª Tes. 2:11,12. En

sí, certeza una plena convicción de que nosotros pertenecemos a Dios y nada podrá cambiar este hecho.
La palabra griega para certeza es, —*pleroforia*— plenitud, abundancia. Significa también plena certidumbre, plena confianza; un «pleno llevar» *pleros*,
pleno; *fero*, llevar. Por otro lado, también podemos
hablar de *jupostasis* (uJpovstasi), al referirnos de estar bajo, o en apoyo de, *jupo*, debajo de; *istemi*, o simplemente estar de pie, desde el cual se desprende el
término certeza en Hb. 11:1. Además, se puede entender también como un título a algo que se le
otorga garantía, o realidad».[1]

Segundo, se puede entender esta fe también
como rendirse completamente a Dios, Jn. 1:12. Rendir la voluntad, las intenciones, el ser; por ende, es
estar convencidos de que Dios nos ha llamado a su
reino con un fin supremo, la salvación. El contexto
de esta fe no está en un mero estado natura de la
misma, sino en la obra que el Espíritu Santo ha hecho en el cristiano. Por esta razón, es responsabilidad del creyente ejercitar esta fe de manera que produzca en su interior una verdadera convicción de
dependencia en lo prometido por Dios. Por ejemplo,
la fe de Abrahán no estaba basada en la promesa de
Dios; esta promesa solo le llevo a ejercitar esa fe; su
fe reposaba en Dios que puede cumplir lo prometido. Por eso, cuando Dios le pide a su hijo Isaac,
Abraham no dudo en ofrecerlo en sacrificio, confiando en que Dios le había dado al hijo de la promesa y que Él le podía resucitar de la muerte, por
esta razón, Abraham es llamado el padre de la fe.
Esta es la clase de fe que Dios pide de sus hijos.

---

[1] http://www.hermanosunidosencristo.org/griego_c.htm#Certeza

El escritor a los hebreos explica que, «la naturaleza de la fe, aunque da una descripción más que una definición de la misma. La fe es convicción de lo que no se ve. No es convicción de lo desconocido, porque podemos conocer por fe lo que no podemos ver».[2] La fe que trae gloria a Dios es una fe con conocimiento, esto es lo que enseña el apóstol Pablo, *«Así que la fe es por el oír, y el oír, por la palabra de Dios»*, Rom. 10:17. Es un testimonio por medio de la obra del Espíritu en el corazón. Dios devela su gracia por la fe de corazón a corazón, del corazón de Dios al corazón de su pueblo.

Confiar sin Ver ¡Confiar es Creer!
La fe es convicción de que así será, es tener confianza de que Dios ha prometido y cumplirá su promesa, es creer sin ver, es estar convencido de que el futuro es seguro en Dios. Confiar en Dios es sinónimo de fe, la antítesis de fe es incredulidad y la incredulidad es pecado porque nace de un corazón rebelde. Cuando el creyente confía en Dios está expresando su completa dependencia en Él y nada le hará desistir de la convicción de que Dios tiene el control de su vida. Las pruebas, el miedo y todo lo que viene a la vida cristiana es nada comparado a la dicha de pertenecer al pueblo de Dios. Mi confianza en Dios tiene que ser en tiempo de bonanza y en tiempo de desesperanza. La crisis solo nos mostrará quienes somos, el temor solo nos muestra que somos seres humanos, las aflicciones nos enseñan que todavía somos parte de este mundo caído y que mientras estamos aquí somos endebles al sistema pecaminoso de este

[2] Harrison, Everett F., *"Comentario Bíblico Moody Nuevo Testamento"*, p.466

mundo. La manera como reaccionamos a las cosas que nos trae el día a día solo muestra en quien esta puesta nuestra confiando.

La historia Bíblica en Génesis 5 solo le dedica 7 versículos a un hombre que «camino con Dios», si a Enoc. Estos versículos resaltan algo de este héroe de la Fe: vivió de acuerdo a las normas de Dios y por esto no vio muerte, sino que fue llevado por Dios al cielo. Los escritores del Nuevo Testamento también reconocen las normas morales y éticas por las que este gigante de la fe vivió. La vida del creyente también debe mostrar el respeto, señorío, honra, reconocimiento y dependencia de Dios en todas las esferas de su ser socio-religioso. Todos fuimos creados para darle la gloria y la honra a Dios y para mantener un estado de credulidad básica en esta relación; mientras por la obra del Espíritu Santo, el cristiano va siendo encaminado a la medida del varón perfecto, Jesucristo, y todo esto por medio de la fe. «Sin la ayuda de Dios no tenemos la voluntad para trabajar para cumplir su buena voluntad…. Lo que necesitamos es la gracia de Dios que inclina la voluntad a lo que es bueno; y después nos habilita para cumplirla y actuar de acuerdo a nuestros principios».[3] LA revelación de Dios se ha dado de forma que su pueblo puede comprender de forma racional y vívida la fe que Él mismo obra en su interior. Siendo Él el Señor de todo lo creado, demanda de su pueblo para Él toda la gloria y honor. La fe es el motor que lleva a la iglesia a presentar esta gloria de forma inteligible y personal.

---

[3] Fitzpatrick, Elyse., "*Ídolos del Corazón: Aprendiendo a Anhelar Solo a Dios*", p.149.

La fe del cristiano nacido de nuevo esta impelida en la certeza de que Dios quien promete es capaz de cumplir con lo prometido. Jamás Dios ha prometido algo y deja sin cumplimiento su decreto. La fe es el motor que hace que la iglesia camino hacia la meta y en concordancia con el fin para lo que Dios le instituyo. Por otra parte, la iglesia afianzando su relación con el Tri-Un Dios por medio de la obediencia a sus ordenanzas. Por eso sabemos que «Dios cumple esta obra en ti cambiando tus pensamientos, deseos e inclinaciones y fortaleciendo tu voluntad para escoger justamente…. Dios hace esto de manera poderosa por medio de la obra del Espíritu Santo. Si tú le pertenecés, Él ya está obrando de esta manera en ti. Él te cambia para que a obediencia y la adoración te parezcan agradables».[4] Dios no solo nos otorga la fe para creer, Él nos provee esta fe para permanecer fieles al pacto que Él ha hecho con nosotros a través de Cristo.

El hombre pobre de fe demanda ver que las cosas se realicen antes de creer o que por lo menos sea algo realizable antes de creer. Sin embargo, la fe en Dios demanda creer antes de ver; es decir, que el cristiano crea que la palabra es infalible de Dios es la base de la confianza en las promesas de Dios; confianza que Él mismo ha puesto en nuestro interior, por eso es por lo que recibiremos lo prometido. Cada persona es responsable por mantener su fe desarrollada en todo momento. «Aquellos a quienes el escritor dirige su pensamiento tendrían ahora la ayuda de la mención de los héroes del Antiguo Testamento que vivieron con convicción de lo no visto, o por fe. La

---

[4] *Ibid*, p.150.

fe es certidumbre o prueba final de que algo que no se ve es una realidad (pragmata)».[5] Los hombres antiguos no tenían la palabra de Dios escrita para creer; por eso el escritor a los hebreos da a entender que estos héroes de la fe vivieron en un estado de fe sobrenatural. Noé jamás había visto que callera agua del cielo, lloviera sobre la tierra; de Enoc se dice que dió testimonio de haber agradado a Dios Heb. 11:5. ¿A qué se refiere el escritor cuando dice que Enoc dió testimonio de haber agradado a Dios? Principalmente se refiere a que Enoc confió en el Dios de su abuelo y aprendido a llevar a la práctica la fe en el Dios de sus padres. «El Espíritu Santo dice que *caminó Enoc con* Dios en lugar de decir *vivió* Enoc (con Dios). Esta fue su preocupación y trabajo constante; mientras los demás vivían para sí mismos y el mundo, él vivió para Dios. Era el gozo de su vida. Enoc fue *llevado* a un mundo mejor. Como él no vivió como el resto de la humanidad, él no salió del mundo por la muerte, como los demás».[6] El llamado que hace el escritor a los hebreos a los cristianos es a ver el gran número de testigos que caminaron, vivieron, y obedecieron a Dios con todo su ser, porque estaban convencidos de que solo Dios es fiel y justo para cumplir sus promesas. Esta es la fe vívida que les llevo a vivir en lo sobrenatural.

La vida de Enoc reflejó la sumisión a Dios en todas las esferas. Vivió para Dios, se dedicó a obedecer a Dios, lo más importante para Enoc era lo que Dios pedía de él y no lo que el sistema del mundo de su era le exigía. Fue todo lo contrario del Enoc de Gén.

---

[5] *Ibid*, p.466.
[6] www.e-sword.net

4:17-19, el pariente de Caín. «El único escape de la muerte era mediante una íntima comunión con el Señor, unida con un acto deliberado del Todopoderoso. Con excepción de éste, todos los hombres murieron (5, 8, 11 y otros vv.)».[7] Cada cristiano debe caminar en certidumbre de que Dios espera que él viva en santidad y en comunión con Él. No como los hijos de Caín que lo que buscaban era desafiar a Dios como su padre Caín lo había hecho. Cada paso que el creyente da debe reflejar las pisadas de Dios en su carácter. Esto es precisamente lo que hizo Jesús, Él caminó según las normas y estándares que el Padre en su soberana voluntad había dispuesto para que anduviera en ellas. El camino de Dios es duro y a veces complicado, pero Dios jamás dejará abandonados a sus hijos, su promesa es que ni la vida, ni el diablo, ni ningún principado o cosa terrestre podrán destruir lo que Él ha y está construyendo en sus elegidos.

Confiar en el Dios de lo imposible es la meta del cristiano maduro; pero esta fe se verá reflejada incluso en nuestras generaciones. «el Enoc que engendró a Matusalén se distinguía por su piedad y fue llevado por Dios… el Lamec descrito en el capítulo 5 es un hombre de fe quien ve en el nacimiento de Noé su hijo el cumplimiento de la promesa de Dios».[8] La fe no solo tiene un alcance personal, sino que va de generación en generación y a veces hasta se fortalece más en nuestros hijos y nietos que en nosotros mismos. Sin embargo, hoy vivimos en un tiempo peligroso, en dónde la primera generación es

---

[7] Livingston, George Herbert., "«*El Libro de Génesis*», en *Comentario Bíblico Beacon: Génesis hasta Deuteronomio (Tomo 1)* ed. Sergio Franco", p. 36.
[8] Young J. Edward, *Una Introducción al Antiguo Testamento*, p.44

fiel a Dios, la iglesia y al Salvador Jesucristo, la segunda generación va perdiendo esta fidelidad, la
tercera generación se torna liberal y tolerante al
mundo como sistema; pero la cuarta generación es
pagana. Este es el mundo que le estamos heredando
a nuestros hijos, un mundo donde se le rinde culto
al hedonismo, un mundo politeísta y sin principio ni
moral. Un mundo sin el Dios de las Escrituras.

El reto de la iglesia de esta era es grande, nuestro
trabajo es llevar el mensaje de la cruz, un mensaje de
reconciliación en Cristo Jesús. La Confesión de Fe de
Westminster lo expresa de la siguiente manera: «1.
La gracia de la fe, por medio de la cual los elegidos
son capacitados para creer para la salvación de sus
almas; es la obra del Espíritu de Cristo en sus corazones; y es ordinariamente efectuado por el ministerio de la palabra. Así pues, por medio del ministerio
de la palabra, los sacramentos y la oración, la gracia
de la fe es también incrementada y fortalecida».[9] La
fe se fortalece en el conocimiento de Dios, pero este
conocimiento jamás se encontrará fuera de la revelación escrita, la Santa Palabra.

---

[9] Williamson, G. J., "*La Confesión de Fe de Westminster, para Clases de Estudio*", p.151.
2. Mediante esta fe el cristiano cree que es verdadero todo lo que es revelado en la palabra de Dios, por la autoridad de Dios mismo que habla en ella; y actúa en forma diferente según lo que contienen cada pasaje en particular, produciendo obediencia a sus mandamientos, temblor ante sus amenazas, aceptación de las promesas de Dios para esta vida y la para la venidera. Pero los principales actos de la fe salvadora son: aceptar, recibir y descansar solamente en Cristo para la justificación, santificación y vida eterna en virtud del pacto de Gracia.
3. Esta fe es diferente en grados, es débil o fuerte; puede ser atacad ay debilitada con frecuencia y de muchas maneras, pero obtiene la victoria; y en muchos crece hasta la obtención de una completa seguridad a través de Cristo, quien es el autor y consumador de la fe.

Cuando hablamos de fe, es justo hacer una separación de la fe en tres distintivos o partes que determinan la claridad del pensamiento: Primero, la fe salvadora. La fe que nos salva de la ira de Dios y nos libera del pecado se encuentra en Dios mismo. Esta fe es trabajada por el Espíritu en el interior del creyente y, por otra parte, es la fe que nos lleva a reconocer a Cristo como el Mediador, quien justifica y por medio de quien los hijos de Dios son declarados justo para con el Padre. Esta fe también es una fe que viene por el oír la palabra de Dios Ro. 10:17. «La Confesión dice que el arrepentimiento y la fe son gracias. Es decir, son regalos divinos (Hch. 11:18; Ef. 2:8. Cuando Dios regenera al alma, siembra la semilla del arrepentimiento y la fe. Sería inapropiado pensar que el arrepentimiento y la fe sean solo actos momentáneos del alma, son más bien estados permanentes o condiciones que expresa el alma».[10] Segundo, la fe como fidelidad. Este también es una de las características del fruto del Espíritu Gal. 5:22. Esta fe tiene que ver con la fidelidad de los hijos de Dios al pacto. Es una forma de responder al llamado de Dios y con la ayuda del Espíritu Santo, la iglesia se mantiene fiel a Dios hasta el día de la redención. Tercero, el don de fe 1ª Cor. 12:9. Dios ha puesto en nosotros una fe que va de lo natural a lo sobrenatural. Por la fe, los hijos de Dios oran, hacen obra social: Cuidan de la viuda y del huérfano, proveen para las necesidades de los menos afortunados. Esta fe lleva al creyente a moverse para que el reino de Dios siga el curso redentivo establecido por Dios desde antes de la fundación del mundo.

---

[10] *Ibid*, p.155.

Creer es accionar Hb. 11:8; Gén. 18:9-15. Confiar en Dios es creer a sus promesas aun cuando estas tarden en llegar. La verdad que Abraham hereda una tierra sin poseerla. La tierra de Canaán fue prometida a Abraham, pero no fue sino en manos de (Oseas) o Josué hijo de Nun que la tierra le fue repartida a la descendencia de Abraham Josué 1:1,2. «La misión de Josué era la de un jefe militar. Este pasaje recuerda su llamamiento para empezar la obra, y el discurso contiene una repetición literal de la promesa hecha a Moisés (Deut. 11:24-25; 31:6-8; 31:23)».[11] La orden está dada, hay que marchar para conquistar y repartir la herencia de Jehová y Josué es el encargado para llevar a cabo esta gran obra.

En los vv8-10, el escritor a los hebreos nos muestra como fue el llamado de Abraham y como éste en fe salido a un lugar desconocido. Abraham salido sin siquiera saber a dónde iba, y cuáles iban a ser los retos a los que se iba a enfrentar por causa de obedecer el llamado de Dios. Creo oportuno lo que dice F. F. Bruce: «No puede haber cuestionamiento alguno acerca de los méritos de Abraham para figurar en este catalo. La fe de Abel, de Enoc y de Noé podría haber sido inferida de lo que se relata acerca de ellos... Pero la fe de Abraham esta atestiguada en forma explícita en la narración de Génesis y «*creyó a Jehová y le fue contado por justicia*» Gen. 15:6».[12] La fe

---

[11]www.e-sword.net Comentario JFB.

[12]Bruce F. F. La Epístola a los Hebreos, pp. 296,297.

«Abraham fue el gran padre de multitudes de naciones y nadie como él ha sido hallado en gloria; guardo la ley del Altísimo, he hizo pacto con él. Estableció el pacto en su carne, y cuando se lo probó fue hallado fiel. Por lo tanto, el Señor le aseguro por juramento que las naciones serian venditas por medio de su posteridad; que lo multiplicaría como el polvo de la tierra, y que exaltaría su posteridad como las estrellas, y haria que heredaran desde el mar hasta el mar y desde el rio hasta los confines de la tierra» (Ecle. 44:19—21).

juega un papel determinante en el plan de redacción, ya que el Dios «*que comenzó la buena obra la perfeccionara hasta el día de la redención*» Fil. 1:6. Así como la salvación es un acto libre de Dios, así la fe es un acto soberano de Dios en el corazón de los elegidos.

Hace algunos años tuve que tomar una decisión que sin duda cambiaria mi vida. Estaba terminando el bachillerato en Ingles porque deseaba entrar a la universidad a estudiar leyes o trabajo social. La oportunidad de irme como misionero de formación teológica me llego de un gran amigo y colega, el Dr. Eric Pennings. Fue un largo tiempo de oración y meditación en aquella propuesta. Esta era sin duda una gran oportunidad, total, me había preparado en el área teológica específicamente para servir como maestro de teología, pero como duele dejar la comodidad. Por último, en unión con mi esposa tomamos la decisión de irnos como misioneros a El Salvador donde Dios nos ha bendecido con lo que se está haciendo a través de MINTS (Seminario Internacional de Miami). Después de años de trabajo, ahora soy el Decano Académico Asociado de MINTS para América Central. ¡Gloria a Dios! La crisis llego cuando tuve que dejar abandonado mis estudios, ya que el gobierno me había proporcionado una beca para que estudiara a tiempo completo hasta terminar la universidad. Sé que eso se perdió, pero Dios sigue siendo fiel y si en sus planes esta que alcance un día mis sueños, Él proveerá los medios para que lo haga.

De ninguna manera, con el relato de esta historia me quiero comparar con Abraham, pero si quiero recalcar que en algún momento en la vida vamos a tener que dejar cosas en el camino para seguir al Señor. Abraham le creyó a Dios y vio la tierra de Canaán como propia y esto fortaleció su fe y su relación con Dios. Hay que notar que cuando Abraham le creer a Dios dio un paso en fe, ya que esto le obligaba a abandonar las tradiciones de sus padres. Si hay algo difícil para que el hombre abandone, son precisamente sus tradiciones; sin embargo, Abraham dejó todo esto atrás para dedicar su vida a Dios. «Es Dios quien toma la iniciativa con Abraham, como lo había hecho con Noé, al llamarlo y prometerle que lo bendeciría…. La palabra "bendición" trae consigo un significado especial de gracia divina».[13] Esta misma promesa se le había hecho a Adán en el huerto y que perdió al desobedecer el mandato de Dios.

El hijo de la promesa (Génesis 18:9-15). Algo más que no podemos dejar de destacar de la fe de Abraham y aquí se involucra más directamente a Sara, es la promesa del hijo en quien ellos tendrían descendencia. Los dos son ya ancianos, ha Sara incluso su costumbre le cesó. Bajo que esperanza ellos estarían confiando que podrían dar la vida a un hijo propio; si sus años más fuertes y hermosos habían pasado y se les había negado esta dicha; ellos por 25 años habían estado esperando por este hijo y hoy que están a punto de morir se les concede esta dicha. ¿Cómo? ¿Por qué?, hay razón porque Sara se rio al escuchar al ángel de Jehová mientras hablaba con Abraham. Hendriksen menciona: «También Pablo hace su comentario acerca de la fe de Abraham en Dios, quien haría de él *«padre de muchas naciones»*. Pablo dice: «sin debilitamiento de su fe, él enfrentó el hecho de que su cuerpo estaba como muerto—

---

[13]Scott B. Kack, "*El Plan de Dios en el Antiguo Testamento*", p.53

dado que tenía cerca de cien años — y que también el vientre de Sara estaba muerto» (Ro. 4:19). Abraham confió en que Dios cumpliría su promesa. Dios es fiel».[14] Esto nos deja con otro valioso aporte de Hendriksen: «El resultado de la fe de Abraham fue que de un hombre vinieron numerosos descendientes. El escritor de Hebreos sabe que sus lectores están plenamente familiarizados con la historia del patriarca. En consecuencia, él minimiza sus alusiones a dicha historia. Él dice que Abraham estaba casi muerto, y que su descendencia fue «tan numerosa como las estrellas del cielo y tan incontables como la arena de la playa» (Gen. 15:5, 22:17; 32:12; Ex. 32:13; Deut. 1:10; 10:22)».[15] Dios es un Dios de pactos y cuando Él establece este pacto con Abraham, está seguro de que en su tiempo lo cumplirá.

Dios, en un acto de prueba, pide al hijo de la promesa a Abraham. Sacrifica a tu hijo Isaac, el hijo en el que yo cumpliere mis promesas Gén. 22:1-3. ¡Qué momento más duro para Abraham! La historia del hijo de la promesa es sin duda dramática, sin importar desde que punto de vista uno la vea. Dios promete un hijo a Abraham y Sara y luego ordena a Abraham que sacrifique a su hijo. De todas maneras, Abraham está confiando en Dios y está seguro de que, si el joven Isaac muere, Dios traerá de los muertos a su hijo, Abraham sabe que Dios tiene el control de la vida y de la muerte. Al fin y al cabo, Isaac es el hijo de la promesa y si esto no sucede así, Dios le dio hijo cuando ambos, Sara y Abraham, no tenían ninguna oportunidad para procrear; entonces Dios lo

---

[14]Hendriksen William, "*Comentario al Nuevo Testamento de Hebreos*", p.381.
[15]*Ibid*, p.381.

hizo, y si lo hizo una vez, Dios lo puede volver a hacer.

La palabra griega que el escritor usa es «*peirasmos (peirasmov)*», tentar (véase tentar, N° 1). Se utiliza: (1) de pruebas con un propósito y efecto o beneficioso: (a) de pruebas o tentaciones permitidas o enviadas por Dios (Lc 22.28; Hch 20.19; Stg 1.2; 1 P 1.6; 4.12: «prueba/s»; «Probado—Griego, tentado, como en Gen. 22:1. Probado en cuanto a su fe. No que Dios tiente a pecar, pero Dios tienta en el sentido de probar (Santiago 1:13-15). y—y así... el que (Abrahán) había recibido—Más bien como el griego: aceptado, eso es, saludado y abrazado por la fe, a las promesas».[16] Abraham sacrifico a Isaac en su corazón y su mente y todo fue por devoción a Dios. En dos palabras se define la fe de Abraham, **confianza y obediencia.** Dios le dice entregame a tu hijo, Abraham confía en las promesas de Dios y obedece en base a la fe que tiene en Dios; es que jamás le ha fallado y en esta ocasión no es la excepción, Dios salvará a su hijo de la promesa. Ojo, Abraham no estaba confiando en que Dios le daría otro hijo, sino más bien, su confianza era que la promesa estaba dada en Isaac y que Dios así la cumpliría.

El examen está todavía en acción. La palabra griega «*Prosenenochen-ofrecelo en sacrificio*». El sacrificio ya había sido consumado el verbo griego *"prosphero"* indica que Abraham en su corazón ya había consumado el sacrifico Gen. 22:1-18. Abraham se tomó el tiempo para preparar el altar, para preparar la leña, para preparar el sacrifico, esto no fue cosa

---

[16]*Ibid*, www.e-sword.net

de un instante, sino de algo que estaba siendo completamente premeditado. «el acto ya había sido consumado de acuerdo a como Abraham fue interrum-
pido y estaba parado listo junto al muchacho».[17]
Abraham demuestra que Dios es quien prueba al
cristiano, pero Dios también es el que le da la salida
al cristiano. Como dice Pablo en 1ª Cor. 10:13; por
eso Abraham nombra a aquel lugar *"Jehová Jireh"*
que significa *"Jehová proveerá"*, y de aquí se desprende que Él es el Dios que suple, facilita y provee
para las necesidades del ser humano. Abraham estaba seguro de que en Dios solo cosas buenas se encuentran «POR SU CONFIANZA: Abraham le creyó
irrestrictamente a Dios. Hombre de fe. Estaba seguro
de que Dios no le haría ningún daño, confiaba plenamente en Él. Dependía de Dios».[18] El cristiano ha
sido llamado para demostrar su fe en Dios. En los
momentos de prueba Dios dice yo soy tu proveedor,
Dios dice: «*Aunque ande en valle de sobra y de muerte
no temeré mal alguno, porque tu estarás conmigo; tu vara
y tu callado me infundirán aliento*», Sal. 23:4. Esa es la
confianza del cristiano. Dios esta con su pueblo.

Manteniendo la Fe en Dios en Tiempo Malos

La fe que sostuvo a Job en tiempos malos es una fe
que solo puede ser obrada por Dios. Job se abandona
en Dios, él sabe que aquel mal no le ha venido por
obra de satanás, o porque él haya pecado; Job sabe
que él es integro; Job más bien reconoce que este mal

---

[17] Robertson, A. Thomas., *"Los 4 Evangelio y la Epístola a los Hebreos
Imágenes del Nuevo Testamento"*. p.424. (Traducción del Ingles Por J. J.
Ramírez).
[18] Agresott Castro Pablo,
http://estudiobiblicommm.blogspot.com/2011/05/jehova-proveera-por-pablo-
castro.html

vino de Dios, aunque no entiende la razón; en fe él se somete a la voluntad de Dios, porque él ha llegado a comprender que solo los hijos de Dios son probados y podrán conservarse firmes hasta el final. Job a puesto su fe en el Mesías que habría de venir. La fe de Job no es una fe ciega, sino una fe en Cristo, quien al final le levantará de los muertos Job 19:25-27. La historia de Job nos inspira para seguir caminando hacía la patria celestial. Es una historia que nos muestra que Dios verdaderamente protege a sus hijos en el día del sufrimiento, enfermedad, escasez, y muerte. Dios tiene el control de todo. Job es un hombre que amaba a Dios con todo su ser y aceptó con paciencia todo el sufrimiento que vino sobre él. Job no entendía lo que estaba pasando con él, pero siguió el plan de Dios.

Dios jamás ha prometido que nuestra vida cristiana no sufrirá ninguna clase de persecuciones, peligro o muerte; al contrario, Jesús dijo que cosas terribles tuvo que soportar Él de los hombres y que siendo Él el árbol verde se habían ensañado contra Él; así que, cosas iguales o peores le sucedería al árbol seco, a los que profesaran su fe en Él Lc. 23:31. ¿Entonces porque nos extrañamos cuando las cosas van mal en nuestra vida? O las cosas no salen como nosotros deseamos. Cuando pensamos en Job debemos ver a un hombre rico, su hacienda era la de un príncipe. Pero la vida de Job no dependía de lo que había logrado en su vida de éxito, sino en guardar su integridad y fe en el Dios de la vida. Por eso cuando la noticia de que todo lo que tenía se había perdido, incluyendo sus 7 hijos y 3 hijas, el cae de rodias en adoración a Dios. La respuesta de Job a la perdida demuestra su dependencia en Dios, Job dice: nada tengo, Dios dió todo y solo Él tiene el derecho sobre lo que el hombre posee. Por esta razón, Dios puede quitar todo lo que el hombre posee porque de Él es, los hombres solo somos administradores de esta gracia.

Job es un libro que nos narra el sufrimiento al que puede ser expuesto el creyente. «El sufrimiento humano es el gran problema, antiguo como el tiempo, discutido en el libro de Job. Esta cuestión ha continuado siendo uno de los problemas insolubles del hombre. Tampoco el libro de Job proporciona una solución final a la cuestión».[19] Pero si se encuentran en las filas de este libro profundos discursos y verdades significativas de los problemas que aquejan al hombre. Por eso al estudiar este libro recobramos fuerzas al saber que no importa cuando dura sea la prueba, Dios está con su iglesia y aunque el plan del enemigo sea la completa destrucción de la iglesia, Dios jamás dejará que le pase algo que no esté en su control.

Además, cada vez que el creyente es tentado, la gracia de Dios se activa y por su misericordia jamás nos dejará caer en pecado. Dios jamás ha dejado solo a su pueblo. En las líneas del capítulo dos de Job vemos que Dios permite los tiempos de prueba, pero en medio de esta hay límites que satanás no puede pasar Job 2: 5-21. La prueba de Job es solo un ejemplo que en tiempos difíciles Dios sigue teniendo el control y resguarda nuestra alma del mal y del pecado. La verdad es que Job perdió todo lo que humanamente hablando poseía, pero hay algo que al

---

[19]Schultz J. Samuel, *"Habla el Antiguo Testamento"*, pp.269,270

hombre nadie le puede quitar, sino es él el que lo entrega, la integridad. Job había perdido, su fortuna, sus hijos, lo más grande que un hombre tiene son sus hijos «(v.19). ¡Era el golpe final! Había perdido la bendición más grande de todas. Sin hijos no tenía ninguna esperanza de posteridad. No vendría otro mensajero: no le quedaba más bienes para perder».[20] Hay cosas que el hombre jamás perderá, su fe, la esperanza, el amor y estos tres preservan su integridad intacta.

El cristiano debe aprender que cuando la prueba es dura es cuando más se debe apelar a la misericordia de Dios. Es cuando la alabanza debe salir de nuestra boca sin vacilación. Job en medio de todo su dolor, adoró a Dios porque reconoció que Dios dió y Él tiene el poder de quitar incluso la vida v21.

Confiando en Dios en tiempos difíciles. Hoy más que se debe mantener la fe en Dios; vivimos en un mundo dónde la ansiedad, miedos, inseguridad, etc., está haciendo esclavos aun gran número de personas. ¿Pero que es la ansiedad?, ¿Qué produce la ansiedad? Y ¿Cómo sé que estoy ansioso o estoy entrando en un estado de ansiedad? La verdad que el pasaje que analizaremos nos ayudará a darnos cuenta que este es un mal de todos los tiempos y no solo de nuestra era. La ansiedad es, en muchos casos, una respuesta normal ante una amenaza, que tiene por objetivo protegernos de algún peligro o algo nuevo por enfrentar. «El concepto de ansiedad tiene su origen en el término latino «*anxietas*». Se

---

[20] Glaze Andrés, "*Comentario Mundo Hispano tomo 07 Esdras, Nehemías, Ester y Job*", p.283

trata de la condición de una persona que experimenta una *conmoción, intranquilidad, nerviosismo* o *preocupación*».[21] La ansiedad puede llegar a afectar de tal manera el sistema nervioso que el siguiente paso es la inseguridad o miedo, y si no se trata a tiempo se puede convertir en fobia.

Elías fue un profeta con cualidades como la tenacidad, fe extraordinaria, dependencia de Dios en muchos de sus actos portentosos; sin embrago, llegó un momento en que el mensaje de una mujer poderosa de su época lo hizo correr. Hay quién ve en la fuga del profeta Elías, un acto de cobardía; empero, son muchas las cosas que hay que analizar para llegar a la conclusión de que fue lo que en sí hizo correr al profeta. En primer lugar, Jezabel era la que mandaba en el reino. El enemigo de Elías era nada más y nada menos que la máxima autoridad del reino de Israel, las 10 tribus del Norte. La amenaza fue con fundamento sólido. Te vas a morir de la misma manera como me desafiaste con mis profetas, fueron las palabras de Jezabel 1° Reyes 19:1,2. En segundo lugar, después de una gran hazaña, hay un peligro de caer en estado de cansancio, estos momentos de cansancio nos pueden hacer ver las cosas desde otra perspectiva y no desde la perspectiva de Dios 1° Rey. 18:20-40. Elías había hecho una gran obra desde la convocatoria de Acab a Israel para ser parte de la demostración del poder de Dios más grande en mucho tiempo; además por horas había desafiado a los profetas falsos de Baal, había preparado el altar con cuidado, y había prendido a los profetas falsos y dado muerte. Una gran obra. Su estado físico, emocional

---

[21] http://definicion.de/ansiedad/#ixzz2ysuaunC2

y espiritual estaba bajo y si a esto le sumamos, la gran presión del sistema religioso abonaba a esta desesperanza. No estoy justificando la reacción de Elías, sino que estoy dando razones de porque a veces llegamos a este estado, al hacer la obra de Dios poderosamente. Se cuenta que el pastor Charles Spurgeon, el príncipe del pulpito, elocuente predicador del siglo diecinueve, después de los sermones predicados el domingo caía en una fuerte depresión porque sentía la carga de lo expuesto en el sermón. Algo así fue lo que el paso a Elías. La fe de Elías había decaído considerablemente en este momento de prueba.

En esos momentos de falta de fe y nerviosismo es cuando el creyente debe guardarse íntegramente en la presencia de Dios para ser aprobados por Él en lo que hace. Debemos resaltar también algo más del profeta. «Elías dependía tanto de Dios que quería morir».[22] Además, Elías no huyó a pedir refugio a otro reino, sino que su huida fue al monte de Dios (Monte Horeb). «El monte Horeb es una variante para designar al monte Sinaí, el cual estaba a casi 300km de Beerseba. Elías iba al mismo lugar donde el Señor se reveló a Moisés y a los hijos de Israel».[23] Por ende, su huida no fue por cobardía o porque tuviera miedo de la muerte, sino porque prefería morir en manos de Dios antes que en manos de una mujer incircuncisa y que había llevado a gran parte del pueblo a la idolatría y la apostasía. Quitame la vida, «Como los israelitas creían que el suicidio era una afrenta al Señor, no era una oposición, fuera cual

---

[22] Biblia Plenitud, "*Comentario de la Biblia Plenitud del Antiguo Testamento*", p.444.
[23] *Ibid*, p.444

fuera la situación. De modo que Elías pido la muerte al Señor (Jn. 4:3,8) porque consideraba la situación como desesperada Job (Job 6:8,9), Moisés (Nm. 11:10−15) y Jeremías (Jer. 20:14−18) también reaccionaron de manera similar durante el ministerio de cada uno de ellos».[24] Es normal sentir miedo y angustia en estos momentos de crisis emocional, pero quedarse en esa condición es pecado, porque no estamos creyendo en que Dios tiene el control de nuestra situación por difícil que parezca.

De la experiencia de Elías se pueden aprender muchas cosas. Por ejemplo: la visión es corta (vv.9, 10). «Elías se queja de la gente y de su obstinación para pecar; yo soy el único que queda. Desesperarse del éxito puede estorbar muchas buenas empresas. — ¿Fue hasta allí Elías para encontrarse con Dios? Él descubrirá que Dios le saldrá al encuentro».[25] Dios no le está pidiendo explicaciones a Elías de su obvia cobardía, Dios más bien le dice: porque eres incrédulo, acaso el Dios que lambio el agua con el fuego y quemo las piedras del altar no tiene poder para librarte de la mano de esa malvada Jezabel; así que, en los próximos versículos le da instrucciones de lo que tiene que hacer. Ve y nombra a Eliseo como tu sustituto, a Jehú como rey de Israel y a Azael como rey de Siria y deja lo demás en mis manos.

Dios ha llamado a sus hijos a confiar en Él en tiempo de necesidad. Dios tiene cuidado de su pueblo. Por otro lado, Dios envía a Elías para reservar su propia vida y la vida de una mujer de fe de Sarepta de Sidón. Esta era una mujer cristiana, pero

---

[24]MacArthur John, "*Comentario de la Biblia MacArthur*", p.472.
[25]www.e-sword.net, Comentario Mathew Henry de e-sword.

gentil que amaba a Dios con todo su ser. «La persona designada para acoger a Elías no es uno de los ricos o grandes de Sidón, sino una viuda pobre, necesitada y desolada, la cual se le da la capacidad y la disposición de mantenerlo. Es el camino de Dios y es su gloria usar y honrar lo necio y lo débil del mundo. Oh, mujer, grande es tu fe; que ni siquiera en Israel se ha hallado igual».[26] Hay que reconocer que en esta historia los dos beneficiados son Elías y la viuda, que ni nombre tiene, solo se le llama la viuda de Sarepta. Es que el nombre de esta mujer para poco interesa, lo importante es la fe en Dios que sostiene a esta mujer. Sarepta fue una ciudad fenicia situada entre Sidón y Tiro. Sus ruinas, una situada junto al mar en la moderna Sarafand (Líbano).

La viuda de Sarepta era una mujer de fe, aunque en estos momentos de necesidad parece que se encontraba dispuesta a morir porque el hambre había llegado a la comarca. «Sin duda alguna nuestra fe es exhibida realmente en los tiempos de prueba, en los momentos cuando no se puede, cuando no es posible, cuando no hay, cuando no hay más fuerzas… Allí es fundamental seguir creyendo, seguir caminando, recuerda que el momento más oscuro de la noche, debe más bien recordarnos que nuestro Sol de justicia está por brillar».[27] A menudo, el hombre se enfoca en las circunstancias a su alrededor; Dios ve la oportunidad de mostrar su providencia, ve la oportunidad de crear una fuerte dependencia en su soberano cuidado. Dios nada hace porque si, o al azar. Dios tiene el control de lo más pequeño que

---

[26]Ibid, www.e-sword.net
[27]http://estudiosysermones.blogspot.com/2013/07/elias-y-la-viuda-de-sarepta-de-sidon.html

existe en este mundo.

Miremos un poco de la decisión tan pesimista que esta viuda había tomado. En la desesperación siempre habrá oportunidad para la duda v.12. La viuda está expresando ante Jehová y Elías la muerte por su triste infortunio. El Comentario Mundo Hispano dice: «Es más, pronuncia una especie de juramento en el nombre de Jehová. Esto no debe sorprendernos, dada la sociedad politeísta en la que vivía. Ella solo reconocía que Elías seguía al Dios de Israel y no a los dioses de Sidón. Es seguro que la petición de Elías debió sorprender y preocupar a esta viuda. ¿Quién sabe si preparaba su última comida? ¿Cómo podría compartirla?».[28] La respuesta de la mujer no era por incredulidad, sino porque ella sabía que era lo último que tenía para el sustento suyo y el de su hijo.

La mujer tenía sus ojos puestos en lo que le quedaba. La mujer por naturaleza es más sensible a las necesidades de sus hijos y ella sabía que no tenía más para poner sobre la mesa de su pequeño. Pero hay que entender que el ser humano cuando está bajo mucha presión pierde la calma, las fuerzas, el sentido de fe o confianza a un en Dios. Lo mismo le paso a Juan el Bautista cuando fue encarcelado por Herodes, Mt. 11:2-5. El miedo a la muerte quita del ser humano el entusiasmo por la vida, la fuerza para seguir luchando y por último la confianza. La viuda de Sarepta no era la excepción, el hambre es latente en la tierra y posiblemente ella no tenía más familia que su hijo y por supuesto, no tenía más provisión. En los momentos de dificultad es cuando nuestra

---

[28] *"Comentario Mundo Hispano"*, www.e-sword.net

fuerza tiene que estar puesta en Dios que todo lo puede y conoce nuestra situación. Por último, hay un contraste entre las circunstancias que nos están haciendo tambalear y la confianza. La confianza nos da certidumbre de que Dios está en el control; la incredulidad y el miedo nos dan la certitud de que la ruina es evidente. Por eso es importante confiar en Dios, porque Él nos asegura que las cosas malas que vienen sobre sus elegidos pueden ser cambiadas por su gracia y misericordia.

La fe de Elías vv8-14. Sin duda que había más mujeres viudas en Israel, pero Dios envía a su profeta a Sarepta una ciudad pagana, una ciudad que estaba bajo el juicio de dios; pero Dios envía a su profeta para preservar la vida de él y la de la viuda. Elías es alimentado por una mujer pagana (gentil), una verdadera afrenta para un judío. «Elías fue enviado a vivir allí, en un territorio gobernado pro Etbaal, el suegro de Acab. De esta manera, demostró el poder de Dios en el mismo lugar donde se adoraba al impotente Baal, proveyendo milagrosamente para la viuda en medio del hambre (vv10-16)».[29] El poder de Dios es demostrado en todo tiempo. Lo que sucede es que el hombre se enfoca en las dificultades y pierde de vista las bendiciones de Dios. Hay que ver lo que el Señor está haciendo y procurar con diligencia ser útil en el proyecto de Dios. Elías fue útil en el proyecto de preservación de vida para la viuda de Sarepta y su hijo y aun Jesús reconoció la providencia de Dios al enviar al profeta a la mujer de fe de Sarepta Lc. 4:26. Es la responsabilidad de

---

[29] *Ibid*, p.468

cada creyente seguir confiando en Dios aun en medio de todas las dificultades. Dios no nos ha prometido evadir las dificultades, su promesa es, yo estaré
con vosotros en cualquier prueba o a taque del ma-
ligno, yo te librare en el día malo Salmos 27:5; 91:1-
8.

Tampoco podemos dejar pasa por alto la fe de la
viuda de Sarepta vv15,16. Las palabras de Elías en el
v14 demuestra el poder de Dios en acción a favor de
los que el temen y obedecen. Pero en última instancia, ¿Qué sabe esta mujer del Dios de Israel? Sin
duda que poco. Pero Elías le está mostrando que
Dios es el que ha prometido providencia y que Él si
cumple. La mujer cree y esto se ve reflejado en la
obediencia que muestra en el v15. Mathew Henry
Comenta: «no se excusó por escasez, ni le desprecio
por extranjero. Fue una gran prueba para su fe y
obediencia... Los que tratan con Dios han de vivir
por fe y buscar primero el reino de Dios Mt. 6:33. La
fe de esta viuda, elevada a tal grado como para negarse a sí misma y depender únicamente de la promesa fue un milagro en el reino de la gracia, como lo
fue el incremento del aceite en el reino de la providencia».[30] Sin duda alguna que la fe de esta viuda
fue tan grande como la fe del profeta de Dios. Hay
momentos en la vida del cristiano que se verá su fe
puesta a prueba con la intención de que el cristiano
madure y se fortalezca en la disciplina de la fe. Sin
embargo, en todo este proceso de fe y providencia,
Dios mostrará su gracia para que crea en Dios y le
sea fiel hasta el final.

---

[30] Henry, Mathew., "*Comentario Bíblico de Mathew Henry*", p.383.

Conclusión

Basta ver la clase de vida que lleva un creyente para medir su fe en el Cristo crucificado, resucitado, ascendido y volviendo en las nubes del cielo. La fe es la fuerza motora que hace que la iglesia camine hacía la visión y la misión de Dios en un mundo que carece de sensibilidad a las cosas del reino de Dios. Hoy se les da mucho énfasis a las cosas de este mundo, a los triunfos personales, la fama y el éxito; pero son pocas las personas que meditan en serio acerca del fin de todo, la vida después de la muerte o la segunda venida de Cristo en la que jugará a vivos y a muertos. El plan de redención ni siquiera se enseña en los círculos evangélicos. Hoy vivimos en la era del subjetivismo cristiano-religioso. Se puede creer en todo, sin creer en nada. Todo es dios, pero a la vez, Dios no existe. Hemos llegado a la era de la incredulidad, la fe es relativa a la persona.

Sin embargo, en este estudio hemos podido probar que la fe juega un papel importante en la vida de la iglesia. en donde aseguramos que se puede tener una fe tan grande que vemos las cosas que no son como si ya hubiesen ocurrido. Así que, creer es ver las cosas realizadas con los ojos de la fe. No es una fe ciega, es una fe que nos ha convencido en lo más profundo de nuestro ser de que las cosas de Dios son tan reales como el agua, el sol y la tierra. Además, así como necesitamos de las cosas vascas para vivir, necesitamos de la fe para caminar de acuerdo a los estándares de Dios. La fe en Cristo no nos asegura solo lo que somos, la fe en Cristo nos dice quiénes somos en Él. Hombres como Enoc, Noé, Abrahán, Moisés, Jesús, entre otros, nos indican la importancia de creer, porque «*sin fe es imposible agradar a*

Dios», ¿Por qué? «*Porque el que se acerca a Dios debe creer que existe y que es galardonador de los que le buscan de corazón*», Hb. 11:6. La fe nos enseña que debemos nacer de nuevo y que Dios vive para sí, y nos exige que nosotros vivamos para su gloria. Adorar a Dios solo se logra cuando tenemos fe.

La fe del cristiano es impelida en la certeza de que Dios existe. Pero esta fe no es obra nuestra, sino la obra del Espíritu Santo que nos lleva a reconocer a Cristo como Salvador y a la adoración al Padre. Confiar en el Dios de lo imposible es la meta del cristiano maduro; pero esta fe se verá reflejada incluso en nuestras generaciones. Cuando Elías huyó de Jezabel no fue a refugiarse entre hombres mortales y falibles; no, Elías fue y puso su causa delante de Dios; fue al monte de Dios. La respuesta de Dios a Elías fue contundente, ve y has mi obra porque la mujer que te busca para matarte no podrá conmigo y como señal de que yo tengo el poder, yo te sacare del mundo con vida. ¡Qué momento para Elías! por último Elías es enviado a la ciudad de Sarepta para preservar la vida de una viuda y de su hijo, los dos sin nombre. A veces nos perdemos en la exégesis diciendo que Elías fue enviado a la viuda de Sarepta para salvar su vida; pero aquella mujer era igual de temerosa de Dios que el profeta de Dios.

Así que Dios nos manda a confiar en Él en todo tiempo, en tiempos de bonanza y en tiempos de escasez, Dios tiene el control. La fe de Job va de lo natural a los sobrenatural. Perdió todo, perdió su salud y aun se mantuvo fiel a Dios. Cualquiera en su situación hubiera desistido y sin dudarlo hubiera optado por la muerte antes que la vida; pero no Job, su confianza estaba en Dios. ¿Quién pudiera tener una fe así? Esta clase de fe no es para todos los creyentes. Nunca debemos olvidar que las dificultades de la vida son solo asuntos momentáneos, pero la dicha de pertenecer al reino de Dios es una esperanza eterna en Dios. El garante de esta esperanza es Cristo, en su sacrificio tenemos comunión, salvación y vida eterna. Así que, no sé qué es lo que puedas estar pasando, pero recuerda, Dios esta ene el control de todo y Cristo es la respuesta. Solo ten fe y espera en las promesas de Dios son grandes y seguras.

Preguntas de Estudio
1.   ¿Los principales elementos de la fe que le han sido otorgados al creyente son?
2.   ¿En qué estaba basada la fe de Abraham?
3.   ¿Qué es tener fe y que implica no tener fe? ¿Qué significa confiar en Dios?
4.   ¿Qué es lo que ve el Lamec de Génesis 5 acerca del nacimiento de su hijo?
5.   ¿En que difiere la fe de Abel, Enoc y Noé a la fe profesada por Abrahán?
6.   ¿Qué es lo que Abrahán entiende con lo relacionado al sacrificio de su hijo Isaac?
7.   ¿Prometió Jesús solo cosas buenas ara sus hijos? ¿Qué dijo que le sucedería a los que guardan su pacto?
8.   ¿Cuál fue la reacción de Job ante la prueba?
9.   ¿Cuál es el llamado de Dios para su pueblo?
10. ¿Cómo describe el autor a la viuda de Sarepta de Sidón?
11. ¿Cuál es la responsabilidad del creyente en Cristo Jesús?

3

La Sana Doctrina: El Fundamento de la Iglesia

Introducción

El fundamento que sostiene firme y en crecimiento a la iglesia es la palabra de Dios: infalible, eterna y suficiente para la salvación del pueblo de Dios. Sin embargo, el desarrollo saludable de la iglesia radica en aquellas doctrinas que son extraídas de la Biblia. El fundamento de esta doctrina se centra en la vida, obra y segunda venida de Cristo Ef. 2:11-22. Si, Cristo es el Señor y fundamento de la Iglesia. Todo edificio se sostenido por un buen fundamento, si este fundamento no es meticulosamente establecido, el edificio tarde o temprano sufrirá un daño irreversible. La iglesia tiene su fundamento en la santa palabra de Dios. Sin la palabra de Dios como su fundamento de fe y termómetro para medir su funcionamiento, lo que cree y lo que practica la iglesia no tiene nada de sentido, Ef. 2:20-22.

La doctrina debe ser bíblica de otra manera

pierde su valor eterno. La iglesia tiene un solo fundamento, la palabra de Dios, pero también tiene la doctrina que la hace ser quien es y por ende, esta doctrina tiene que ser sacada de la Biblia; es la única con autoridad divina para sostener la doctrina. La doctrina crea identidad en la iglesia, le otorga una misión, le otorga la predicación del evangelio, pero, además, la doctrina le lleva a influenciar a la sociedad con un mensaje transformacional y a propagar sanamente las verdades que la sostienen como comunidad de fe. La iglesia del Señor Jesucristo no puede existir sin una declaración doctrinal. Así que, nuevamente, la base de la iglesia está en la Biblia y la base de la doctrina de la iglesia es exclusivamente escritural. Una iglesia no puede: Primero, hacer doctrina fuera de las Escrituras. Segundo, influenciar su contexto si su doctrina es filosófica, humanista o social; no, su doctrina debe promover las doctrinas fundamentales de la Biblia y el plan de salvación. La sociedad es transformada por el mensaje del evangelio y no por filosofías huecas. Tercero, la iglesia no puede ser de Cristo si no usa la Biblia como fuente de la verdad.

¿Cómo podemos definir doctrina? Es un conjunto de enseñanzas que siguen un orden sistemático con diferentes puntos doctrinales que definen lo que la iglesia cree y práctica. Hay una diferencia marcada entre doctrina y adoctrinamiento. Este principio impone sus creencias a toda costa; hasta por la fuerza. Por otro lado, la doctrina son enseñanzas presentadas de forma sistemática para conocer a aquel de quien se enseña. Este principio busca impartir conocimiento de las doctrinas para que la persona por un proceso bíblico-racional y la iluminación del Espíritu pueda llegar a concluir si la enseñanza es bíblica y veraz para llevar a la práctica.

La Iglesia y la Revelación Escrita

Ya dijimos que la doctrina tiene que ser bíblica. La doctrina que la iglesia profesa tiene que ser sacada de la palabra de Dios y enseñada con carácter autoritario, ya que los creyentes por el fundamento de ella son llamados a vivir piadosamente y apartados del mundo. Además, por ser el fundamento, la Biblia como palabra de Dios es infalible; así pues, el mensaje doctrinal es veraz y suficiente para llevar al que la predica tanto como al que la escucha a la convicción de que la palabra de Dios es la fuente primaria para hacer doctrina. Un gran evangelizador puritano, John Rogers, advirtió a su congregación contra el descuido de la Escritura contándoles lo que Dios podría decir: «Os he confiado durante mucho tiempo mi Biblia... Se encuentra en [algunas] casas toda cubierta de polvo y telarañas; no os interesa escucharla. ¿Así utilizáis mi Biblia? Muy bien, ya no tendréis más mi Biblia».[1] Con Rogers podemos argumentar que:

(1) La palabra de Dios es la fuente para hacer doctrina. La única fuente para conocer la verdad es la palabra de Dios escrita y sin esta verdad la doctrina no tiene autoridad divina, puede ser llamada "doctrina de hombres", pero jamás se le podrá llamar, doctrina bíblica con carácter divino. La Iglesia Católica Romana le quitó la autoridad a la Biblia para hacer doctrina, pero le otorgó autoridad a la tradición

---

[1] Beeke, Joel., "*La espiritualidad puritana y reformada: Un estudio teológico y práctico tomado de nuestra herencia puritana y reformada, trans. Juan Sánchez Llamas y Armando Valdez, Primera Edición*", p.117.

de la iglesia para el adoctrinamiento de sus feligreses. Esto convergió en un verdadero despotismo y autoritarismo espiritual a tal grado que los feligreses que no aceptaban su doctrina institucional; o bien se lanzaban a la apología de la doctrina bíblica, eran excomulgados, encarcelados y por últimos sentenciados a muerte, su pecado, no sostener lo que la iglesia creía.

(2) La palabra de Dios es la autoridad de la iglesia. La Reforma Protestante recupero una doctrina que es fundamental para la iglesia de todos los tiempos. La *Sola Scriptura*. La iglesia no es autoridad máxima de la religión, o la autoridad para la interpretación de la Biblia; todo lo contrario, la Biblia es su mismo interprete. La idea es que la Biblia se interprete a la luz del mensaje que contiene la misma Biblia. Esto convierte la palabra de Dios en la autoridad de la iglesia. Cuando una iglesia tiene la Sola Scriptura como principio de su fe, crece íntegramente en su doctrina, y su desarrollo es saludable. Cuando la palabra de Dios no marca nuestro principio para la doctrina, la enseñanza y mensaje que pronunciamos es idolatría. «Pablo estaba preocupado a causa de la influencia que la sociedad pagana ejerce en la iglesia. Todo mundo profesaba conocer a Dios, pero sus vidas demostraban que no lo conocían y que no tenían interés en Él, ni en lo que Él había dicho. Eran paganos que sólo de nombre se presentaban como religiosos. Esta actitud estaba surgiendo entre los cristianos también».[2] Esta clase de pensamiento doctrinal se puede dar con frecuencia aun en la iglesia contemporánea. Existen muchos

---

[2] Porter, Rafael., "*Estudios Bíblicos ELA: Una vida distinta (Tito)*", p.33.

creyentes que quieren gozar de los beneficios que ofrece la salvación en Cristo, pero sin compromiso. Estos 'cristianos' siguen viviendo como paganos en un ambiente de cristianos. En estos tiempos peligrosos en los que vivimos; a esta forma de doctrina se le llama, 'región moderna', es una especie de paganismo disfrazado de piedad.

(3) La palabra de Dios es inspirada. La inspiración de las Escrituras es una doctrina que pone todo su énfasis y esperanza en la palabra de Dios como absoluta y eficaz para hacer un ministerio pertinente en una sociedad convulsionada como la que vivimos por las diferentes corrientes doctrinales. Una persona que se distingue por su piedad es aquella que vive el mensaje que la palabra de Dios transmite. «La característica fundamental del líder —que es irreprensible en su uso de la Palabra de Dios— se expresa al llamarle "retenedor de la Palabra". La toma en la mano fuertemente y no la suelta. Su firmeza en cuanto a la Palabra de Dios no es solamente doctrinal. La sigue personalmente en si vida diaria».[3] Esto tiene que ver con su actitud y sus actividades ministeriales. Es que cuando una iglesia no tiene sana doctrina: (a) su crecimiento es raquítico y parcial. Esta iglesia camina de esta manera porque su enfoque está en puros métodos para el crecimiento, ha dejado de lado la doctrina y la predicación bíblica. ¿Pero que dice la Biblia? Pablo le encarga a Timoteo una enseñanza solida de la verdad bíblica 2ª Tim. 2:2. (b) Pablo le recuerda a Timoteo cuales son las características de un ministro de la palabra de Dios 2ª Tim. 2:15. (c) ejercer la vocación con cuidado, (d)

---

[3] *Ibid,* p.34.

un obrero que sabe exponer los principios bíblicos.

La Importancia de la Doctrina para la Iglesia

La iglesia primitiva sostenía que lo que hacía crecer a la iglesia en número eran varios factores, pero el principal era la enseñanza doctrinal Hch. 2:42. El *Comentario Americano* dice: «v42 muestra la vida comunitaria en sí misma y tiene mucho en común con el tratamiento más extenso que comienza en el v. 43. Es muy posible que el v. 42 deba considerarse por separado, como una conclusión de la narración de Pentecostés. Así visto, proporciona un vistazo a la forma en que los nuevos conversos se incorporaron a la comunidad creyente».[4] Este versículo presenta cuatro factores que propician el crecimiento de la iglesia. Véamelos por separados.

(1) La Doctrina. Perseveraban en la enseñanza «διδαχὴ didachē». Los apóstoles enseñaban principalmente las cosas que Jesús les había enseñado durante su ministerio terrenal acerca de Él y su obra, pero, además, hacían su trabajo investigación desde la Biblia hebrea, es decir, el Viejo Testamento acerca de lo que Jesús les había comisionado hacer, formar discípulos al estilo de Cristo, Mt. 28:19 y enseñando a estos discípulos en la doctrina de Cristo Mt. 28:20. Estos eran cristianos maduros en la fe. Por eso perseveraban en la doctrina de los apóstoles y profetas según lo dice Pablo Ef. 2:20. «Entre otras cosas, un cristiano maduro se preocupa de dominar —o mejor dicho, de ser dominado por— la Biblia. Sabe cómo colocar las piezas. Sabe cómo resumirla y expresarla

---

[4] Polhill, John B., "*Hechos, ed. David S. Dockery, vol. 5, Nuevo Comentario Americano del Nuevo Testamento*", Hch. 2:4.

en sus propias palabras. Dicho de otro modo, conoce la sana doctrina».[5] ¿Cuál es esta doctrina? Según el apóstol Pablo, es todo lo que involucra la salvación de los elegidos en Cristo. El fundamento del mensaje del Antiguo Testamento es Cristo y el fundamento del mensaje de los apóstoles también es Cristo. Pablo lo pone como la piedra angular del edificio, la iglesia Ef. 2:20. La iglesia no está sostenida en otro fundamento, más que en Cristo. Jesucristo es el amo y Señor de la iglesia, a Él se le debe la salvación y la vida en el reino.

La iglesia tiene dos formas de hacer doctrina, Primero, la doctrina institucional. Estas se componen de todas aquellas prácticas que las denominaciones han creado para distinguirse entre los otros grupos cristianos y que en muchos casos no abonan para el crecimiento de la iglesia, sino más bien para separarlas en grupos segregados, elitistas, seccionados, que pueden llegar a parecer hasta sectarios o que son sextarios. Algunas de estas doctrinas son: forma de vestir, forma de desarrollar su liturgia, formas de gobierno, forma de administrar los sacramentos, etc. Sin embargo, una iglesia saludable se compromete con la doctrina bíblica porque sabe que: «La sana doctrina sirve para la vida. Esto significa que es práctica. No es un conjunto de hechos abstractos, sino un mapa de carreteras que nos muestra quiénes somos, dónde estamos y a dónde vamos. Por tanto, la sana doctrina es esencial para vivir vidas y edificar iglesias que dan gloria a Dios».[6] La doctrina no son ideas aislada, es la revelación de Dios para su

---

[5] Jamieson, Bobby, trans. Pérez Patiño, Xavier., "*9 Marcas: Edificando Iglesias Sanas*", p.31.
[6] *Ibid*, p.13.

pueblo, es la fuente de la verdad que nos habla de quienes somos y hacía donde vamos. La doctrina nos habla de Dios, su reino, Jesucristo, el Espíritu Santo y la Biblia. La doctrina nos premia con el conocimiento de Dios verdadero.

Segundo, la doctrina bíblica. Es bíblica, porque se extrae de la Biblia usando una correcta interpretación (hermenéutica) y exégesis. Las doctrinas, la iglesia las tiene como un todo y no son negociables. En estas doctrinas hay bastante unanimidad entre todas las iglesias de sana doctrina ya que todas las creen, enseñan y practican. Sin embargo, debemos decir que si una iglesia dice ser cristiana y no acepta una de las doctrinas fundamentales de la Biblia, no es parte del cuerpo místico de Cristo. La doctrina bíblica abarca temas como: la Teología Propia, Cristología, Pneumatología, la creación de la nada, Soteriología, la Trinidad, Las Escrituras, Angelología, la Escatología entre muchas otras. «La doctrina no solo sirve para una confesión de fe que queda escondida en el último lugar de la página web de una iglesia; sirve para los sermones, los pequeños grupos de estudio, las conversaciones personales, las oraciones, las canciones y mucho más. La sana doctrina debería correr por las venas de nuestras iglesias y nutrir cada aspecto de nuestra vida en común».[7] La doctrina bíblica es la salud de la iglesia que tiene como meta final el cielo. Una iglesia sin doctrina es como un barco sin timo o brújula. La doctrina le da identidad a la iglesia.

(2) La comunión entre hermanos. La palabra griega es «*κοινωνία Koinōnia*» en la comunión unos

---

[7] *Ibid*, p.14.

con otros. Los cristianos de la iglesia primitiva disfrutaban vivir en comunidad entre hermanos en la fe. Esto sin duda alguna que propicia un crecimiento saludable de la iglesia. El apoyo que entre hermanos nos damos debe ser en base al amor y compañerismo entre hermanos, así como la doctrina. «Se refiere a algo más que la doctrina correcta. Esta instrucción es «saludable». Incluye la doctrina, pero también incluye todo lo que promueve la salud —el bienestar espiritual. Pablo les encarga a los líderes la responsabilidad de sujetarse firmemente a la Palabra de Dios para que puedan animar a los demás con ella a vivir una vida de buena salud espiritual, para que prosperen de verdad».[8] Bernabé era un hombre que buscaba siempre la salud espiritual de todos. Todos velando por la seguridad y bienestar de todos. De hecho, la comunión es el centro de la teología paulina, Gal. 6:10.

(3) La Cena del Señor – Partiendo el pan—. Es un poco complicado asegurar que los hermanos de la iglesia naciente participaban en una comida privada, por el contexto más bien podemos inferir que se trataba de la celebración de la Cena del Señor. «Si esto es así, entonces el significado del tercer elemento, «la fracción del pan», se aclararía aún más. Unido a la comunión, probablemente conllevaría el sentido cultual de compartir una comida con el Señor, participando en la Cena del Señor. Probablemente también implicaría su participación en una comida principal *agapē* juntos».[9] En la liturgia de la

---

[8] *Ibid,* p.37.
[9] *Ibid,* Hch. 2:42.

iglesia, la Cena del Señor siempre ha estado acompañada de la oración y la predicación del santo evangelio. (a) En la Santa Cena todos los miembros que están en comunión con Cristo y su iglesia participan. (b) La Santa Cena es un acto solemne donde se conmemora el sacrificio vicario de Cristo. (c) Al celebrar la Santa Cena, la iglesia testifica que pertenece a la familia del pacto. El significado que el Catecismo de Heidelberg le da a la Cena del Señor es importante para la doctrina de la iglesia:

«76. Pregunta: ¿Qué significa comer el cuerpo sacrificado de Cristo y beber su sangre derramada? Respuesta: Significa, no sólo abrazar con firme confianza del alma toda la pasión y muerte de Cristo, y por este medio alcanzar la remisión de pecados y la vida eterna, sino unirse más y más a su santísimo cuerpo por el Espíritu Santo, el cual habita juntamente en Cristo y en nosotros de tal manera, que, aunque Él esté en el cielo y nosotros en la tierra, todavía somos carne de su carne y huesos de sus huesos, y que, de un mismo espíritu, (como todos los miembros del cuerpo por una sola alma) somos vivificados y gobernados para siempre».[10]

Para la iglesia, la Cena del Señor tiene un sentido conmemorativo importante, pero, sobre todo, en ella el Señor nos recuerda que nosotros como hijos amados pertenecemos a la familia del pacto. que en Cristo Dios nos ha santificado para que vivamos como un solo cuerpo en el Espíritu hasta el día de la redención y porque no decirlo, hasta la eternidad.

(4) Las oraciones–. Lucas presenta gráficamente

---

[10]https://www.crcna.org/sites/default/files/Catecismo%20de%20Heidelberg.pdf

que estas oraciones tenían que ver con las que presentaban los judíos en el templo. Podemos decir que los elementos presentados en este versículo tienen que ver con el culto público. «En cuanto a las oraciones en las que participaban, la referencia primaria es, sin duda, a sus propias sesiones regulares de oración unida, aunque sabemos que los apóstoles asistían a los servicios judíos de oración en el templo (cf. 3:1). Las oraciones de la comunidad seguirían modelos judíos, pero el hecho de Cristo enriquecería su contenido».[11] La doctrina presentada por los apóstoles, la predicación del santo evangelio, la comunión entre hermanos, la Cena del Señor y las oraciones son el resultado de una vida entregada a agradar a Dios.

El resultado de una vida en obediencia a Dios nos lleva a cumplir con lo que Dios demanda en su palabra. Lucas cierra con broche de oro el mensaje que quiere transmitir en este pasaje cuando dice que: «alabando a Dios, y teniendo favor con todo el pueblo. Y el Señor añadía cada día a la iglesia los que habían de ser salvos», v47. Polhill dice: «Al final, expresaron su alegría alabando a Dios por su presencia en su vida en común v. 47. En el extremo receptor, experimentaron el favor de la comunidad judía no creyente de Jerusalén. Dios respondió a su fe y bendijo a la joven comunidad, añadiendo nuevos conversos diariamente. De hecho, como con el joven Jesús, así fue para la creciente iglesia-favor con Dios y favor con la humanidad».[12] La clave del crecimiento

---

[11] Bruce, F. F., "*Hechos de los Apóstoles: Introducción, comentarios y notas*", p.92.
[12] *Ibid*, Hch. 2:46,47.

de la iglesia está en los cuatro componentes ya dichos: 1) Enseñando y predicando un evangelio bíblico, 2) Promoviendo y viviendo la comunión entre hermanos, 3) celebrando los sacramentos obedientemente y 4) mantener una vida de oración. Spurgeon dice: «En general, nunca veremos un gran cambio que mejore nuestras iglesias, hasta que la reunión de oración ocupe un lugar más alto en la estima de los cristianos».[13] La iglesia primitiva oraba sin cesar. Que diferente fuera la iglesia de hoy si tomara la oración enserio.

Una Iglesia Madura y en Crecimiento

La iglesia necesita conocer quién es su Señor, pero este conocimiento no cae como magia o de la nada. No, este conocimiento se da cuando la iglesia es diligente en mantenerse en un crecimiento constante en la doctrina bíblica. «Después de los acontecimientos de Pentecostés, se nos ha dicho, «muchas maravillas y señales se hicieron por medio de los apóstoles» 2:43».[14] Ministerios como la Gran Comisión se hace con mucha más certidumbre cuando hay seguridad acerca de quién es nuestro Dios y su plan de redención para sus santos. Así que, hablamos de que: (1) La doctrina impulsa el crecimiento de la Iglesia–. El crecimiento de la iglesia debe darse desde lo local hasta lo foráneo. Esta fue la idea del Señor en la que algunos pensadores cristianos han llamado la segunda Gran Comisión registrada por Lucas en su segundo tomo Hch. 1:8. En la misiolo-

---

[13] https://obrerofiel.com/product/orar-juntos-como-iglesia/
[14] *Ibid*, p.96.

gía, la idea principal es el fortalecimiento de la iglesia local y luego se enfoca en enviar misioneros a hacer la obra de predicación. Sin embargo, este crecimiento debe ser integral: (a) salvación— Dios atrae a sus elegidos hacía si, (b) formación— la iglesia discípula y profundiza en la verdad bíblica para que el discípulo adquiera el conocimiento necesario para que haga la obra correctamente y (c) comisiona— La iglesia envía a sus misioneros a que lleven el mensaje de salvación. Cuando se sigue este proceso es prácticamente imposible que la iglesia no crezca. Este es un crecimiento saludable de la iglesia, porque es orgánico

(2) La doctrina le da identidad a la iglesia–. La doctrina bíblica sigue una línea de pensamiento que se propone declarar las enseñanzas de la vida cristiana. Es la presentación ordenada de las principales doctrinas de la fe cristiana. Una iglesia que promueve y defiende y enseña una sana doctrina sus adeptos no querrán buscar otra iglesia a donde crecer en el Señor. Por esta razón: la iglesia fue fundada para proveer un alimento solido para sus miembros. La iglesia fue llamada para sacar de la oscuridad a los pecadores y proveerles vida a través de una predicación bíblica. La iglesia fue llamada a proveer seguridad para sus miembros con un ministerio de esperanza, justicia social y amor. Si la iglesia cumple con este triple mandato de Dios, tendrá suficientes miembros para seguir plantando más obras. Nuestro deber es brindar seguridad a los hermanos en la fe.

Los miembros de la iglesia deben ser desarrollados en tres áreas: Primero, identidad teológica–. El miembro de la iglesia debe conocer la teología que la iglesia maneja y ser capaz de presentarla, aunque sea de una manera sencilla y sucinta. El propósito de la teología no es formar eruditos, sino que es exponer lo que como cristianos creemos y practicamos en nuestra iglesia. No es hacer teólogos, sino hacer discípulos con un conocimiento sólido. Aunque de alguna manera todos somos teólogos. «Teología es un término muy amplio. No solamente se refiere a Dios, sino a todo lo que Dios nos ha revelado en las Sagradas Escrituras. Dentro de la disciplina de la teología está el estudio de Cristo, que llamamos «cristología». También incluye el estudio del Espíritu Santo, que llamamos «Pneumatología»; el estudio del pecado, que llamamos «hamartiología»; y el estudio de las cosas futuras, que llamamos «escatología».[15] Casi nadie tiene problema con el término «teología»; sin embargo, cuando se le agrega el calificativo «sistemática» las antenas se encienden. La cultura en la que vivimos permite esta clase de sospechas, hay tantas formas de sistemas que acuñar la teología con un sistema causa miedo.

Segundo, identidad en la praxis–. Uno de los grandes problemas que enfrenta la iglesia contemporánea es el activismo en el que ha caído. Un activismo desordenado, es un activismo solo por acallar su conciencia, porque se diga que hace algo por el reino. No hay entendimiento de lo que significa la expansión del evangelio por medio del cuidado de las personas. Sin darse cuenta la iglesia está más enfocada en hacer que en proclamar las buenas nue-

---

[15] Sproul, R. C., "*Todos Somos Teólogos: Una Introducción a la Teología Sistemática*", p.14.

vas. La iglesia debe mantener a sus miembros enfocados en llevar el mensaje y en pregonar el día de salvación del Señor y en una actividad religioso con entendimiento y con practica social activa. La gente que no se congrega quiere ver lo que está haciendo la iglesia y esto los mantiene animados para pertenecer a la iglesia. Pero los mismos miembros crean en su interior un sentido de partencia cuando son parte del proyecto. Todos queremos pertenecer a una iglesia que se preocupa por los demás. «Su odio por las malas obras es una muestra de su amor por Dios y su Palabra. En la actualidad, las iglesias necesitan entender que el odio al mal y a la falsedad no es contradictorio con el amor, sino una parte esencial del amor cristiano genuino 1ª Cor. 13:6). El amor aborrece lo malo y se aferra a lo bueno Rom. 12:9».[16] Cuando asumimos el rol que la iglesia tiene en la sociedad podemos aclarar el concepto de misión que tienen otras denominaciones y sostenemos el nuestro como iglesia. Hacemos del cristianismo un movimiento vívido y útil para la sociedad en la que nos desarrollamos como entidad de fe.

Tercero, hacer apologética (defensa) de la FE–. Cuando un creyente desarrolla esa identidad de pertenencia a la iglesia en la que sirve, presenta defensa de la fe que práctica la iglesia con facilidad y claridad. La iglesia debe crear el ambiente para que sus miembros vivan para Jesucristo y para la iglesia en la que sirve, de tal manera de que no tengan temor de ofrecer hasta su vida si fuere necesario para que la iglesia del Señor continúe hacia la meta. Pedro nos

---

[16] Strauch, Alexander., "*Ama o Muere: Cristo llama a la iglesia a despertar del sueño espiritual: Apocalipsis 2:4, ed. Lucy Dillon, trans. Jael Saurenian*", p.14.

insta a presentar defensa de nuestra fe a todo el que exija de nosotros esta defensa 1ª Pd. 3:15. Al final no defendemos a Dios, sino la fe que profesamos como creyentes y la fe que profesa nuestra iglesia como institución. Esto es crear una identidad apologética en el corazón de los adeptos de la iglesia. Ahora que para hacer defensa de la fe debemos conocer a la razón de nuestra fe, Dios. «Conocer a Dios significa tomar conciencia de nuestra profunda necesidad espiritual y de cómo Dios puede suplir dicha necesidad, para luego confiar en Dios y reverenciarlo. Ser conscientes de Dios es sólo saber que Dios existe y que merece ser obedecido y adorado. Los hombres y las mujeres no conocen, ni obedecen, ni adoran a Dios en forma natural».[17] Una defensa con conocimiento es aquella que se hace por conocer, por convicción y porque se ha alcanzado una madurez cristiana tal que sostiene nuestra fe sobre toda circunstancia.

La Doctrina y el Crecimiento de la Iglesia

Es claro que el crecimiento de la iglesia y la doctrina están íntimamente relacionadas la una a la otra. Una iglesia que crece sin un fundamento doctrinal es una iglesia muerta en vida, una iglesia esquizofrénica, una iglesia sin vida. Si, la doctrina le da vida a la iglesia. Dios nos ha dejado la necesidad de que tengamos doctrina por obvias razones: «Es para que reconozcamos nuestra profunda necesidad espiritual y que estemos preparados para recibir el conocimiento de Dios a través de nuestro Señor y Salvador Jesucristo, porque sólo así podremos recibirlo».[18]

---

[17] Boice, James M. "Los *Fundamentos de la fe Cristian*", p.11.
[18] *Ibid,* p.16.

Cuando el creyente ama conocer a Dios y conoce la doctrina de su iglesia siempre piensa en lo mejor para ella. Pablo encarga encarecidamente a su hijo en la fe Timoteo como debe comportarse y como de tratar a la iglesia después de su partida. Pablo le encomendó algunas cosas: (1) la predicación del santo evangelio 2ª Tim. 1:8,9. (2) la importancia de mantener una sana doctrina. Pablo sabía que el crecimiento de la iglesia no depende de estrategias humanas, sino más bien de sostener a capa y espada una doctrina bíblica v13. (3) la sana doctrina trasciende de generación en generación 2ª Tim. 2:2. La doctrina debe ser valorada por nuestra generación y debe alcanzar a la generación siguiente y de la venidera debe ser transmitida a la segunda, tercera, etc.… La doctrina es una herencia sin precio para los que la aman.

El Centro de la Doctrina

El origen y centro de la sana doctrina es el Dios revelada en la Biblia. El origen de la doctrina pura está en lo que Dios es como persona y por lo que Él ha revelado de su ser a través de sus atributos. «La revelación de Dios también es consistente. Se ha dicho que la consistencia es el duende de las mentes pequeñas, pero si eso fuera verdad tendríamos que decir que Dios tiene mente pequeña, porque en su ser y en su carácter, Dios es totalmente consistente. Dios es el mismo ayer, hoy y por los siglos Hb. 13:8».[19] El Tri-Un Dios se ha dado a conocer a través de la revelación escrita y por medio de esta revelación podemos saber que la sana doctrina se origina en todos

---

[19] *Ibid*, p.17.

los atributos que componen su ser. La doctrina nos
es revelada por medio de la obra redentora del Hijo,
la obra de iluminación y la obra de preservación del
Espíritu Santo que guía nuestros pasos hacia un entendimiento firme de la doctrina de un Dios que se
ha revelado para que sus elegidos intimen con Él.
«El cristianismo afirma que, por medio de la revelación de Dios, podemos tener conocimiento real de
Dios. La teología no se podría llamar correctamente
ciencia si el conocimiento de Dios fuera imposible».[20] Todas las ciencias humanas buscan conocer el
objeto de estudio, aunque Dios no puede ser el objeto de estudio del hombre, si se puede estudiar
acerca de Él por medio de su revelación. Dios se ha
revelado por medio de la naturaleza (revelación general) y por medio de la Escritura (revelación general)[21]; así que, Dios mismo nos ha provisto dos medios por los cuales podemos conocerle y sostener
una relación saludable con Él.

Aunque el Tri-Un Dios es el fin de la sana doctrina, a Él le ha placido revelar este mensaje por medio de los santos escritores de los dos testamentos.
La doctrina nos es enseñada porque no será si no
hasta el día en que Dios restaure todas las cosas que
la verdad será completa en nosotros. Mientras tanto,
la fuente de toda verdad doctrinal se encuentra solo
y exclusivamente en palabra de Dios, el Logos. Un
creyente es responsable consigo mismo, con los que
le oyen, pero sobre todo con Dios su amo y Señor, en
hacer doctrina desde la Biblia ya que es la fuente de

---

[20] *Ibid*, p.18.
[21] Louis Berkhof, *Teología Sistemática*.

inspiración divina. «Uno de los principios fundacionales de la teología cristiana es que nada en este mundo posee poder causal intrínseco. Nada tiene poder alguno salvo el poder que se le confiere —se le presta, por así decirlo— o se ejecuta a través de ello, que en última instancia es el poder de Dios. Es por eso por lo que los teólogos y filósofos históricamente han hecho una distinción crucial entre causalidad primaria y causalidad secundaria».[22] Las Escrituras nos equipan para ser mejores cristianos, lectores y exégetas. Es bien sabido que los indoctos de las Escrituras son más propensos a torcer la doctrina 2ª Pedro 3:16. Por esta razón debemos mantenernos vigilantes porque la iglesia se mantenga en la sana doctrina.

El propósito intrínseco de la sana doctrina–. El objetivo primario de la sana doctrina es: (1) conocer a Dios —la doctrina nos permite ver a Dios como el para quien, por qué y el para que todas las cosas existen. «Dios es la fuente de la causalidad primaria. En otras palabras, él es la causa primera. Él es el Autor de todo lo que hay, y sigue siendo la causa primaria de los acontecimientos humanos y de los sucesos naturales. Sin embargo, su causalidad primaria no excluye las causas secundarias».[23] Dios controla todo lo que pasa en este mundo. (2) todo sirve para la gloria de Dios —todo lo que el hombre hace como ser integral es para adorar a Dios y este en su estado de perfección. La iglesia ha sido marcada por las huellas de la historia de una herencia literaria sin

[22] Sproul, R. C. "*¿Controla Dios Todas las Cosas*"? p.14.
[23] *Ibid*, p.14.

precedente al proponerse que en sus páginas se registre lo que extrae del texto sagrado de las Escrituras documentos del calibre de: los credos reconocidos por la iglesia, las confesiones, y los catecismos que han formado parte de la historia doctrinal de la iglesia por siglos.

La meta principal de la sana doctrina–. La sana doctrina tiene varias metas a considerar ya que vivimos en un mundo caído y que por momentos parece ganar terreno en el axioma doctrinal que propone la iglesia en estos días de tantas corrientes doctrinales. Una de tantas razones para la sana doctrina es que nos permite medir la doctrina falsa con el termómetro de la verdad que encontramos en la Biblia. La mala doctrina detiene el crecimiento y sano desarrollo espiritual de la iglesia. «Lo que ocurre es que la sana doctrina resume el mensaje de la Biblia en términos sencillos. Sintetiza todo lo que la Biblia tiene que decir acerca de un asunto en concreto, sea que ese asunto provenga de la Biblia o de la vida en el mundo».[24] Como parte de la razón de porque se nos dió la doctrina es porque promueve en todos sus ámbitos el plan de redención —la idea central al hacer doctrina es que rinda gloria a Dios, pero la gloria de Dios solo se alcanza cuando el plan de salvación es presentado teniendo la Biblia como fundamento. La doctrina es la luz de Dios alumbrando en lo tenebroso de un corazón sin Dios —la revelación del más puro amor se ve en el evangelio que nos reconcilia con un Dios airado con el hombre pecador. «Dios se reveló por medio de mensajeros divinamente inspi-

---

[24] *Ibid*, p.17.

rados. Estos son los profetas del Antiguo Testamento y los apóstoles del Nuevo. Dios se reveló de una forma completa en su Hijo. La culminación del proceso de revelación en Cristo se expresa maravillosamente en Heb. 1:1».[25] La doctrina se enfoca en la revelación de Dios a través del Hijo quien le dio a conocer Jn. 14:8-11. Esta doctrina debe ser confesada, recibida y puesta en práctica para que Dios sea glorificado cuando el mundo vea a una iglesia instituida en la fe del Dios revelado en las líneas del texto sagrado.

Necesidad de la Doctrina Cristiana

Vivimos tiempos donde hay mucha resistencia a la enseñanza sobre religión o alguna doctrina en particular. Esta apatía por la religión no se ve solo en los ámbitos mundanos paganos, sino también en los círculos cristianos. La realidad es que hoy no se cree en nada y se ha perdido la tolerancia en asuntos de religión. La sana doctrina es tenida por innecesaria o anticuada en muchos círculos evangélicos. El problema es que todos creemos tener la verdad. Es por eso que debemos ser celosos de nuestra doctrina, pero para que nuestra doctrina sea defendible debe tener su base en la palabra de Dios, sin este principio la doctrina que profesamos esta fuera del alcance de lo defendible. No se puede defender lo indefendible.

La hostilidad que presenta esta sociedad a la religión tiene que ver con su concepto de las cosas entre lo terrenal y lo celestial. La sana doctrina no tiene cabida en un mundo que todo lo cuestiona, pero que

---

[25] Trenchard, Ernesto., *Estudios de Doctrina Bíblica, Cursos de estudio bíblico*", p.8.

poca diligencia pone para profundizar y así encontrar esa verdad que tanto añoran sus sentimientos. Por otro lado, ni siquiera se busca la verdad con intención de proveer respuesta a las preguntas. Es más, muchas veces ni les interesa porque va en contra de lo que sienten o desean. Por ejemplo: hay grupos que quieren limitar la religión solo a las emociones e implementan prácticas esotéricas. Estamos viviendo en una era donde se cree en lo novedoso y en aquello que les hace sentir anímicamente bien. ¿Cómo proveer respuestas a este mundo caído? La respuesta la tenemos en Cristo, el evangelio mismo. «Con toda naturalidad, sin que asomara indicio alguno de megalomanía, Cristo mismo llamaba la atención de las gentes hacia su Persona, declarando que verle a él equivalía a ver al Padre, conocerle era conocer a Dios, y que él mismo era «Camino, y Verdad y Vida», sin el cual nadie llegaría al Padre Jn. 14:5–11».[26] La evidencia histórica es suficiente para sostener que Jesucristo es Dios. «Nos interesa subrayar el hecho de que es imposible comprender el cristianismo (o ser cristiano) sin admitir que Dios se ha revelado en el Hijo, puesto que él constituye el Centro de la revelación divina y en él se halla la misma sustancia de la Fe cristiana».[27] Hablar del cristianismo es hablar de Cristo, ya que las Escrituras confirman el hecho de que Cristo es el cristianismo.

Por otro lado, tenemos a los que lo único que les interesa es practicar una obra social que vele por los desamparados y no les interesa presentarles el plan de salvación porque según ellos lo importante es su

---

[26] *Ibid*, p.61.
[27] *Ibid*, p.62.

vida y no su eternidad. La discusión radica en que, si la religión es un asunto de las emociones, dogmas o de praxis. Pero concluimos que la región son una combinación de las tres. Por ejemplo: (1) los sentimientos —sin la parte motivacional la religión tiene muy poco para movilizarse. 2) la doctrina —sin la parte dogmática no hay lugar para el razonamiento y se pierde la vida humana en el mar del sin sentido. Por ejemplo: «Los sermones evangelizadores de los predicadores contemporáneos a menudo incorporan versículos sacados de contexto o una serie de textos que no corresponden entre sí. La evangelización moderna, en búsqueda de una "evangelio simple", favorece una mera fórmula, una presentación empaquetada, en lugar de todo el consejo de Dios».[28] Por ejemplo: los predicadores de hoy usan como fuente primaria la psicología, el énfasis de su predicación no es el arrepentimiento de los pecados, sino como vivir mejor en esta vida. Sin embargo, un predicador comprometido con la verdad sabe que estudio profundo de la palabra de Dios le da sentido al pensamiento cristiano y glorifica a Dios. Es el consejo de Dios presentado en conceptos profundos y útiles para el crecimiento de los oyentes. (3) la praxis —si la religión no se lleva a la práctica es una religión muerta, sin sentido y carente de inspiración para la transformación de las masas. «El verdadero converso, desea recibir a un Cristo completo, sin limitaciones. Desea tener a Cristo con las condiciones que sean. Desea tener el dominio de Cristo, así como la liberación por Cristo».[29] El verdadero cristiano no

---

[28] *Ibid*, p.120.
[29] *Ibid*, p.122.

solo quiere llevar a la práctica su cristianismo, hace todo lo que está en sus manos para que Cristo, así como lo trajo a la vida, le guíe en la vida por medio de la obra del Espíritu en su interior hasta la eternidad, no solo viviendo para Él, sino anunciando su gloria a las naciones. El predicador lleno de la gracia de Cristo presenta un mensaje de gracia y anuncia la salvación en Cristo. No se limita en la exposición del evangelio, sino que con vivo celo anuncia al Cristo resucitado y ascendido a la presencia del Padres desde donde intercede por su pueblo.

Sin embargo, como cristianos mantenemos que la doctrina de la iglesia es necesaria porque nos ayuda a consolidarnos en la doctrina. –El hombre por naturaleza necesita la doctrina porque es parte de su ser. Cuando la doctrina ministra solo una parte del ser, esta viene hacer inútil, ya que deja fuera las otras áreas del ser. El hombre es tanto espiritual como material y estas dos áreas necesitan ser ministradas por la doctrina bíblica. Cuando se deja fuera una de ellas la doctrina es pervertida e infructífera. «La *gracia divina* es mucho más que una mera benignidad, pues, tratándose del favor del Dios soberano y omnipotente, pone en movimiento todos los recursos de la divinidad y lleva a feliz término todos Sus buenos propósitos en orden al hombre».[30] Con la gracia podemos ver la obra de la cruz, en la que se destacan doctrinas tales como: la resurrección, la santificación, la segunda venida de Cristo y la eternidad. Sin la cruz estas doctrinas no fueran posible para el creyente. Dicho esto, cuando un hombre ejercita su parte racional para entender lo divino, el Espíritu

---

[30] Trenchard, Ernesto., "*Bosquejos de doctrina fundamental*", pp.71,72.

Santo ejerce control sobre su parte racional para que haga doctrina desde la Palabra de Dios. Se debe decir que esta necesidad por lo divino y por hacer doctrina no es una obra del hombre, sino una obra de gracia que Dios inicia y terminará en el hombre. El hombre por naturaleza se ve en la necesidad de adorar y si no adora a Dios termina adorando la creación. El hombre posmoderno perdió de vista la adoración a Dios y se adora a él mismo; por ejemplo, adora su cuerpo, sus capacidades y estilo de vida. Todo es acerca de él, Dios cabe en su vida. Por esta razón, «La rebeldía y la incredulidad oponen una barrera a la operación de la gracia divina; la fe hace que el hombre acepte el mensaje de Dios y descanse totalmente en la persona de Cristo, ofrecida en el Evangelio como única base de la fe verdadera, permitiendo así que la obra de gracia se realice en el corazón del creyente».[31] Así que, concluimos que siendo el hombre un ser racional, en su ADN está impregnada la necesidad de conocer a Dios (hacer doctrina), ya que es religioso por naturaleza, pero cuando esa búsqueda no está dirigida por Dios, es infructuosa y maliciosa porque busca en el lugar equivocado. Por esta razón, la iglesia es llamada a proveerle respuestas al hombre que desesperadamente necesita a Dios, ya que por naturaleza es religioso y necesita llenar su ser con la verdad.

El cristianismo Neotestamentario enfatiza la enseñanza bíblica–. Cuarentaicinco veces en los evangelios se le llama a Jesús maestro. Cerca del mismo número de veces se dice en los evangelios que Jesús enseñaba a las personas acerca de su doctrina. Los

---

[31] *Ibid*, p.72.

profetas del Viejo Testamento eran llamados maestros al igual que los apóstoles y Pablo ya que el ministerio de la enseñanza era su anhelo porque a través de ella daban a conocer su nueva fe en el Cristo resucitado. Esta misma enseñanza sigue haciendo eco doctrinal en nuestra manera de hacer religión porque por medio de ella podemos hacer énfasis en lo que creemos y practicamos como iglesia. además, «La nueva vida que surge de la gracia ha de mantenerse por la gracia. En otras palabras, las potentes operaciones de Dios a nuestro favor son necesarias para toda faceta de nuestra vida cristiana. Por eso Pablo suele añadir a sus salutaciones a las iglesias la oración: «Gracia y paz tengáis de Dios nuestro Padre y del Señor Jesucristo» Rom. 1:7».[32] Pablo llama la atención cuando asegura: «Porque no me avergüenzo del evangelio porque es poder de Dios para salvación», Rom. 1:16, el énfasis recae en la necesidad intrínseca de anunciar la gloria de tener una religión que glorifica a Dios y rinde honor al sacrifico de Cristo, este es sin duda alguna el poder del evangelio, las buenas noticias en Cristo. Dios hecho carne se entregó en nuestro lugar.

El cristianismo es una religión que anuncia la verdad. Cree en la verdad que conlleva esta enseñanza. Proporciona una manera de vida que agrada a Dios y restaura al hombre en un ser regenerado por la palabra de verdad. Si se pierde esta verdad, el cristianismo queda reducido a escombros espirituales, sin eficacia y sin poder para transformar la cultura y sociedad. Sin la verdad escrita, el cristianismo es la

---

[32] *Ibid*, p.307.

farsa religiosa más peligrosa que jamás haya existido. Un cristianismo sin Cristo es la mentira más mal intencionada jamás difundida.

El apóstol Pablos nos enseña que su mensaje siempre fue acerca de la cruz y que ese sacrificio fue para devolverle a los elegidos su estatus de hijos como lo indican las Escrituras, estatus que perdieron por causa del pecado de Adán. «La manifestación de la gracia en la primera venida no hace superflua nuestra transformación moral, sino que la hace posible. La obra redentora realizada en su primera venida hace viable nuestra transformación a la imagen de Cristo».[33] La cruz es el acto de amor jamás antes visto, ya que en ella el justo pagó por los injusto. Cristo tomó el lugar de los malvados. Pablo asegura que Cristo murió, pero cumpliendo la profecía del Antiguo Testamento, resucitó el día tercero para de esta manera eliminar la autoridad de satanás sobre el pueblo de Dios 1ª Cor. 15:1-5. Por otro lado, Pablo nos enseña que sin la resurrección el evangelio no tiene valor alguno. «Nuestros nuevos cuerpos estarán especialmente equipados para la vida eterna en el reino de Dios. Nuestros cuerpos presentes no se adaptan a ella. Cualquier cambio que sea necesario será realizado por el poder de Dios».[34] El evangelio no consiste en hechos aislados o sentimentalismo. No, el evangelio consiste en el hecho tangible de la resurrección, una verdad que tiene una importancia para nuestra vida temporal y para la vida eterna.

El cristiano debe conocer la verdad–. Es un impe-

---

[33] Burt, David F., *"Adornando la Doctrina de Dios, Tito 2:1–3:15, 1a Edición., vol. 157, Comentario Ampliado del Nuevo Testamento"*, p.111.
[34] Sproul, R. C., *"Las Grandes Doctrinas de la Biblia"*, p.273.

rativo conocer la verdad, las Escrituras. La vida cristiana tiene su base en la fe en Dios y el cristiano debe
vivir esa fe. Dios inicia esa fe en el hombre por un
acto de su libre voluntad de elección y extiende su
gracia y produce esa fe salvadora en el interior del
hombre el cual responde porque era parte de los elegidos que llegaron a ser el depósito de la gracia de
Dios Efe. 1:3-14. «Desde la eternidad pasada, antes
de que existiésemos, Dios decidió salvar a algunos
miembros de la raza humana y dejar que el resto de
la raza humana perezca. Dios hizo una elección —
eligió a algunos individuos para que fuesen salvos y
disfrutaran la eterna bendición del cielo y eligió a
otros para que sufrieran las consecuencias de sus pecados hasta el tormento eterno en el infierno».[35] Ninguno ser humano tiene la capacidad de buscar a
Dios, al contrario, Dios les encontró hundidos en el
pecado y por su gracia les dió vida cuando estaban
muertos en sus pecados, Efe. 2:1-6. La fe tiene su
base en el evangelio revelado, predicado y enseñado. De esto se puede aprender que: (1) por esta
obra de fe en el corazón los creyentes entran a la vida
cristiana. (2) por fe se cree en la obra del evangelio
en los santos. (3) por fe se lee, escudriña y aplica la
palabra de Dios, se va madurando en la fe. Si deja a
un lado esta manera de vivir, el creyente jamás tendrá la fe necesaria para vivir una vida cristiana en
madurez. La vida madura del creyente depende del
conocimiento que tiene de Dios a través de la palabra y esta obra fe en su interior que le lleva a crecer
e intimar con Dios. «La clara implicación de todo el
contexto es que Dios nos ha salvado al habernos

---

[35] *Ibid*, p.185.

transformado moralmente y capacitado para vivir de otra manera muy diferente a nuestra vida anterior. Pablo está hablando de aquel aspecto de la salvación de Dios que tiene que ver con la transformación de nuestras vidas».[36] La fe es la obra de un Dios que nos amó desde antes de la fundación del mundo. El creyente necesita de esta verdad tanto como el cuerpo físico necesita el aire, el agua y el alimento para vivir.

Así que, el creyente necesita conocer la verdad para cumplir con su misión–. La verdad no se negocia, la verdad no se compromete, la verdad no se cuestiona, la verdad se propaga. Además, la verdad no es un concepto, la verdad se encuentra en Jesucristo, Él es la verdad y la vida. Jn. 14:6. El creyente necesita conocer esta verdad para que pueda cumplir con su misión en este mundo. «Así es con la salvación. Tanto el método (la predicación del Evangelio) como la meta (la gloria de Dios) son importantes. Dios ha establecido ambos, método y meta. Y no podemos enfatizar uno y no el otro. Y la Biblia revela que la meta del Evangelio es la gloria de Dios».[37] La misión es la propagación del evangelio desde Jerusalén hasta los confines de la tierra. Conocer lo que anunciamos es importante, ya que se debe presentar el plan de salvación a los que tienen que ser parte del reino de Dios de una manera inteligente e inteligible; es decir, de una manera racional y fácil de entender, para que la persona concluya por qué debe aceptar la gracia de Dios para su vida. No solo significa dejarle ver a la persona lo que es el evangelio,

---

[36] *Ibid*, p.183.
[37] Green, Guillermo., *"El Evangelio y Nada Mas, 1ª ed."*, p.108.

sino lo que implica ser cristiano. La fe cristiana no es ciega. No, la fe cristiana es un acto de salvación y el que la presenta debe ser capaz de argumentarla de manera que pueda probar porque el evangelio es la opción para una vida nueva, alejada del mal y del pecado y para que el perdido encuentre esperanza.

Ya se ha dicho que el creyente debe ser capaz de defender su fe-. El apóstol Pedro nos insta a presentar defensa de la fe con inteligencia y conocimiento 1ª Ped. 3:15. El evangelio se defiende solo, pero hay ocasiones en que los creyentes deben presentar defensa de lo que creen y practican. Sin embargo, no se puede defender lo que no se conoce, no se puede defender lo que no tiene significado para nosotros. Una iglesia sin un buen método de enseñanza es una iglesia sin significado. Por ende, tal iglesia no cree en nada, ni crea influencia en su contexto. Es una iglesia enferma de una enfermedad terminal y pronto va a morir. Hoy se oyen muchas «voces contrarias al Evangelio que casi apagan el sencillo y puro anuncio de Cristo. Aún dentro de las iglesias se oyen ritmos extraños, voces encontradas y contradictorias. El sublime llamado de mirar a Cristo sólo con corazón humillado y contrito es apagado por los megáfonos engañadores que pregonan el potencial humano, los derechos nuestros al placer, y la última actividad de entretenimiento».[38] Esta es nuestra triste realidad contemporánea, pero Dios está levantando una generación de apologetas que están haciendo frente a la filosofía de esta vida, para propagar con buen ánimo la vida en el reino de Dios.

Ejemplo nos dejaron los hermanos de la iglesia

---

[38] *Ibid*, p.111.

apostólica. Los apóstoles siempre defendieron el evangelio con todo lo que tenían y conocían, porque estaban seguros de que poseían una verdad absoluta. «Pablo empleó gran parte de su vida y energía oponiéndose a los judaizantes, y tanto Pablo como Juan defendieron vigorosamente el evangelio en contra de los gnósticos. Para actuar así ellos tenían que afirmar el evangelio en términos de significado definido».[39] Por eso entendemos que la doctrina en el cristianismo bíblico es importante. Hablar de una iglesia sin una sana doctrina es hablar de cualquier cosa menos de la iglesia del Señor. No es que estamos asegurando que la doctrina es el todo de la iglesia, pero si juega un papel fundamental en lo que cree y sostiene como comunidad de fe. Sin la doctrina bíblica la iglesia es un club social, una ONG, un grupo ideológico. Sin embargo, la doctrina bíblica de la iglesia le lleva a crear identidad cristiana en sus miembros. «Necesitamos recordar también que la doctrina no existe por su propia causa: no es ninguna cosa que deba tenerse en la mente y pensarse solamente. Es un programa de actividad. Todo el Nuevo Testamento recalca el hecho de que oír la Palabra no es suficiente; debe ponérsela en acción».[40] El mensaje de la Biblia es uno: oír la palabra de Dios y llevarla a la practica en nuestro diario vivir como seres sociales. La doctrina no es un grupo de ideas, es la invitación de Dios a vivir de acuerdo con sus estándares, ley moral. Una religión sin doctrina camina a ciegas y sin dirección, es como un barco sin brújula.

---

[39] Conner, W. T. "*Doctrina Cristiana*" p.10.
[40] *Ibid*, p.11.

Conclusión

La Palabra de Dios es el fundamento de la doctrina y no conocer el mensaje que encierra la Biblia siempre desemboca en una doctrina equivocada y basada en el hombre. La doctrina de la iglesia tiene que ser bíblica y evangélica, pero una iglesia sin Biblia y sin el evangelio de Cristo Jesús no debe hacer doctrina porque su doctrina será herrada. «¿Cómo se relacionan la doctrina y la teología? Algunas veces estas palabras se usan intercambiablemente, pero más específicamente podemos distinguirlas de la siguiente manera. "Doctrina" se refiere a todo el ámbito de la enseñanza cristiana Hch. 2:42; 2ª Tim. 3:16, la que puede dividirse en las categorías de teología y ética».[41] No podemos separar la teología de la doctrina. La teología sistemática nos ayuda a ponerle orden a aquellas doctrinas que la iglesia profesa. «Teología es aquella parte de la doctrina o enseñanza cristiana que establece lo que es cierto Hch. 5:28; 13:12; 2ª Tim. 4:3; Tito 2:1; Hb. 6:2; 2 Jn. 9,10, mientras que la ética es aquella parte de la doctrina cristiana que establece lo que es correcto 1ª Tim. 1:10; 4:1, 6, 16; Tito 2:1».[42]

Una iglesia con sana doctrina siempre seguirá un método de investigación adecuado, porque primero, quiere agradar a Dios y segundo, no quiere ser negligente al enseñar a sus miembros lo cree y sostiene como doctrina. La doctrina de la iglesia debe ser inteligible y profunda a la vez. Por ejemplo: «La doc-

---

[41] Cottrell, Jack., "*La Fe Una Vez Dada, trans. Dennis O'Shee y Dale Meade*", p.11.
[42] *Ibid*, p.11.

trina de Dios es el horizonte de toda teología cristiana. Está integrado en el mismo nombre "«teología»: es «*logos* acerca de *theos*», es decir, «el discurso sobre Dios». Es por eso que las personas a veces llaman a la doctrina de Dios «teología propia», lo que significa que la teología en realidad está hablando sobre la doctrina de quién es Dios en su esencia, en su existencia, en sus atributos y en su ser eterno como Padre, Hijo y Espíritu Santo».[43] La doctrina de la iglesia debe ser fiel a las Escrituras y proveer respuestas a las preguntas que tienen los que quieren conocer a Dios. La doctrina se enfoca primariamente en presentar al Tri-Un Dios como la solución a los problemas espirituales, sociales y políticos. El meollo de la doctrina es la gloria del Dios verdadero quien nos ha creado, salvado, y preparado en santificación para el nuevo cielo y la nueva tierra.

Preguntas de Estudio
1.   ¿Qué es lo que crea la doctrina a la iglesia?
2.   ¿Cuál es la fuente de la doctrina? ¿Cómo se le puede llamar si la doctrina no es bíblica?
3.   ¿Cuáles son las dos formas que la iglesia tiene para hacer doctrina?
4.   ¿Cuál es el significado que le da el Catecismo de Heidelberg a la Cena del Señor?
5.   ¿Cuáles son las tres áreas en las que deben ser desarrollados los miembros de la iglesia?
6.   ¿Quién es el centro de la doctrina y en qué se basa esta doctrina?
7.   ¿Cuál es el principal objetivo de la doctrina?

---

[43] Sanders, Fred., *"«La Doctrina del Dios Trino», en Sumario Teológico Lexham, ed. Mark Ward et al".*

8.   ¿Cómo es vista la sana doctrina en muchos círculos cristianos? ¿Por qué se da esto?

9.   ¿Cuáles áreas del ser humano necesitan ser ministradas por la doctrina bíblica?

10.   ¿En que no consiste y en que si consiste el evangelio principalmente?

11.   ¿Qué es lo que enfatiza el Nuevo Testamento para el creyente?

4

El Fundamento de la Adoración Bíblica

Introducción

El hombre fue creado para adorar. Esta es la doctrina bíblica, y se puede observar en la relación que Adán mantenía con Dios. Adán y Dios mantenían un encuentro cotidiano en el que Adán adoraba a Dios y por su parte Dios se alegraba con la adoración que Adán presentaba. Dios desciende al Huerto de Edén para conversar con Adán. La razón principal por la que el hombre fue creado diferente de los animales fue precisamente para que rindiera culto a Dios. Un culto privado y un culto público. Es decir, a solas con Dios y en comunidad, la comunidad de creyentes. En este estudio vamos a seguir una línea de pensamiento establecida en tres pilares, lo que llamamos las tres A de la adoración bíblica:

Primero, adoración—rendimiento total a la divinidad. El creyente ha sido llamado a rendir todo su ser a Dios en adoración. Es una entrega total en donde el creyente se despoja por completo de su ser y se entrega en espíritu y cuerpo a la adoración. En este sentido la adoración es una actitud de *reverencia* y completa *sumisión* a Dios estableciendo una relación íntima por medio de la cual el adorador se despoja se sí mismo y Dios toma el control de su vida. En la tentación Jesús claramente establece a quien se debe adorar Lc. 4:8. El diccionario griego español define la palabra «προσκυνέω – *proskyneō*» como postrarse en adoración reverente ante una autoridad u divinidad, en este caso, es postrarse ante Dios con reverencia. El único que reclama adoración reverente es Dios y solo Él debe ser adorado con todo lo que el creyente tiene.

Segundo, al alto y sublime Dios —un Dios elevado sobre todo lo creado. Cuando Isaías ve a Dios sentado en su trono, lo ve inalcanzable, sublime y todopoderoso Isa. 6:1. Dios está sobre todo la creación y nada de lo que ha sido creado puede sustituir fuera de Él y, además, revela un poco de su naturaleza, lo que Él es. La palabra sublime se puede definir como perfección, superioridad, excelencia y belleza sin medida. Estos son algunos atributos que mejor definen la superioridad de Dios, sobre todo. Dios desde lo más alto, desde su trono inaccesible, desde donde nadie puede ir si no es porque Dios lo invita; desde allí Dios gobierna, sostiene y juzga todo lo que pasa en el mundo. Dios gobierna todo porque Él es trascendente, esta sobre todo lo creado. Dios está sobre todo y sobre todos. El diablo quiso sentarse en el trono de Dios y le costó su vida eterna. Por esta razón, podemos decir que la adoración de los elegidos va del altar terrenal al altar celestial en donde Dios recibe la adoración de su pueblo como olor fragante.

Tercero, altar—el lugar del sacrificio. El cristiano presenta su adoración en el altar de Dios por medio de Jesucristo. Es decir, va directamente con su adoración al lugar santísimo desde donde el Hijo, Jesucristo nos introduce con el Padre y nos hace aceptos delante de Dios Padre. En el antiguo Israel el altar era el lugar en donde los sacerdotes presentaban los múltiples sacrificios en favor del pueblo del pacto. El propósito principal del altar era mantener una constante relación entre el pueblo del pacto y Dios Exo. 20:24; Lev. 1:5. Por esta razón, el verdadero adorador mantiene encendido el altar del incienso todo el tiempo, ya que es una relación pactual; Dios es la razón de su adoración y él demuestra su reverencia al presentarse en este altar con alegría de corazón. Así que, voluntariamente presenta una adoración constante en el trono de Dios y esta adoración fluye desde lo mortal hasta lo eterno, desde lo humano hasta lo divino en una ofrenda agradable y santificada por que ha entrado en la presencia del Dios santo y todopoderoso.

Cuarto, el pueblo de Dios —santificado sea tu nombre. La iglesia, el pueblo de la alianza, camina agradecida y se funde delante de Dios en adoración cuando le es revelado el evangelio de gracia y de verdad. La iglesia es llevada al arrepentimiento por medio de la obra de la cruz y reconoce la soberanía de Dios sobre su vida. Así que, por la obra de Cristo, el pueblo de Dios se arrepiente, adora, le exalta y vive agradecido porque el Dios santo le ha santificado para que le adore y le sirva según los estándares de su ley divina.

La Base de la Adoración

La base de la adoración la establece y define Dios. Porque la gloria de Dios es el fin de la adoración. Él

dice en su palabra que anda en busca de estos adoradores para que le adoren en Espíritu y en verdad
Jn. 4:23,24. La doctrina de la adoración que está enseñando Jesús a la samaritana tiene que ver con el
COMO y con a QUIEN, se le debe rendir adoración.
Por eso, como adorador el creyente debe tener claro
que la manera como se presente delante de Dios en
adoración es crucial. «Que YHWH es Uno, constituye la declaración de fe más importante del pueblo
judío expresada en Deut. 6:4. Sin embargo, ésta es
una declaración más monolátrica que monoteísta,
pues no rechaza la existencia de otros dioses. Es más,
en la praxis religiosa no siempre fueron firmes mo-
noteístas».[1] Así que, el creyente presenta su adoración a este Dios único y suficiente con: la actitud correcta, la posición adecuada, la fidelidad al pacto y
una razón eterna. Solo el Dios presentado en las Escrituras debe ser adorado Mt. 4:10…. *Escrito está: «Al
Señor tu Dios adorarás, y a él solo servirás»*. Jesús el postrer Adán, que vino a restaurar lo que el primer
Adán perdió, lo declara así: el único con la autoridad
moral y espiritual para reclamar una completa y sola
adoración es Dios revelado en el texto sagrado. El
diablo quiso dejar en entredicho que Dios sea el
único que deba ser adorado, según satanás él también puede ser adorado, pero Jesús le contesta que
no, solo Dios tiene la solvencia para reclamar para si
una absoluta y completa adoración. Si el hombre
adora la creación, este hecho rebelde se le cuenta
como abominación a Jehová.

Solo Dios debe ser adorado, ya que solo Él es

[1] Espinoza Contreras, José Daniel., "*¿A quién Adoran los Cristianos?*", p.14.

Dios supremo, superior a todos los dioses de las naciones y Él demanda una única y completa adoración. En toda la Biblia encontramos esta idea; el apóstol Pablo desarrolla este mismo pensamiento «en la primera carta a los Corintios —encontramos advertencias contra la idolatría (6:9) y contra el sacrificio a los ídolos (8:4), topándonos, además, con una actitud radicalmente contraria al politeísmo y en defensa de un único Dios verdadero, el Padre (8:4-6), que nuevamente se diferencia del Hijo…. hay un solo Dios: el Padre, de quien proceden todas las cosas, y nosotros somos para él; y un solo Señor: Jesucristo».[2] La adoración debe estar consagrada a Tri-Un Dios.

La adoración debe ser presentada solamente al Dios verdadera. Si se adora a la criatura o a la invención de alguien, esta es idolatra. Por eso, el creyente está llamado a presentar una adoración en Espíritu y en Verdad. Esta clase de adoración involucra al ser completo. Todo lo que la persona es. 1) en Espíritu. Presentar a Dios un culto en el que participen el intelecto, conocer a Dios, la razón de la adoración, las emociones, adorar de todo corazón, con alegría, sinceridad y fidelidad y en espíritu, el Espíritu de Dios, que conoce lo más íntimo de Dios, lleva al espíritu del creyente a que se conecte con lo divino de la manera correcta y por las razones correctas y le guía en esta adoración para que la adoración sea con conocimiento y no por pura emoción. Es un acto libre de Dios en el interior de su pueblo para que le conozca y le adore de la manera correcta. 2) en Verdad. La

---

[2] *Ibid*, p.17.

adoración que Dios pide tiene que ser fundamentada en la regla de fe y conducta que gobierna la iglesia, la palabra de Dios. La Biblia es la verdad en la que se sostiene la doctrina de la iglesia y si cuando la iglesia se presenta en adoración a Dios esta verdad no es pregonada, no es creída y no es seguida, la adoración de la iglesia es falsa y Dios la rechaza. Por eso, la adoración tiene que ser sostenida por la Biblia. Cada aspecto de esta adoración tiene que ser cuidadosamente seleccionada y filtrada por la palabra de Dios para que ya sea que la difundamos por medio de la alabanza, la predicación o la práctica de los sacramentos, esta adoración sea recibida en el trono de la gracia de Dios. «Esta adoración, por lo tanto, no sólo será espiritual en lugar de material, interna en lugar de externa, sino que también estará dirigida al verdadero Dios que la Escritura presenta y que se ha revelado en la obra de la redención».[3] La razón de la adoración no es la iglesia, es brindar una ofrenda de agradecimiento ante el altar de Dios por la obra que Dios ha llevado a cabo en favor de su pueblo a través de Cristo. «Jesús dirige toda adoración al Padre, por lo que el Padre es el objeto de culto. Sin embargo, la terminología usada por Jesús enseña algo muy importante: Las expresiones ἔρχεται προσκυνήσουσιν (futuro) dan a entender que esta adoración, en espíritu y en verdad, es algo escatológico».[4] Aunque la expresión «la hora viene», tiene una intención cercana de decir, ya podemos adorar; también tiene una connotación futurista en

---

[3] Hendriksen, William, *"Comentario al Nuevo Testamento: El Evangelio según San Juan"*, p.180.
[4] *Ibid*, p.25.

donde los hijos de Dios podrán adorar con verdadero entendimiento a Dios. Por ahora la adoración presentada a Dios es limitada, pero un día será perfecta.

Por otro lado, en la adoración encontramos un contraste marcado. Es decir, tenemos los dos estrenos en la adoración. Primero, la adoración arrogante. Aquellos hombres que creen que no es necesaria una actitud humilde y reverente ante Dios cuando presentan su adoración, estos son igual que Caín Gen. 4. Su adoración está basada en una erudición humanista. Su conocimiento de Dios es fútil y caprichoso, ya que se acercan a Dios por su propio medio y no siguen el orden establecido por Dios para la adoración. Segundo, los negligentes. Son adoradores sensuales llevados por sus emociones y no por la verdad; a esta clase de adoradores no les interesa la doctrina, su adoración está basada en las *experiencias místicas* y no en la verdad. Son adoradores falsos como Nadab y Abiú los hijos del sacerdote Aaron Lev. 10:1,2, quienes terminaron siendo consumidos por la ira de Dios porque presentaron fuego extraño delante de Dios.

Sin embargo, si existen los verdaderos adoradores, aquellos que adoran a Dios con todo el ser. Los verdaderos adoradores se caracterizan por presentarse delante de Dios de una manera bíblica, vivencial y reverente. Esta clase de adoradores son representados en Abel, el gran adorador del Antiguo Testamento. La ofrenda de Abel fue bien vista por Dios porque procedía de un verdadero adorador. Dios anda en busca de adoradores como Abel. En la adoración, 1) Dios establece los medios correctos para ser adorado. Este es un acto de la libre voluntad de

Dios que produce en la persona el querer como el hacer para que rinda gloria a su nombre. En este sentido el creyente es el instrumento que Dios usa para que su nombre sea exaltado y difundido en los pueblos que no tienen una relación con Dios. 2) Dios sale al encuentro de los adoradores. Esto quiere decir que Dios obra en el interior de sus elegidos para que la adoración que producen sea agradable y aceptable delante de Él. El hombre por su propio medio no puede agradar a Dios, por eso es necesario que Dios intervenga capacitando a los creyentes para que se presenten delante de Dios justos y santificados. «La adoración basada en Dios reconoce que es Dios quien inicia la adoración. Dios nos invita a adorarle. La adoración es una invitación, no un invento…. Nosotros no creamos la adoración; no fabricamos cultos. Antes bien, respondemos a una persona. La adoración eficaz no es nunca el resultado de nuestros esfuerzos».[5] Cuando recibimos de parte de Dios esta invitación, se nos otorga el don de gracia de responder positivamente a Dios. El creyente no busca medios para adorar, porque Dios le ha dado directrices para que esta adoración sea recibida en el cielo.

La Esencia de Dios: El Fundamente de la Adoración

En teología nos referimos a Dios como el único que puede producir adoradores espirituales, ya que Él es Espíritu. Este hecho se hace evidente cuando vemos el termino Theos- θεοῦ, Dios como ser perfectamente espiritual en su esencia. En la unión hipostática, las

---

[5] Cherry, Constance M., "*Arquitectos de la Adoración*", p.22.

tres divinas persona, el Padre, el Hijo y el Espíritu Santo son espiritualmente unidos en una esencia, en un propósito, ya que comparten una misma visión y misión, llevar a sus elegidos a que proclamen su gloria a las naciones a través de una adoración que rinda culto a su majestad, poder y gloria. «La adoración basada en Dios es una empresa eterna. La adoración ya existía antes de que Dios fijara los fundamentos de la tierra, (Jb 38:7). La adoración es el deber gozoso de todos los cristianos sobre la tierra, (Ef 1:12), y de todos aquellos que quieren presentar sus «cuerpos como sacrificio vivo» que es el «verdadero culto» (Ro 12:1). Por último, la adoración será el modo en que pasemos la eternidad».[6] La obra comienza y termina con lo divino mostrando su gloria en la revelación general y revelación especial para que el pueblo de la promesa pueda adorar a Dios en Espíritu y en verdad.

Cuando Isaías ve a Dios sentado en su trono y su gloria llena el templo y la tierra, Isaías ve como las huestes espirituales le adoran y proclaman, por lo que eres oh, Dios, «*Santo, Santo, Santo, Jehová de los ejércitos; toda la tierra está llena de su gloria*». Isaías 6:3. Jehová –*Tsebaoth* צבאות– el termino en sentido singular significa, un Dios de un ejército, pero Isaías usa el termino plural determinado por el predicado para mostrar que Dios es el –*Adonai Tsebaoth*– «*el Señor de los ejércitos celestiales*». Inicialmente Isaías ve a Dios sentado en su trono inamovible, supremo, como juez y como Dios que gobierna todo el mundo con su mano poderosa. Luego ve a Dios como ser re-

---

[6] *Ibid*, pp.22,23.

lacional manejando y dirigiendo su creación con cuidado paternal. Dios cuida de sus hijos y les guía para
que proclamen su grandeza y gloria a través de una
adoración genuina.

Sin duda que Isaías es un ejemplo para los adoradores. Isaías ve a Dios en su perfecta gloria y un temor reverente llena su ser, cuerpo y espíritu. Dios es
santo y el hombre impuro de corazón, este hecho
lleva a Isaías a gritar, «Soy hombre muerto porque
soy pecador y Dios es santo». Isaías se ve en su realidad de caído y ve a Dios sublime y suficiente. Dios
tiene que salir al encuentro de Isaías y le asegura que
ya Él ha perdonado su pecado y que no tema. Es por
esta razón que Cristo juega un papel sublime en la
adoración; de hecho, sin Cristo no hay adoración
que sea aceptable delante de la santidad de Dios.
«Puede decirse que el culto del Antiguo Testamento
se basaba en una representación. Los distintos actos
de culto narran repetidamente la historia de la redención divina. La adoración era, por tanto, un testimonio de la obra de Dios…. El Nuevo Testamento
cuenta la historia de una acción salvadora mayor
que el éxodo, como es la muerte y resurrección de
Jesucristo, el Hijo de Dios».[7] La totalidad de la aper-
tura para que el pueblo del pacto presente una adoración genuina a Dios radica en el hecho de la vida,
muerte, resurrección y ascensión de Jesucristo, sin la
obra de la cruz, simplemente no hay adoración que
sea acepta por Dios.

Así que, la adoración debe estar centrada en Dios.
Dios determina como quiere ser adorado. El creyente solo debe seguir las instrucciones de un Dios

---

[7] *Ibid*, p.25.

celoso y cuidadoso de su adoración. Esto es lo primero que se aprende de la ley de Dios. El *DECÁLOGO* no solo define la moralidad de Dios, sino que también nos muestra la forma como Dios quiere ser adorado Exo. 20:1-11. En el *Primer Mandamiento*, Dios se revela como lo que es, un Dios único y en esta verdad Dios debe ser adorado. El creyente debe y es su responsabilidad adorar a Dios de la manera como Dios le exige esta adoración. Todo lo que el creyente haga fuera de lo establecido por Dios, es fuego extraño. Así de grave es el asunto. «Los mandamientos del Señor no son gravosos: son siempre para el bien de Su pueblo. Una parte de la gloria de Sus mandamientos es que Su ley es «la ley perfecta que da libertad» (Sgt. 1:25). Así como nos manda a estudiar la Escritura, a orar y a tomar la Santa Cena, también nos ordena cantar con los santos porque lo necesitamos; de ello depende nuestra salud espiritual».[8] Sin embargo, no estamos hablando de una adoración sin propósito, o ciega, todo lo contrario, es una adoración en la que el cristiano es obediente al llamado de Dios.

En el *Segundo Mandamiento*, Dios define la manera como quiere que su pueblo le adore. Solo Él es Dios y nada ni nadie debe ocupar el lugar de Dios en la adoración. Cuando el creyente busca formas extras para adorar cae en descredito, porque ya no es lo que Dios pide, sino que el hombre quiere dar a Dios. En este sentido y siguiendo esta línea de pensamiento, el Catecismo Menor de Westminster lo establece en las preguntas 50 y 51 y dice:

---

[8] Getty, Keith & Krystyn., "*¡Cantemos! Como la Alabanza Transforma tu Vida, Familia e Iglesia*", p.22.

Pregunta 50, «¿Qué se ordena en el segundo mandamiento? Respuesta: En el segundo mandamiento se ordena que recibamos. observemos y guardemos puros y completos, todos actos de culto y todas las leyes que Dios ha establecido en su palabra, Deut. 12:32; Mat. 28:20. ***Pregunta 51***. ¿Qué se prohíbe en el segundo mandamiento? Respuesta: El segundo mandamiento prohíbe que rindamos culto a Dios por medio de imágenes o por cualquiera otro medio que no esté autorizado por su palabra. Romanos 1:22,23; Col. 2:18».[9]

Las razones que Dios establece para pedirle a su pueblo reserva absoluta al presentar su adoración son principalmente: 1) su soberanía. Dios es soberano sobre toda la creación –Es decir, nada esta sobre Él. Por esta razón, Dios apelando a su voluntad soberana establece como regla de fe las Escrituras, por eso, la proclamación de su verdad, la Biblia, es el centro del culto cristiano. 2) Su poder absoluto. Nadie puede competir con Dios y salir bien librado. Dios maneja todo con el poder y sabiduría de su diestra y aquellos hombres que quebrantan la forma que Dios ha establecido para presentarse ante su altar serán juzgados como pecadores y destruidos en el Dia Final. Dios es Santo. 3) Su actividad (Celo) santo Sal. 100:3. Dios no comparte su gloria con nadie, porque Él es Dios. Su celo por la correcta adoración le hace permanecer implacable y fuera de toda negociación para recibir adoración. Sus hijos le adoran de la manera que Él lo establece o simplemente no le adoran. Por eso le prohíbe el uso de imágenes

---

[9] Asamblea General, el Comité., "*Libro de Confesiones: Catecismo Menor de Westminster*" p.224.

en la adoración. Dios es Espíritu, por lo tanto, no tiene imagen corporal para que el creyente figure a Dios y le adore. La adoración de imágenes queda prohibida en el culto cristiano.

En el *Tercer Mandamiento*, Dios establece las condiciones de esta adoración. El nombre de Dios es santo y debe ser reverenciado de acuerdo con esta forma de culto. El tetragrámaton (YHWH), las consonantes que formaban el nombre de Dios eran vistas por lo eruditos hebreos de una manera espacial, porque para ellos estas consonantes eran santas y por esta razón casi nunca las usaban para asuntos litúrgicos. Tan serios eran con el nombre de Dios los hebreos, que cuando los setenta y dos eruditos fueron convocados por Tolomeo II para la traducción de la Septuaginta, la Biblia de los setenta, al idioma griego, estos eruditos tomaron a bien combinar las consonantes del tetragrámaton con los nombres ADONAI y ELOHIM para formar el nombre YAHWEH del que se desprende el nombre Jehová. Así que el nombre de Dios debe ser tenido por santo y se debe cuidar de no blasfemar este nombre que es sobre todo nombre santo y sublime.

Dios no permite que su pueblo invente una manera diferente para adorarle; tampoco le da licencia para ello. Nuevamente el Catecismo Menor de Westminster dice: *P/54*, «¿Qué se exige en el tercer mandamiento? Respuesta; El tercer mandamiento exige el usar santa y reverentemente de los nombres, de los títulos, los atributos, las ordenanzas, la palabra y las obras de Dios, Sal. 29:2; Ap. 15:3,4; Ecle. 5: 1; Sal. 138:2; 104:24».[10] Así que queda establecido por este

---

[10] *Ibid*, p.224.

mandamiento la profanación del nombre de Dios y el uso inadecuado de todas las cosas por las que Dios ha revelado algo de su ser. Por eso Dios prohibió que la creación sea adorada como divina, ya que esta solo refleja un poquito acerca de la actividad creativa y dinámica de Dios. Lo que Dios ha creado es para que rinda gloria a su nombre, no para ser adorado y por eso Dios entregó a los hombres a la muerte y a la destrucción, ya que prefirieron adorar lo creado antes que al creador Rom. 1:25. Les Thomson dice: «Es el nombre del Dios Altísimo con todo lo que significa su divina persona como Padre, Hijo y Espíritu Santo. Tiene que ver con los detalles que conocemos acerca de Él, es decir, los que Él nos ha querido revelar en su Palabra. Todos sus grandiosos títulos, sus gloriosos atributos, sus claras ordenanzas y las incomparables obras de su inefable persona están incluidos en su nombre».[11] Siendo esto una verdad ineludible, los nombres de Dios revelan todo lo que Dios es, su naturaleza inconfundible y soberana. Dios es y nada puede cambiar este hecho.

En el **Cuarto Mandamiento**, Dios establece el día en que los creyentes deben presentar la adoración. Además, Dios nos enseña por el cuarto mandamiento que el tiempo le pertenece a Él y que hacemos bien cuando con corazones sinceros usamos bien el tiempo que Dios ha puesto en nuestras manos. Este tiempo debe ser administrado con integridad y dedicación. Por otro lado, cuando guardamos el cuarto mandamiento estamos considerando a Dios el proveedor y sus tentador de su pueblo. La

---

[11] Thompson, Les., "*Los Diez Mandamientos*", p.60.

iglesia se consagra fiel al pacto cuando con diligencia guarda el día del Señor como recordatorio de que Dios lo santificó para que en este día sus santos se reúnan para rendirle adoración. «Este cuarto mandamiento declara que Dios nos ha dado seis días de cada semana para nuestro trabajo. Por ser Dios, con todo derecho pudiera haber dicho: Seis días me adorarás y solo un día trabajarás. Pero, no. Nos obsequió seis días para que con ellos pudiésemos cumplir nuestros quehaceres y ambiciones, pidiéndonos un solo día para descansar y poder adorarlo a Él».[12] Desarrollar nuestras labores y descansar después de hacerlo, también es adoración a Dios y cuidado del templo del Señor. Con el cuarto mandamiento, Dios nos enseña orden y disciplina.

El Catecismo Menor de Westminster lo pone de la siguiente manera: *Pregunta 60*, «¿Cómo ha de santificarse el día de reposo? Respuesta: Hemos de santificar el día de reposo absteniéndonos en todo este día, aún de aquellos empleos o recreaciones mundanales que son lícitos en los demás días; y ocupando todo el tiempo en los ejercicios públicos y privados del culto de Dios salvo aquella parte que se emplee en hacer obras de necesidad o de misericordia. Lev. 23:3; Isaías *58:13*, 14; Mateo 12:11; Marcos 2:27».[13] Algunos tal vez estén diciendo entre sí, pero nosotros no pertenecemos a la tradición presbiteriana; tienen razón, pero sería bien observar lo que la Biblia dice acerca de profanar el día de reposo. Si bien es cierto que en el Antiguo Testamento el Día de Reposo era

---

[12] *Ibid,* p.86.
[13] *Ibid,* p.225.

tomado el séptimo día, que equivalía al sábado; después de la resurrección de Cristo los creyentes se reunían para adorar a Dios el primer día de la semana cambiando toda la tradición cristiana del Antiguo Testamento. «La resurrección de Jesucristo fue un evento tan inspirador, inesperado, glorioso y transformador que los cristianos comenzaron a reunirse en memoria de ello (ocurrió un domingo) en lugar de hacerlo los sábados, Jn. 20:19; Hch. 20:7; 1ª Cor. 16:2; Apo. 1:9,10».[14] Alguien más grande que el Día de Reposo resucitó el primer día de la semana y por eso debemos adorarle sin objeción alguna. La Iglesia Primitiva comenzó toda una tradición de adoración al Señor Jesús después de la gloriosa resurrección y no tenemos mayor información acerca del proceso que llevaron a cabo para aceptar el día domingo como día del Señor, pero si podemos argumentar que fue aceptado por unanimidad, ya que implicaba el cambio de una vida en Jesucristo.

La Biblia es una guía para la adoración genuina al verdadero Dios. La Biblia ampliamente nos instruye acerca de lo que Dios pide como adoración. Aquello que no ha sido revelado por Dios en su palabra, no debe ser presentado como adoración. Es falsa adoración. Así que la base de la adoración está en la revelación de Dios en su palabra escrita y todo lo que no cumpla con esta revelación divina, ya ha sido juzgado, condenado y va a ser destruido por Dios en el juicio final. Esta verdad se ve revelada en tres formas:

Primero, la suficiencia de las escrituras en la adoración. La Biblia no es un simple manual de liturgia,

---

[14] *Ibid*, p.75,76

la Biblia es el libro de orden para el culto cristiano. Un culto que no tiene como centro lo que Dios ha revelado para que su pueblo le adore, no es un culto al Dios verdadero. La Biblia es el consejo que tiene que ver con lo que trae gloria a Dios. La Biblia regenera y salva al hombre y produce crecimiento espiritual para que se rinda en adoración al sabio Dios. Por esta razón, en cuanto al culto a Dios, no se le debe añadir ni quitar al propósito de la revelación que Dios muestra en su palabra para el culto cristiano. Si se le añade algo más a lo que Dios ha ordenado para el culto cristiano, es arrogancia, paganismo y perversión al principio bíblico del culto a Dios y debe ser repudiado y condenado por la iglesia. Así que todos aquellos que se adjudican el título de iglesia de Dios deben hacer todo según lo indica el apóstol Pablo en 1ª Cor. 14:40, «Decentemente y con orden». Si, la adoración al sabio Dios debe presentarse con decencia y cumpliendo las demandas de Dios.

Segundo, Dios exige FE y obediencia. La FE y obediencia a lo que Dios manda como adoración es revelado a la voluntad del creyente. Dios es el Señor que debe ser adorado de buena voluntad. De hecho, Dios direcciona la voluntad de su pueblo a la adoración. Por eso aseguramos que Dios obra directamente en la voluntad del creyente para encaminarlo a la verdadera adoración. «En las iglesias sólo Dios es adorado en una forma piadosa sin supersticiones; ya que Su bondad, sabiduría, poder, verdad, y otras perfecciones se predican allí más completamente que en cualquier otro lugar; ya que Él es invocado con una fe verdadera en el nombre de Cristo, Sus misericordias son ensalzadas con corazón y lengua, y los hombres constantemente son exhortados a una obediencia sencilla y sincera».[15] El fin de la adoración es la gloria de Dios. La adoración del verdadero cristiano está perfectamente instituida en Dios y su conciencia lo sabe. Por eso, un creyente temeroso de Dios no puede añadir objeto u objetivo alguno a la adoración que Dios pide de su pueblo. Nadab y Abiú presentaron fuego extraño delante de Dios porque su voluntad estaba encaminada a la maldad y no a la verdadera adoración y Dios los consumió inmediatamente; ambos habían pecado presentado una adoración que Dios no había pedido Lev. 10:1,2. La voluntad de los hijos del Sacerdote Aaron estaba contaminada y Dios les destruye con su pecado. Por consiguiente, la adoración debe ser presentada en FE y obediencia a las normas que Dios ha establecido para el adorador. No debe ser la invención caprichosa de una mente artista, sino que debe ser presentada por un adorador consagrado que busca hacer la voluntad santa y perfecta de Dios. Un verdadero adorador sabe cómo agradar a Dios y no duda en hacerlo, porque su vida es una adoración constante a Dios.

Tercero, soberanía de Dios en la adoración. Dios no comparte su gloria con nadie. Esta debe ser la actitud con la que el verdadero adorador debe ir delante de Dios. Los cultos contemporáneos están cargados de una adoración humanista y pagana. La adoración que presentan está encaminada a ser atractiva, extravagante y contextualizada. Es una adoración en la que Dios esta fuera, pero en la que

---

[15] Calvino, Juan., "*La Necesidad de Reformar la Iglesia*", p.24.

se compite por un lugar. Es una especie de entretenimiento en la que el que entretiene mejor es el que se queda con el puesto. Ahora pensemos, en donde en la adoración contemporánea se adoran los atributos de Dios. Es condenable lo que pasa hoy en los cultos cristianos, la adoración ha tomado un rumbo esotérico donde se le rinde culto a la criatura antes que al Creador. Pero este no es un mal de esta era, los reformadores tuvieron que luchar contra esta forma pagana de adorar a Dios. Juan Calvino dice:

«En un tiempo cuando la verdad divina yacía enterrada bajo esta nube vasta y densa de oscuridad; cuando la religión fue amancillada por tantas supersticiones impías; cuando el culto de Dios fue corrompido por horribles blasfemias, y su gloria yacía postrada; cuando por una multitud de opiniones perversas, el beneficio de la redención fue desecho, y los hombres, embriagados con una confianza fatal en sus obras, buscaron la salvación en otras cosas antes que en Cristo; cuando la administración de los sacramentos fue mutilada en parte y rota en pedazos, en parte adulterada por la mezcla de numerosas invenciones, y profanada en parte por negocios de lucro; cuando el gobierno de la Iglesia se había degenerado en pura confusión y devastación; cuando los que se sentaban en el oficio de pastores fueron los primeros que hicieron el mayor daño a la Iglesia por la disolución de su vidas.»[16]

Dios es soberano, Señor de la adoración y sus demandas en la adorado son contundentes; así que, es responsabilidad de la iglesia adorar de la manera co-

---

[16] *Ibid*, p.22.

rrecta y usando los medios correctos en esta adoración en la que lo divino se conecta con la iglesia en el culto cristiano. Dios tiene la autoridad, *ética-moral*, *justa* y *soberana* de ser temido, exaltado, amado, invocado, creído, confiado y en quien se debe depositar toda la esperanza para esta vida y para la vida por venir. «Volviendo a la división que adoptamos anteriormente: todas nuestras controversias con respecto a doctrina se relacionan ya sea al culto legítimo de Dios, o al fundamento de la salvación. En cuanto a la primera, indiscutiblemente exhortamos a que los hombres adoren a Dios no en una manera desapasionada ni en una manera descuidada».[17] Dios es el Señor de todo y eso le hace el único ser con la autoridad para exigir ser adorado con todo el corazón, con todas las fuerzas, con toda el alma y con todo el entendimiento. Dios pide que sus adoradores le adoren con todo lo que son.

Ante el Altar De Dios

Nadie puede sin una debida preparación adorar a Dios genuinamente. Así que es indispensable que el adorador vaya al altar de Dios preparado para presentar su mejor versión de adoración. «Como uno, con sumo cuidado y diligencia, se prepara para entrevistarse con una persona de alta dignidad, en la misma manera es lógico que sea diligente en la preparación para entrevistarse con la Dignidad Suprema, el mismo Creador del universo».[18] Aunque no se debe dogmatizar la idea que el creyente debe

---

[17] *Ibid,* pp.23,24.
[18] Bartley, James W. *"La Adoración que Agrada al Altísimo"*, p.178.

prepararse todo el tiempo para entrar en la intimi-
dad de Dios con su adoración; si se debe aclarar que
para Dios siempre es lo mejor. Sin embargo, lo mejor
solo se puede ofrecer cuando se planifica y se lleva a
cabo de una manera ordenada y consciente. Por otro
lado, hay momentos en los que el creyente puede ir
a Dios con peticiones y acciones de gracia esponta-
neas. Por ejemplo: el creyente pasa por etapas de angustia y emergencias en las que se le hace necesario
implorar el auxilio de Dios y su bondad sin pasar
por el protocolo de preparación. Si, pero estas ocasiones son esporádicas y no un asunto de todos los
días. Es importante ir a la presencia de Dios sabiendo que para Él lo mejor y que, aunque Dios está
presente en su altar para escuchar las oraciones de
su pueblo, estas oraciones deben ser presentadas de
una manera clara y respetuosa. «El hombre no descubre a Dios, sino que Dios toma la iniciativa y se
revela al hombre. Dios se ha revelado en el pasado
por sus obras, por sus profetas, pero supremamente
en la persona de Jesucristo. El sigue revelándose por
medio de la naturaleza, las circunstancias, la oración, las obras de Dios en el mundo, pero más clara
y objetivamente por medio del estudio y meditación
de la Biblia».[19] Dios es el Señor de la adoración y su
pueblo se presenta delante de Él con un corazón humilde adorarle por lo que Él es. Así que con seguridad entremos al altar de Dios con nuestro incensario
en la mano para adorar su gloria y majestad. Dios es
digno de la más sincera acción de gracia.

El creyente debe seguir estos seis pasos para que
su adoración tenga sentido. *1) Prepararse para entrar*

---

[19] *Ibid*, p.179.

a la presencia de Dios. 2) conocer a Dios de manera per-
sonal. 3) conocer a Dios en su accionar. 4) verse a sí
mismo como lo que es, una persona necesitada de Dios. 5)
seguir conscientemente las reglas marcadas por Dios en
su palabra y 6) presentar una adoración genuina a Dios.

Preparación: Un Anticipado Preparativo

El creyente debe seguir una línea de preparación
para entrar en la presencia de Dios. Estos pasos son
meticulosamente seguidos para que su adoración
sea una experiencia única y que cumpla los requisitos de un Dios santo y celoso de su pacto. El creyente
va a entrar en la presencia de Dios y necesita conocer
a ese Dios con claridad y certidumbre, pero también
debe conocerse a sí mismo. Así que esta preparación
incluye lo que la persona es y lo que esta persona
hace por el reino de Dios. Por consiguiente, la persona no solo debe conocer a Dios, sino que debe observar su obra, ya que de esta manera podrá intimi-
dar con Dios de una manera sabia, prudente y firme.
El creyente debe ir a dios con fe, sabiendo que su
adoración llegará al Dios que le llama constantemente a esta adoración. En la Biblia encontramos
ejemplos de hombres que siguieron esta línea como
adoradores; por ejemplo: «Abraham tenía tanta fe en
la fidelidad y poder de Dios que, al proceder a ofrecer a Isaac, confiaba en que aún podría levantarlo de
la muerte si fuera necesario (Heb. 11:19). Así, al subir
al monte con Isaac, Abraham estaba concentrado en
el carácter de Dios: fiel y poderoso (Gén. 22:1ss.)».[20]
Abrahán no fue pensado en que Dios era injusto al

---

[20] *Ibid*, p.180.

pedir a su hijo como muestra de su devoción y adoración a Él; todo lo contrario, Abrahán fue con la mirada puesta en Dios, el Dios de la vida.

Intimar es Conocer a Dios de Manera Personal

Dios se revela al creyente para que este con seguridad pueda acercarse a Él confiada y eficazmente. La revelación de Dios ha sido de diferentes maneras: por sus profetas, por la creación, por la conciencia humana, pero la última y máxima revelación de Dios es Jesucristo su Hijo Heb. 1:1-3. Dios con amor profundo nos ha dejado la Biblia para que a través del estudio diligente podamos intimar con Él y disfrutar de sus beneficios. La vida devocional es importante para Dios ya que esta nos conecta con Dios todos los días. Jesús nos da ejemplo de esta vida devocional. La noche que le arrestaron, en la última cena, el Señor cantaba con sus discípulos canticos de adoración a Dios. «Se acercaba la hora más oscura, sin embargo, nuestro Salvador cantaba…. Incluso en la cruz citó una frase de un canto, un salmo que conocía desde pequeño. "Dios mío, Dios mío, ¿por qué me has desamparado? ¿Por qué estás tan lejos de mi salvación, y de las palabras de mi clamor? Sal. 22:1. Los Salmos que aprendió cuando niño lo fortalecieron y, pudiéramos afirmar, lo mantuvieron enfocado durante Su más terrible sufrimiento».[21] En los momentos de angustia, los himnos, salmos y cantos inyectan animo al corazón quebrantado.

---

[21] *Ibid*, p.26.

El Axioma De La Adoración: Conocer a Dios por lo que Hace

Dios tiene un plan y propósito eterno, la salvación de sus elegidos. Dios va ejecutando este plan paso a paso para llevarlo a un fin que le rinda gloria a su nombre para siempre. El fin de los elegidos es glorificar a Dios eternamente y para siempre. «Dios *salva* a los seres humanos y los llama a *cooperar* con Él en llevar a cabo su propósito eterno en el mundo. Así, Él llamó y bendijo a Abraham, formando con sus descendientes una nueva nación, una nación misionera, con el fin de que ella fuera bendición para las demás naciones, es decir, que llegasen al conocimiento y salvación de Dios».[22] De esta manera, Cristo, el hijo de la promesa, el descendiente de Abrahán según la carne ha unido a los creyentes consigo mismo y les ha reconciliado con el Padre, según el Padre así lo había determinado desde antes de la fundación del mundo Ef. 1:3-14. Así lo veía la iglesia del Antiguo Pacto y así lo ve la iglesia del Nuevo Pacto. Cristo es el centro del pacto con el pueblo.

Por eso debemos entender que, en la economía de Dios, su propósito eterno, es perfectamente esencial para entender su naturaleza. El gran conflicto que tuvo que enfrentar el pueblo del pacto, fue y aun es, el hecho de ignorar o rechazar el propósito eterno de Dios. Este rechazo por el plan divino lleva a los hombres a presentar una adoración adulterada o mediocre. Es más, un mal entendimiento de la naturaleza del propósito de Dios corrompe por completo el concepto que se tiene de Dios y por ende corrompe la

---

[22] *Ibid*, p.183.

adoración que se presenta ante su trono de gracia. Es indispensable que cuando el creyente se acerca a Dios entienda como Dios está trabajando en este mundo.

Realidad: El Creyente Necesita de Dios

Dios obra directamente en la necesidad inherente que el hombre tiene de tener una relación con su Creador. Cuando el Espíritu Santo viene al hombre en el acto de regeneración, lo primero que le hace ver es su miseria y la necesidad que tiene de Dios Jn. 16: 8-11. De hecho, Dios usa cualquier medio para acercarse al hombre y así mostrarle su miseria, pero también su gracia. El hombre responde según Dios se revela a su vida. Israel es un ejemplo de cómo Dios permite a veces que el hombre toque fondo para luego mostrarle su favor. Cuando el pueblo de Dios salió de Egipto, ya en Sinaí formaron un becerro para rendirle culto, Dios los castigó matando a tres mil personas ese día y santificando al pueblo de la idolatría. En este acto podemos ver juicio y misericordia *Exo. 32*. Dios mostrando su gracia para que el resto del pueblo temieran y cuidaran de guardar el pacto. ¿Por qué adoro yo? «La adoración es importante. Es importante para Dios porque Él es digno de toda adoración. Es importante para nosotros porque adorar a Dios es la razón para la cual fuimos creados. Por esta razón es tan importante pensar cuidadosamente acerca de lo que hacemos y por qué lo hacemos».[23] Cuando se descubre la esencial de la adoración, se descubre el sentido de porque adorar. El creyente adora porque tiene razones de peso para

[23] Kauflin, Bob., "*Nuestra Adoración Importa*", p.24.

hacerlo; Dios le dió una salvación gratuita, le entregó a un Salvador perfecto y le dejó al Consolador para que le sostenga todos los días de su vida Mt. 28:20, y este Consolador le prepara para la eternidad.

Una Regla para Adorar: Seguir la Palabra de Dios

Lo que Dios pide de su pueblo sobre todo es que sean obedientes al guardar su pacto. «En el AT se encuentra una serie de instrucciones en cuanto a la voluntad de Dios para su pueblo: su conducta personal y colectiva como también dónde, cuándo y cómo adorar a Dios. Muchas de estas instrucciones tenían que ver mayormente con las seis fiestas anuales, la función de los sacerdotes y los sacrificios y ofrendas que el pueblo presentaba».[24] Dios pide que su pueblo sea obediente a su palabra. De hecho, la razón principal por la que Dios abandonó a Saul fue por su negligencia al guardar la apalabra de Dios 1º Sam. 15:22. Saul le había fallado a Dios una y otra vez siguiendo su malvado corazón. Sin embargo, llego momento en que Dios no pasó por alto el pecado de Saúl y le castigo y entregó el reino de Israel a David. Dios guarda el pacto con su pueblo y le sostiene para que el pueblo se mantenga en adoración; sin embargo, cuando el pueblo es negligente en esa adoración, Dios le entrega a muerte y destierro.

Las fiestas solemnes, los *holocaustos* y las *ofrendas* por el pecado también jugaban un papel fundamental en la adoración del pueblo de Dios del Antiguo Testamento. Hoy la iglesia no presenta sacrificios de animales en el altar de Dios, pero se presenta a sí

---

[24] *Ibid*, p.186.

misma como una novia ataviada con una adoración genuina y ferviente en el trono de la gracia de Dios. Esta adoración va desde el corazón del adorador hasta el corazón de Dios. Cuando caigas en desanimo o desesperación porque las cosas no salen como pensabas en la adoración, recuerda Dios nunc ate ha dejado y su favor sigue con su pueblo. Por esta razón, «si realmente te sientes sin esperanza, dejarías de confiar en ti mismo y en lo que puedes hacer y comenzarías a confiar en lo que Jesús llevó a cabo por ti en la cruz».[25] Como adoradores debemos aprender a confiar en Dios para que nuestro sacrificio de adoración sea recibido como perfume. El centro de esta adoración es el temor reverente que el cayente tiene por su Dios. Si, Dios es un Dios personal que se relación de manera directa con sus hijos.

Presentar una Adoración Genuina

Cuando los hijos de Dios se presentan ante la Divinidad, sea privada o en forma colectiva, hay una unión entre lo divino y lo humano; los hombres se presentan con ferviente adoración ante el trono de Dios, mientras Dios con gozo recibe de su pueblo esta adoración. Es una unión espiritual en la que el cristiano se funde en adoración y Dios se agrade de ser alabado. En esta adoración se entrega todo el ser. Esta adoración sigue un hilo lógico: Dios es adorado por lo que es y por lo que hace. Dios obra directa o indirectamente en lo que pasa con el creyente, cuida del creyente y le sostiene hasta el día de la redención. En esta adoración el hombre pecador es reconciliado con Dios por medio de la obra de expiación

---

[25] *Ibid,* p.28.

de Cristo y esto le da razones para derramar su vida en adoración a Dios. Cuando la iglesia adora, Dios extiende su diestra de compañerismo para su pueblo. Si el pueblo de Dios cuida su adoración, Dios revela su propósito eterno y su voluntad controla la voluntad del hombre. Por último, se ejerce el sacerdocio universal de los creyentes, cuando se intercede por otros, se le ofrece a Dios una adoración que nos cuesta y se reconoce lo que Dios es en su esencia divina.

Así que Dios sigue buscando adoradores que se entreguen en adoración sin límites de tiempo, espacio y religión. «La adoración es básicamente una respuesta a lo que Dios es y hace. Esta respuesta llega a ser un diálogo personal si nos quedamos atentos en la presencia de Dios tiempo suficiente para que él nos responda».[26] La adoración es una expresión corporal, intelectual emocional y espiritual en la que el ser, el creyente, se despoja de todo lo que le estorba para presentar una adoración santificada y eficaz. El adorador sabe que ha entrado en la presencia de Dios y que con eso le basta para despojase de si y acurrucarse en los brazos amorosos de Dios. Esta adoración, aunque involucra las emociones, no debe convertirse en un asunto de las emociones, sino que debe tomar conciencia de que Dios pide de los adoradores todo, y no solo una parte.

El Alto y Sublime Dios

Dios es excelso y elevado porque vive en las alturas inalcanzable, inamovible, soberano y todo poderoso, Dios es trascendente. Sin embargo, el atributo

---

[26] *Ibid.* p.190.

que mejor describe a Dios como solemne, e incomparable, es su eternidad. La eternidad de Dios le hace diferente a toda la creación, este atributo incomunicable describe porque Dios es lo que es, un Dios que esta sobre todo lo creado. Un Dios descrito como sublime e incomparable, es el Dios que escogió a su pueblo para que le rinda adoración. «Si pudiéramos expresar esos miles de atributos que habitan en la luz inmarcesible, donde ningún hombre puede verlo y seguir viviendo (*Dios plenamente eterno, omnisciente, omnipotente y soberano*), nos sentiríamos muy humillados».[27] Al observar los atributos de Dios, podemos caer de rodillas en adoración, ya que fuimos escogidos precisamente para adorar. Sin embargo, es obvio que el pueblo de Dios ha perdido el sentido de humildad, ya que no vemos a Dios tal y como se presenta en las Escrituras, sublime, santo y soberano, sino que hemos creado un a la imagen del hombre y ante este dios nos postramos todos los días.

¿A qué hombre se le puede decir: «¿Tu trono es para siempre oh, Dios?» Sal. 45:6; además a ningún hombre se le puede adjudicar eternidad en sus días. Así que, ningún hombre reclama para sí tal adoración, porque no debe ni puede, ya que sus días están contados por Dios. Por esta razón decimos, en sentido espiritual, Dios y su pueblo están unidos eterna, inseparable e inexplicablemente en una sola persona y por una sola obra, Jesucristo el Hijo de Dios. Cuando el pueblo se arrodilla delante del trono de la gracia de Dios, debe recordar esta unión, ya que esta es su garantía para entrar con confianza en la

---

[27] Tozer, A. W. "*Diseñados para Adorar*", p.123.

presencia de Dios. «Se nos manda que adoremos al Señor, y me pregunto cómo podría ser que nosotros los cristianos cayéramos de rodillas ante un hombre para decirle: «Tu trono, oh, Dios, es para siempre». No existe ningún hombre ante quien yo pueda arrodillarme y llamarlo «Dios», con la única y suprema excepción del hombre Cristo Jesús, aquel a quien los profetas vieron en visiones, y a quien le dijeron: «Tu trono, oh, Dios».[28]

Rendido Ante el Excelso Dios

Cuando Dios se le reveló a Moisés en la zarza, Moisés se postro delante de la presencia de Dios y le adoró. Moisés entendió que una presencia sobrenatural estaba en la zarza, ya que esta era común y corriente, pero cuando Dios hace su aparición se convierte en un instrumento para manifestar su gloria; así que, la reacción de Moisés es de sumisión a la *Shekhiná de Dios*. La presencia de Dios a través del fuego en la zarza simboliza la venida del Hijo de Dios en la perfecta naturaleza humana y divina. Moisés tuvo una manifestación de la presencia sublime de Dios y degustó un poco de lo que significa para un hijo de Dios estar en su presencia. La diferencia entre la visión de Moisés y la venida de Jesucristo radica en que, la zarza fue algo temporal, mientras que Cristo es eterno.

En este sentido, cuando el adorador reconoce la obra de Jesucristo como eterna y para la eternidad irrumpe en adoración porque sabe que lo que Dios hizo es de gloria, honra y adoración. Cuando los cre-

---

[28] *Ibid*, pp.123,124

yentes se arrodillan delante de la presencia del perfecto DIOS-HOMBRE, y proclaman, tú eres Dios
eternamente y para siempre, «hablamos con Dios,
porque mediante el misterio de la unión teantrópica
el hombre se ha hecho Dios, y Dios se ha hecho hombre en la persona del Hijo, Jesucristo. A Él adoramos,
asombrados y sumidos en el misterio. No adoramos
al hombre, sino a Dios encarnado».[29] Es que la adoración de la persona es para Dios lo que Él significa
para sí. Dios a través de su Hijo ha hecho un nuevo
pacto con su pueblo y las cláusulas de este pacto son
eternas y suficientes para que los elegidos puedan
gozar de ser coherederos con Cristo.

Jesucristo es la gloria de Dios. Isaías magistralmente 750 años antes de Cristo da a conocer la gloria
con la que Dios Padre vistió a su Hijo, el Siervo Sufriente. Isaías lo describe como sin hermosura para
ser deseado, pero con una misión, la salvación de su
pueblo del pecado. Por otro lado, Isaías contras-
tando un poco también describe al Siervo de Dios
como: «precioso, majestuoso, lleno de gracia, impo-
nente, verdadero, humilde, justo, amante, gozoso y
fragante. Agotaron el idioma humano al intentar expresar la opulencia de aquel a quien llamamos
Cristo y, al cabo de un tiempo, hasta los profetas re-
nunciaron a su intento por describirlo».[30] Aunque
los profetas se quedaron cortos con la descripción de
la grandeza con la que el Padre dotó a su Hijo. Todos
estos atributos eran solo virtudes que mostraban el
carácter divino del Hijo de Dios. La intención de
Dios no fue dotar a su Hijo de hermosura física. No,

---

[29] *Ibid*, p.126.
[30] *Ibid*, p.126.

la gloria del Hijo fue siempre hacer la voluntad de su Padre que está en su trono de gloria y majestad y desde donde guarda que cada parte de su plan eterno se cumpla según lo estableció por su consejo divino de elección y predestinación. Así que, en Dios maneja cada cosa que pasa en este plan.

La Majestad del Hijo

Dios vistió a su Hijo de humildad y de gloria. La humildad del Hijo fue su humillación al hacerse hombre y la gloria y majestad del Hijo es cuando la divinidad le resucito de entre los muertos. Dios con nosotros, Dios con su pueblo Mt. 1:23. En la *unión hipostática* de Cristo podemos observar su humanidad y su deidad a plenitud reveladas en su ser; cien por ciento Dios, cien por ciento hombre. Esta es la más excelsa gloria que podemos observar de Dios, al mandar a su Hijo en un humilde cuerpo mortal para pagar por el pecado de sus elegidos; sin embargo, también el mismo Dios Padre vestirá a su Hijo de gloria, poder y majestad en su *segunda venida*, ya no como siervo, sino como Rey y Juez; como Rey viene a establecer su reino eterno y como Juez, viene a juzgar al mundo con justicia divina. Así que, es importante que llevamos a cabo una adoración centra en Jesucristo; mi oración es para que podamos ser adoradores que glorifiquen los siguientes distintivos del evangelio cuando adoramos: «(1) reconocer la prioridad de Cristo en la adoración, (2) acoger la presencia real del Señor Jesucristo resucitado en medio de la comunidad de fe reunida, (3) someterse al papel sacerdotal de Cristo como agente divino de la adoración, y mediador entre Dios y la asamblea, y (4) ayudar a los fieles a dejarse llevar por la pasión por el mundo que engendra la adoración centrada en Jesucristo».[31] Lo que distingue el culto cristiano al culto a los dioses, es precisamente la supremacía de Cristo en todo, la creación, la salvación y la vida en el reino.

En unidad a la persona de Cristo se observan la más bella revelación de un Dios lleno de amor y misericordia. Este hecho le permite al creyente irrumpir en una adoración pura glorificando la santidad, belleza y grandeza de Dios. La razón por la que debemos adorar con libertad y profundo sentido de gratitud es porque donde dos o tres están en el nombre de Jesús ahí está Él, ya que Jesucristo vive en el interior del creyente por medio de su Espíritu. Así que, sin importar donde estemos para adorar, este lugar es perfecto, porque Dios vive en el interior de sus elegidos gracias exclusivamente a la obra reconciliadora de Cristo en la cruz. Es prácticamente imposible que un simple mortal entienda esta maravillosa verdad; pero el creyente si puede saltar de alegría y gratitud ya que Dios le ha otorgado su salvación gratuitamente.

Cuando adoramos a Dios, las alabanzas, himnos, salmos y canticos espirituales que el pueblo del pacto presenta a Dios, hacen que la orquesta del cielo se active y adore con los santos en la tierra. «Toda la vida, el ser humano por entero, deben adorar a Dios. La fe, el amor, la obediencia, la lealtad, la conducta y la vida; todas estas cosas deben adorar a Dios. Si hay algo en usted que no adore a Dios, entonces no hay nada en usted que adore a Dios muy

---

[31] Ibid, p.43.

bien».[32] Cuánta razón tenía el salmista al decir: "todo lo que respire alabe a Jehová", Sal. 150:6. El ser adorares es algo que corre por las venas de los hijos de Dios, porque fuimos creados con la capacidad y el deseo de adorar a Dios en Espíritu y en verdad Jn. 4:23,44

El Corazón: El Trono Glorioso de Dios

Cuando se habla de adoración, casi siempre se piensa en un templo físico. Sin embargo, este concepto es errado. Dios no habita en templos hecho por mano de hombres. Dios habita en el corazón de sus elegidos desde donde direcciona la vida de su pueblo. Por eso debemos saber que: «La adoración agradable a Dios satura todo nuestro ser. No existe una adoración agradable a Dios si en mí hay algo que le desagrade. No puedo compartimentar mi vida, adorar a Dios el domingo y no hacerlo el lunes».[33] Es que es antinatural para un cristiano adorar a Dios con oraciones, himnos, donaciones y ofrendas mientras le ofendemos con nuestra manera de vivir. Esta es una incoherencia. La verdad es que no se puede agradar, adorar o complacer a Dios si le ofendemos a la vez en algo. Así que, para mantener una verdadera adoración, el creyente debe ejercitar su FE en Cristo y vivir de acuerdo a los estándares del reino de Dios. Sin Jesucristo el hombre está muerto en su pecado e imposibilitado para adorar a Dios, esta es la verdad que se proclama a través del mensaje de salvación, el evangelio es el único con autoridad

---

[32] *Ibid*, p.129.
[33] *Ibid*, p.130.

para llevarnos a ser adoradores de acuerdo al corazón de Dios. Dios permita que podamos entender esto.

Conclusión

La adoración a Dios es un estilo de vida. El creyente adora a Dios por lo que Él es. Cuando Jesús habla con la mujer samaritana le presenta dos conceptos básicos acerca de la adoración inteligible en Jn 4:23,24; Jesús presenta la manera y el porqué; es decir, el cómo y a quien debemos brindar nuestra adoración. A Dios se le debe adorar sabiendo que Él es Espíritu y como tal exige una adoración que haga honor a su esencia. Aunque a veces en este mundo posmoderno en el que vivimos se nos presentan muchas maneras novedosas para presentar esta adoración, la iglesia no debe caer en la tentación de ceder a estos métodos que prometen mucho, pero a la larga son un fracaso. «En realidad, las creencias básicas acerca de la Persona y naturaleza de Dios han cambiado tanto que hay entre nosotros hombres y mujeres que encuentran fácil jactarse acerca de los beneficios que reciben de Dios, ¡sin un sólo pensamiento o deseo de conocer el verdadero significado de la adoración!».[34] Creo que lo último que Dios desea es tener cristianos sensuales que se jacten de tener a un Dios grande, pero que no adoren esta grandeza que profesan con conocimiento y lo peor, que con sus actos nieguen a este Dios que sostienen adorar.

El Decálogo, los diez mandamientos, son esencia-

---

[34] Tozar, A. W., "*¿Que ha Sucedido a la Adoración?*", p.17.

les para entender lo que Dios pide de sus adoradores. Dios pide completa *sumisión* y *reverencia* como medidas para que la adoración sea recibida en gloria. El creyente debe mantener una relación con Dios continua, pero para que esto suceda el creyente debe conocer a Dios. La única manera para conocer a Dios es a través de su revelación escrita. Así que para conocer a Dios debemos leer constantemente las Escrituras.

El creyente tiene una responsabilidad con Dios de presentarse ante su altar con un sacrificio santo y agradable. Dios está sentado en su trono inamovible y todopoderoso. «El más elevado deseo de Dios es que cada uno de Sus hijos creyentes le ame y adore de tal manera que estemos de continuo en Su presencia, en Espíritu y en verdad. Ésta es la verdadera adoración. Algo maravilloso y milagroso y cambiador de la vida tiene lugar dentro del alma humana cuando Jesucristo es invitado a tomar el lugar que le corresponde. Esto es exactamente lo que Dios anticipó cuando obró el plan de la salvación».[35] Dios se ha revelado por medio de sus atributos como el único que puede restaurar al hombre a una relación fluida con la deidad. Esta relación solo se puede conseguir por medio de Cristo, el Hijo de Dios, que vino al mundo para reconciliar a los elegidos con Dios. A Dios sea la gloria por los siglos de los siglos.... Amen.

Preguntas de Estudio
1. ¿Quin define la adoración? Y ¿Cuál es el fin de la adoración?

---

[35] *Ibid*, p.17.

2. ¿Con que tiene que ver la doctrina de la adoración que Jesús le enseña a la mujer samaritana?

3. ¿Cuáles son los dos extremos en la adoración?

4. La obra comienza y termina con lo divino mostrando su gloria en la _____ y _____ para que el pueblo de la promesa pueda adorar a Dios en Espíritu y en verdad.

5. ¿Cómo se revela dios en los primeros cuatro mandamientos?

6. ¿Qué papel juega la Biblia en la adoración? ¿Por qué es importante la Biblia para entender la forma y la razón para adorar?

7. Según el autor: ¿Cómo están los cultos de hoy?

8. Según el autor, el creyente debe conocer ¿A quién y por qué?

9. ¿De qué nos da ejemplo Jesús? Y ¿Cómo nos dio ejemplo Jesús?

10. ¿Qué elementos jugaban un papel fundamental en la adoración del Antiguo Testamento?

11. ¿Qué se puede observar en la unión hipostática de Cristo?

12. ¿Qué es antinatural y una incoherencia según el autor?

5

Un Lugar en la Iglesia de Cristo

Introducción

Todos y cada uno de los miembros de la iglesia tenemos un lugar de honor en el cuerpo de Cristo, la
iglesia cristiana. Así también, se sabe que todas las
personas de alguna manera buscamos un lugar
donde sentirnos que somos parte de algo, satisfe-
chos y realizados. No es que el creyente busque un
lugar de preeminencia, sino más bien, los creyentes
lo que buscan es un lugar donde desarrollar sus dones y habilidades para la edificación de la familia,
amigos e iglesia. «Sin embargo es cierto que algunos
creyentes tienen un don especial en la comunicación
del evangelio. Ef. 4:11 parece reconocer una catego-
ría de personas que el Señor Jesucristo capacita de
una manera excepcional».[1] Sin duda que la iglesia es
el lugar dónde podemos alcanzar el máximo *potencial* y *dogma*. Como seguidores de Cristo debemos
anhelar con intrepidez una posición de honor en

---

[1] Burt, David F., "*Manual de Evangelización para el Siglo XXI: Guía para
una siembra eficaz, 3a Edición.*", p.20.

donde podemos desarrollarnos a plenitud como miembros del cuerpo del Señor Jesús.

La iglesia es el cuerpo de Cristo *escudo* y *baluarte* de la verdad. 1ª Tim. 3:15. La iglesia es el escudo que protege la verdad, el mensaje que la palabra de Dios le entrega al pueblo de la alianza. Por otro lado, la iglesia también es el baluarte, es decir, la torre y fortaleza donde se está vigilando porque ninguna doctrina falsa destruya el sentido lógico y cronológico de esta verdad de carácter eterno. «La primera obra del Espíritu es formar una comunidad para compartir la salvación del reino y ser una canal de esa salvación para los demás Hch. 2:37-47 […] La vida y el poder del Espíritu de Cristo en la comunidad creyente irradian la luz del reino y atraen a las personas que se encuentran en oscuridad».[2] Los creyentes no defendemos la Biblia, ni sus doctrinas, ellas se defienden solas. Lo que se defiende como unidad y colectividad es lo que la iglesia cree y práctica como cuerpo de Cristo y protectora de la verdad que le fue dada en las Escrituras.

En este anhelo vehemente por mantener la pureza de la verdad bíblica y de buscar el lugar óptimo para el servicio; Cristo nos ha provisto de un lugar importante en su iglesia. El Señor Jesucristo nos ha llamado y se ha asegurado para que tengamos un lugar de eminencia dónde continuamente glorificamos su gloria y majestad por medio del desarrollo y crecimiento de los santos en gracia y bondad de Dios. Este lugar además de ser eminente es de suma valía porque cuesta nada más y nada menos que la

---

[2] Bartholomew, Craig G. y Goheen, Michael W., "*La verdadera historia del mundo: Nuestro lugar en el drama bíblico, ed. Cristian Franco, trans. Davinsky de León*", p.184.

sangre del Cordero de Dios. Cristo pagó por nosotros la deuda que teníamos con Dios y eso hace in-
calculable su obra admirable en la vida de su iglesia.
Cada lugar que ocupa un hijo de Dios en la iglesia
invisible (la iglesia compuesta de todos los grupos
Cristocéntrico o que profesan la doctrina de Cristo)
es significativo. Nada de lo que hacemos para servir
al Señor, sirviendo a los hermanos es insignificante,
al contrario, es un honor y privilegio para el que
sirve tanto como el que es servido. Así veían el evangelio los hermanos de la iglesia primitiva, un cristianismo que cada vez tomaba más fuerza a lo largo del
Imperio Romano. Este es el ejemplo que recibimos
de hombres del calibre de Pablo, Bernabé, Silas, Pedro, entre otros. «El trabajo misionero de Pablo incluyó plantar nuevas iglesias y edificarlas para irradiar la luz del evangelio. Su objetivo fue establecer
comunidades testigos del reino en cada parte del Imperio Romano, Ro 15:17-23. También invirtió tiempo
en establecer estas comunidades sobre un fundamento firme».[3] Dios fue poniendo a cada hermano
en el lugar que Él los necesitaba para que fueran haciendo la obra a la que fueron llamados a hacer. Dios
es sabio y conoce cada cosa a perfección.

Jesucristo es la Roca de la Iglesia

Debemos reconocer que el lugar de dignidad y salvación que tenemos es solo a través de Cristo. El Señor Jesús en Mt. 16:16-18 tiene una conversación con
sus discípulos y Pedro en un momento de inspiración divina confiesa magnamente la más grande de

---

[3] *Ibid*, pp.190,191.

las confesiones jamás hechas acerca del Cristo. «Jesús usa un juego de palabras *Petros* Pedro que significa «*roca pequeña*» Jn. 1:42, y *Petra* la cual significa «*Piedra de Fundación*».[4] Las páginas del Nuevo Testamento explican explícitamente que Jesús es esta piedra de fundación Efesio 2:20; Hechos 4:11,12; Ef. 5:23, una piedra en la que todo aquel que cae será vuelto añicos para crear en él una nueva vida. En Mt. 16:18 es dónde por primera vez en el Nuevo Testamento se usa la palabra «*Ekklesia*» de dónde se puede traducir «*Iglesia o Congregación o grupo de personas llamadas hacia fuera para reunirse para adorar y servir al Dios verdadero*».

El que tiene la verdad del evangelio no puede quedarse cayado. Si callamos, perdemos de vista la importancia de pertenecer al reino de Dios inaugurado por Jesús. Si, «algo anda mal, pues, en nuestra vida cristiana si no aprovechamos las constantes oportunidades que el Señor nos da para hablar a otros del evangelio».[5] El evangelio que no solo es poder, sino que nos ha dado un lugar en la iglesia del Señor. Si cada uno de nosotros, la iglesia invisible, formamos el cuerpo místico de Cristo, entonces debemos proclamar y vivir esta verdad. El apóstol Pablo hable acerca de que Cristo es la cabeza de la iglesia y la cabeza es la que sostiene todo el cuerpo.

Esta congregación que fue llamada fuera tiene las arras del Espíritu para que la mantengan fuerte y en defensa de todo peligro; ya que dice «*Y las puertas del hades no tendrá ninguna clase de poder sobre ella*». La

[4] MacArthur, John, "*Biblia de Estudio MacArthur*" p.1,279
[5] *Ibid,* p.20.

iglesia está protegida en las manos de Dios. Ni satanás, ni ninguno de los demonios podrán con la iglesia porque Dios está peleando por ella sin desmallar.
Pero esto va mucho más allá de una simple guerra
espiritual. La muerte misma no tendrá poder sobre
la iglesia de Jesucristo. Jesús derrotó a la muerte al
levantarse de la tumba el Domingo de Resurrección.
La muerte esta derrotada, le pecado fue llevado con
éxito por el Señor en el Calvario y por esta obra nosotros hoy podemos ir al Padre con toda libertad.
Siendo Jesús la piedra angular que desecharon los
edificadores, Hch. 4:11; 1ª Ped. 2:7,8, por la cual
ahora nosotros podemos tener parte de este ministerio de gracia. «La piedra más importante en una
construcción es la piedra angular. En tiempos antiguos, ésta se ponía primero para que sirviese de referencia para las dimensiones del edificio y a través
de la cual se unían las paredes. Jesús es la piedra
principal del ángulo (Ef. 2:20). Él es el origen y el
punto céntrico de toda la creación y por él subsiste
todo Col. 1:17».[6] La razón, la motivación y la búsqueda de esta verdad única y frutífera nos lleva a
llevar a cabo un ministerio tan loable como la expansión del evangelio y usando nuestros dones según
su gracia nos ha dado.

El Deber del Creyente
Cada creyente tiene un lugar en el cuerpo de Cristo,
pero tiene que ver muy dentro de sí y a través de la
palabra de Dios dónde puede servir con entusiasmo
y constancia. Lo más importante para un creyente

---

[6] Mouton, Boyce., *"Marcados por el Amor, ed. Benigno. José A., trans. José
José Aparicio"*, p.21.

siempre debe ser el servicio cristiano. Ahora que, debe de hacerlo desde la perspectiva bíblica y de su conciencia. El servicio cristiano no se debe llevar a cabo por razones egoísta o por emoción. El que trabaja para Dios construye el bien, la bondad y la misericordia. Esta es la locura del evangelio. De hecho, los religiosos de la época del Señor, esto mismo pensaron de Él. «La diferencia es que Jesús manifestó su deidad con «pruebas indubitables» Hch. 1:3. Los muchos milagros, señales y prodigios probaron lo que afirmaba, y por si esto no fuese suficiente, las Escrituras enseñan que fue declarado Hijo de Dios con poder, por la resurrección de entre los muertos Ro. 1:4».[7] La prueba contundente de que el cristianismo es la verdad radica en la resurrección, pero lo más importante es que por esta verdad hemos sido elegidos por Dios para que fortalezcamos la iglesia local y para que ofrezcamos nuestros dones para la obra de Dios.

Cada creyente es responsable por su actitud hacia el culto a Dios. El apóstol Pablo en Ro. 12:1,2 exhorta al creyente a que presente su vida en sacrificio santo y agradable a la gracia de Dios. «Esta gracia de Dios ha alcanzado la vida de sus lectores romanos. Si ellos son gentiles, Dios bendijo ricamente la predicación del evangelio a los gentiles, de manera que al ver los judíos la ilimitada misericordia de Dios para con los gentiles, se volvieran al evangelio y de este modo se convirtieran en receptores de la misma misericordia que Dios les había mostrado a los gentiles».[8] Esto

---

[7] *Ibid*, p.22.

[8] Panning, Armin J., "*Romanos, ed. John A. Braun y Curtis A. Jahn, La Biblia Popular*", p.204.

quiere decir que cada miembro de la iglesia es responsable por identificar su lugar el cuerpo de Cristo y así desarrollar sus habilidades al máximo. Pablo lo que hace al dirigirse a los hermanos romanos es con la autoridad del apostolado que Cristo le confirió camino a Damasco; sin embargo, Pablo está reconociendo que nadie mejor que uno mismo conoce para qué es bueno o como puede servir mejor en la iglesia. «Es como «un apóstol llamado» 1:1, «un ministro de Cristo Jesús» 15:16, revestido de autoridad, que Pablo, en un espíritu de amor y preocupación, exhorta a sus hermanos muy amados de la iglesia... Pablo literalmente exhorta a quienes se dirige a ofrecer sus cuerpos como sacrificios a Dios».[9] Si soy útil en la iglesia, es por gracia, ya que es un don inmerecido, por esta razón debo de hacerlo siempre exaltando la majestad de Dios y no mis propias habilidades o inteligencia, Dios y la iglesia merecen mi integridad.

Para que este servicio cristiano, a través de los dones que se han recibido sea agradable a Dios tiene que hacerse renovando siempre las fuerzas y la mente en Cristo, Ro. 12:2. «Como todos los pecadores no regenerados, los lectores de Pablo habían vivido de esa forma, pero ahora Pablo les dice: ¡Basta de eso! No continúen adaptándose al mundo, sino sean transformados por la renovación de vuestra mente. En esencia, Pablo les está describiendo el nuevo estado de mente y de corazón que sigue a lo que llamamos conversión o regeneración».[10] Además, a este proceso se le conoce como madurez en la fe. Un cristiano con muchos dones, puede ser una

---

[9] Hendriksen, William., *"Comentario al Nuevo Testamento de Romanos"*, p.444.
[10] Ibid. p.205.

bomba de tiempo, ya que la arrogancia combinada con grandes habilidades puede destruir a la persona y a la obra de Dios. El profeta Isaías nos da una gran enseñanza acerca del águila, Is. 40:31, nos muestra la destreza del águila al volar, pero también cuando está perdiendo sus fuerzas, sabiendo cómo esta vuela lo más alto que puede y ya arriba como esta en la peña empieza a golpear su pico hasta que lo quita de sí; arrancar sus uñas es un proceso doloroso y de 150 días hasta que tiene un nuevo plumaje. Así se describe el proceso del águila.

«El águila es el ave de mayor longevidad entre las criaturas de su especie. Vive 70 años. Pero para alcanzar esa edad, al llegar a los 40 debe tomar una seria y difícil decisión; sus uñas están apretadas y flexibles y no consigue aferrar a sus presas de las cuales se alimenta. Su pico largo y puntiagudo se curva, apuntando contra el pecho. Sus alas están envejecidas y pesadas y sus plumas, gruesas. ¡Volar se le hace ya muy difícil!

Entonces el águila tiene solamente dos alternativas: morir o atravesar un doloroso proceso de renovación que dura 150 días. Ese proceso consiste en volar hacia lo alto de una montaña y quedarse ahí, en un nido cercano a un paredón, en donde no tenga necesidad de volar. Entonces el águila comienza a golpear su pico contra la pared hasta conseguir desgarrarlo y arrancarlo. Debe esperar el crecimiento de uno nuevo, con él que desprenderá una a una sus uñas. Cuando las nuevas uñas comienzan a crecer, tendrá que desplumar sus plumas viejas y esperar a que renazca su plumaje. Después de cinco meses, emprende su vuelo de renovación y... ¡a vivir 30 años más!».[11]

El creyente debe ver que hay momentos en la vida cuando las fuerzas se acaban para continuar, es tiempo de depender de Dios y romper su mundo de incredulidad en la roca de los siglos, Cristo. «Velemos contra el descreimiento, el orgullo y la confianza en uno mismo. Si vamos adelante por nuestra propia fuerza, desmayaremos y caeremos totalmente; pero teniendo nuestros corazones y esperanzas en el cielo, seremos llevados por sobre todas las dificultades y seremos dotados para echar mano del premio de nuestra alta vocación en Cristo Jesús».[12] La palabra que usa Matthew Henry es vocación. Esta palabra también significa llamada. Dios nos ha llamado para que a través de nuestros dones y ministerios edifiquemos a los santos Ef. 4:12,13. El evangelio, o los dones para hacer ministerio jamás se ha tratado de nosotros, se trata de la obra de Dios, se trata se servicio cristiano, se trata de la proclamación del evangelio que transforma vidas, pero esta transformación comienza con nosotros. Queremos ver a un mundo transformado con el evangelio, cuidemos que nuestra relación con el cuerpo de Cristo este bien fundamentada.

Ahora que, renovar significa «*reorganizar, revivir, resucitar, rejuvenecer, etc.*» Renovar nuestras ideas acerca del llamado, acerca del evangelio que vivi-

---

[11] https://es.linkedin.com/pulse/la-transformaci%C3%B3n-y-renovaci%C3%B3n-del-aguila-ximena-sandoval-covili
[12] Henry, Matthew., "*Comentario de la Biblia Matthew Henry en un tomo*", p.558.

mos y la fe que profesamos. «No caigáis en las costumbres de los que andan en las lujurias de la carne,
y se preocupan de las cosas terrenales. La obra del
Espíritu Santo empieza, primero, en el entendimiento y se efectúa en la voluntad, los afectos y la
conversación, hasta que hay un cambio de todo el
hombre a la semejanza de Dios, en el conocimiento,
la justicia y la santidad de la verdad».[13] Revivir el
don que Dios ha puesto en nosotros. Pablo encarga
a su hijo en la fe Timoteo que avive el don que está
en el 2ª Timo. 1:6. «Pablo sabía que el fuego del carisma de Timoteo (el don de la gracia de Dios que
capacitaba al joven para ser el representante escogido del apóstol) estaba bajo».[14] Ahora que, ¿Quién
no pasa por momentos de desanimo en esta vida? O
¿Quién cuando las cosas van mal no duda acerca de
la gracia de Dios o de su llamado? Sin duda alguna
que todos. Este es el momento de depender de Dios
y mantener el don de Dios vivo en nosotros para alcanzar la misericordia de Dios. «Así Pablo, habiendo
seleccionado el verbo más suave, *aconseja* a Timoteo
que "avive el fuego" del don divino de la ordena-
ción. La llama no se había apagado, pero estaba muy
baja y había que avivarla para que fuese una llama
viva. Los tiempos eran graves. Pablo estaba a punto
de partir del escenario de la historia.[15] Nada en este
mundo es suficiente para que nosotros, los hijos de
Dios, los que hemos sido llamados al ministerio
desistamos y dejemos a medias lo que Dios ha

---

[13] *Ibid,* p.893.
[14] Hendriksen, William., *"Comentario del Nuevo Testamento de 2ª Timoteo."*,
p.260.
[15] *Ibid,* pp.259,260.

puesto en nuestras manos, Jesús dice: «*solo los valientes heredaran el reino de los cielos*», Mt. 11:12.

Renovar también significa: "*Resucitar*" es volver a la vida. Hay momentos en la vida de un ministro que se torna difícil e insuperable. Este es el momento de volver a la vida. En otras palabras, volver a la promesa de Dios. «El Espíritu Santo que te ha sido dado a ti, a mí y a todo creyente, no es el Espíritu de timidez, sino de poder, amor y disciplina personal. Beneficiate de ese *poder* (δύναμις, cf. nuestra palabra "dinamita") sin límites, que nunca falla, y proclamarás la *verdad* de Dios; de ese *amor*».[16] En Cristo no hay muerte. La muerte es una consecuencia del pecado, pero el creyente en Cristo está vivo Fil. 1:21, «*Para mí el vivir es Cristo, y el morir es ganancia*». «Si usted pone cualquier otra palabra que no sea "Cristo", en la primera línea, entonces debe terminar la segunda parte de la frase con la palabra "pérdida", porque usted no podrá llevarse absolutamente nada cuando muera».[17] Cuando una persona muere al mundo como sistema, no se lleva nada de lo que el mundo le daba y es recién entonces cuando empieza a vivir verdaderamente. La vida sin Cristo es efímera y sin sentido real, además es muerte segura (espiritualmente hablando), pero en Cristo se nos devolvió la vida plena que se nos robó a causa del pecado de Adán. En el postrer Adán (Cristo) somos restaurados al estado original. Por eso, cada día tenemos la responsabilidad de guardar nuestro ser completo in-

---

[16] *Ibid,* p.260.
[17] *Tesoros de la Palabra - 21 de agosto*

maculado para que cuando Dios nos llame a su presencia estemos listos para morar con Él por la eternidad.

Para hacer el trabajo de la mejor manera siempre necesitamos mantener la mente de Cristo. Un creyente con la mente natural se desvía, pero si tiene la mente de Cristo sus fuerzas se renovarán por el poder de Cristo Ro. 8:6-9. «Sin duda la Conciencia es muy importante, pero debe ser enviada una y otra vez, constantemente, a la escuela de la Escritura para recibir instrucción del Espíritu Santo. Es de esta manera que los creyentes toman conciencia y permanecen conscientes de la voluntad de Dios».[18] Ya explicamos lo que hace el águila para rejuvenecerse. El creyente debe mantener las fuerzas cristianas siempre activas para la pelea contra la carne, el mundo y el diablo. Pablo dice que "todo a lo que la carne nos incita es muerte. Solo podemos agradar a Dios haciendo lo que el Espíritu nos lleva a hacer" (Énfasis propio). Samuel Perez Millón argumenta y dice: «Todo pensamiento orientado por la carne, que conduce a producir obras conforme a él, no tiene ningún componente de vida, sino de muerte. Por otro lado, están aquellos cuyo pensamiento está orientado por el Espíritu y cuya ocupación es el resultado de la operación divina en él».[19] El estilo de vida que lleva una persona es un indicativo de quien ocupa su corazón y hacia dónde se conduce. El creyente debe vivir de acuerdo con los estándares de la verdad.

[18] *Ibid,* p.449.
[19] Pérez Millos, Samuel., *"Comentario Exegético al Texto Griego del Nuevo Testamento: Romanos"*, p.593.

¿Pero cuál es esa verdad? Es el estilo de vida que Jesús vivió. Somos responsable porque en nuestra vida se vea reflejado Cristo.

Hacer el trabajo con humildad es una característica de un discípulo de Jesús Ro. 12:3. Pablo nos dice "que no debemos tener mayor concepto de nosotros que el que no esté bajo el principio de humildad" (énfasis propio). «La humildad no es un concepto, es una conducta, un modo de ser, un modo de vida. La humildad es una de las virtudes más nobles del espíritu. Los seres que carecen de humildad carecen de la base esencial para un seguro progreso. Las más bellas cualidades, sin humildad representan lo mismo que un cuerpo sin alma».[20] Algunas cosas que acompañan la humildad son la tolerancia, paciencia y bondad. «Los griegos enseñaban que el hombre que quiera vivir dentro de una ética correcta ha de guardar la justa medida (μεσότης) y no considerarse superior a lo que realmente es. De esta manera la σωφρόσύνη, *cordura, modestia,* es la capacidad personal para encontrar el equilibrio en esta justa medida de valoración personal, manifestada en las llamadas *virtudes cardinales*».[21] Un hombre no puede

---

[20] http://foro.univision.com/t5/Metafisica-y-Filosofia/LA-HUMILDAD-La-reina-de-todas-las-virtudes-EL-SIGNIFICADO-DE-LA/td-p/33651262
La humildad es signo de fortaleza. Ser humilde no significa ser débil y ser soberbio no significa ser fuerte, aunque el vulgo lo interprete de otra manera. La humildad es la más sublime de todas las virtudes admirables. Virtud sin humildad no es virtud. El que posee la humildad en alto grado, generalmente es poseedor de casi todas las virtudes, pues la humildad nunca se encuentra sola. Ella es aliada inseparable de la modestia y forma una trilogía con la bondad.
La humildad nos hace tolerantes, pacientes y condescendientes con nuestros semejantes. Es la mansedumbre, la prudencia, la paciencia, la fe, la esperanza. La humildad es signo de evolución espiritual. El humilde es un ser que ya ha limado muchas de sus impurezas e imperfecciones. Si algún acontecimiento sacude violentamente su espíritu, el humilde sabe recibir los golpes de la vida con fe y resignación y pronto su alma encuentra el alivio necesario.
[21] *Ibid,* p.887.

ser humilde mientras para alcanzar el éxito destruye la carrera de otra persona. Al contrario, el éxito muchas veces llega cuando les damos oportunidad a las demás personas a que desarrollen sus dones y virtudes en pro del mismo proyecto (trabajo) que hemos emprendido en la iglesia. El único sitio donde no hay lugar para el trabajo individual es en la iglesia. Todos los miembros de la iglesia componemos el cuerpo de Cristo, porque un cuerpo se compone de todos sus miembros. El apóstol Pablo era consciente de lo devastador que es sentirse superior a los demás y por eso escribe a la iglesia de Roma. «Pablo ofreció estas instrucciones en virtud del cargo que él mismo ocupaba. Su nombramiento como apóstol fue un acto especial de favor divino. Invitó a sus lectores a no tener una visión exagerada de su propia importancia. Más bien, debían modelar la humildad que pone los derechos y el bienestar de los demás por encima de los suyos Fil 2:3».[22] Si, la humildad en el ministerio es fundamental para mantener buenas relaciones con los demás y para que el reino de Dios sea llevado con un testimonio intachable de buena conciencia.

Al ver el crecimiento que tuvo la Iglesia Primitiva nos asombramos. ¿Pero en que estaba basado este crecimiento de la iglesia? En el compañerismo. «La palabra griega es *"Koinonia"* que significa, *"comunión"*. Los cristianos en la era de la Iglesia Primitiva "demostraron su amor por Dios, su humildad y su

---

[22] Mounce, Robert H., *"Romanos, ed. David S. Dockery, vol. 6, Nuevo Comentario Americano del Nuevo Testamento"*, Ro. 12:3-8.

amor los unos por los otros en un generoso compartir».[23] La iglesia seguía este modelo de amor fraternal; sin embargo, esto trajo consigo un problema serio para una pareja que vivía según su egoísmo, envidia y malicia. Sería bueno que recordemos con frecuencia que el antónimo de comunión es egoísmo. «Ananías y Safira trataron de ganar una posición aparentando una generosidad mayor que la que habían mostrado, dando solo una parte de lo obtenido por la venta de un terreno y afirmando haber donado la cantidad total».[24] El creyente no debe angustiarse por ganar un lugar en el cuerpo de Cristo. Todos tenemos un lugar de importante y único en la iglesia. Cristo nos la dio. No importa lo sencillo que parezca el ministerio que desempeña en la iglesia una persona, este es importante y necesario para la edificación del cuerpo de Cristo. Nada de lo que se haga en la iglesia es de mayor o menor valor. «Todos los santos constituyen un cuerpo en Cristo que es la Cabeza del cuerpo, y el centro común de su unidad. En el cuerpo espiritual hay algunos que son aptos para una clase de obra y son llamados a ella; otros, para otra clase de obra. Tenemos que hacer todo el bien que podamos, unos a otros, y para provecho del cuerpo».[25] Cuando Dios pone a alguien a hacer algo en su iglesia es porque le ha dotado de este don para que lo haga y para la edificación de su iglesia. Así que, nadie, ni nada de lo que alguien hace en la Iglesia del Señor carece de valor. Al contrario, es de gran

---

[23] Lea, Thomas D., "*El Nuevo Testamento: Su Trasfondo y su Mensaje*", p.269.
[24] *Ibíd,* p.269.
[25] *Ibíd,* p.893.

valía para seguir estableciendo el Reino de Dios en este mundo.

Todo aquel que es nacido de Dios tiene como modelo a seguir a Jesús. Lo que hizo la diferencia en el ministerio de Jesús fue la humildad. La palabra griega que identifica humildad es: —*tapeinofrosune*, *humildad de mente*— en Hch 20.19; Ef. 4.2; Fil. 2.3; 3.12; Pareciera que fuera una repetición del fruto del Espíritu 1ª P 5:5,6. En si la palabra humildad es sinónimo con la palabra benignidad, la cual es la quinta palabra en la lista de las características del fruto del Espíritu. Una persona humilde es benigna, bondadosa, amorosa, llena de fe, etc. Prácticamente refleja la imagen de Cristo en su diario vivir. «Las raíces de un árbol permanecen escondidas en la tierra donde hacen su trabajo almacenando alimento y obteniendo agua y nutrientes de la tierra para ayudar a que el fruto crezca. De la misma manera, las raíces de la bondad yacen en lo profundo de la mente y alma de una persona, dando origen al fruto de la benignidad».[26] Las características del fruto del Espíritu encaminan al cristiano a la madurez, pero más importante, al parecido de Cristo. «*El fruto del Espíritu es amor, gozo, paz, paciencia, benignidad, bondad, fe, mansedumbre y templanza*», Gál. 5:22-23. La bondad está íntimamente entretejida en cada una de ellas. Es una buena obra. De acuerdo con la Escritura, una buena obra no solo es definida por la conducta visible (el fruto), sino también por el motivo del corazón (la raíz)».[27] Un cristiano maduro ve en sus dones la oportunidad para servir y no para ser servido. ¿Por

---

[26] Beeke, Mary., "*La enseñanza de la Bondad*", p.19.
[27] *Ibid*, p.19.

qué? Porque la bondad de Dios ha llenado su corazón de gratitud y esperanza en las cosas del cielo y
no en las cosas de la tierra. El Catecismo de Heidelberg lo pone de la siguiente manera: «Pregunta 91:
¿Qué son las buenas obras? Respuesta: Únicamente
aquellas que se realizan con fe verdadera (a), conforme a la Ley de Dios (b), y se aplican solamente a
su gloria (c); y no aquellas que están fundadas en
nuestras buenas intenciones o sobre instituciones
humanas (d). a. Ro. 14:23. -b. Lev. 18:4; 1° Sam.15:22;
Ef. 2:10.-c. Cor.10:31.-d. Eze. 20:18, 19, Is. 29:13; Mt.
15:7-9. Solo un corazón transformado con el evangelio puede hacer buenas obras que rindan gloria a
Dios.

El Lugar del Creyente en la Iglesia

No es un secreto que los hijos de Dios han sido dotados con grandes habilidades. La historia lo demuestra. Los más grandes científicos los dió el pro-
testantismo. Pablo en Ro. 12:4,5 nos da detalles de
cómo Dios nos ha dado a cada uno dones para que
su iglesia alcance su máximo potencial. Ahora que,
el hecho de que Dios nos ha dado dones, esto nos
hace responsable ante Él de la manera como usamos
en la práctica este potencial. En conexión con lo que
más arriba dijéramos quisiéramos reafirmar este
pensamiento "en la iglesia todos somos importantes;
pero nadie es indispensable". Creemos que muchos
de los problemas que suceden en la iglesia se evita-
rían si dejáramos de pensar como si solo nosotros somos importantes en la iglesia en la que servimos y
empecemos a pensar en que hay una gama de hermanos que importan tanto como nosotros. Cristo no
murió solo por mí. Cristo murió por todos los que

componen su iglesia, por todos los elegidos del Padre. Si viéramos a la iglesia como un organismo y no como organización las cosas serían diferentes. «Sin embargo, todo organismo vivo está organizado en forma amplia y aun compleja. Es una presunción nociva pensar que la iglesia va a marchar por la organización que nosotros le damos. En cambio, denota sabiduría espiritual reconocer y seguir la organización que la iglesia, como organismo vivo, tiene por el hecho de que la vida de Cristo es expresa en ella a través de los miembros, y esto por la intervención del Espíritu Santo».[28] La iglesia no le pertenece a ningún concilio, clero o persona independiente; la iglesia tiene un solo amo y Señor, Jesucristo. Por otro lado, en la iglesia existe una diversidad marcada que no se puede obviar. «Los diferentes dones han sido dados por Dios para beneficio de todo el cuerpo. Puede haber miembros con varios dones. Lo que no se concibe es que haya miembros que no hayan sido dotados pues serían miembros paralizados en un cuerpo activo, y esto sería anormal».[29] Si pertenecemos a la iglesia de Cristo, la cual es un organismo vivo, entonces debemos haber sido dotados con dones para permanecer ocupados y edificándonos los unos a los otros. Es parte de ser una nueva criatura y haber sido llamados a la vida. De esta manera se cumple el propósito de Dios para la iglesia.

Este es el pensamiento que desarrolla Jesús en Jn. 17:12 y dice: «*Cuando estaba con ellos en el mundo, yo los guardaba en tu nombre; a los que me diste, yo los*

[28] Somoza, Jorge S., "*Comentario Bíblico del Continente Nuevo: Romanos*", p.204.
[29] *Ibid,* p.205.

guardé, y ninguno de ellos se perdió, sino el hijo de perdición, para que la Escritura se cumpliese». William Hendriksen comenta en este versículo y dice: «Si bien, por una parte, Judas fue totalmente responsable, por otra parte, esta acción estaba incluida en el decreto divino desde la eternidad, y en la profecía. Véase sobre 13:18. Por ello, cuando los discípulos oyeron que Jesús hablaba al Padre acerca de la realización de esta tarea respecto a ellos, y el cumplimiento de la profecía incluso en el caso del hijo de perdición».[30] La oración de Jesús les lleno de ánimo y de fe; por otro lado, entendieron que el plan de Dios se llevaría a cabo sí o sí. Los elegidos de Dios tienen asegurada la eternidad por voluntad y designio divino. El Padre eligió a su pueblo desde antes de la fundación del mundo Ef. 1:3-6. El Señor Jesús termina su argumento en la oración diciendo «*Para que la Escritura se cumpliera*». Judas fue elegido para entregar al Señor, por decreto de elección según el sabio consejo de Dios. Esto se llegó a entender debido a la encarnación de Cristo. «Porque Dios es Espíritu, no lo habíamos comprendido de manera fiel hasta que se encarnó Jn. 1:14; 2ª Cor. 5:16; 1ª Tim. 3:16. Cualquier concepción que teníamos de Dios antes de su encarnación era inadecuada e incompleta. En cambio, Jesús es la representación perfecta de Dios. En él habita corporalmente toda la plenitud de la Deidad Col. 2:9».[31] Jesús con solvencia habla lo que la Escritura enseña. Así que, la Escritura se cumple tanto en los elegidos como en los reprobados. Judas fue creado para que fuera el traidor, mientras que los

---

[30] Hendriksen, William., "*Comentario al Nuevo Testamento: Juan*", p.631.
[31] *Ibid*, p.22.

once fueron llamados por un orden divino para mostrar la gracia de Dios, ser el pueblo de Dios y predicarle el pueblo de Dios. Esto solo se puede entender al observar al Dios-Hombre manifestado en la persona de Jesús.

Empero, el hombre posmoderno piensa como si el merece todo y los demás solo son los que deben prestarle pleitesía. El cristiano de hoy en día evita a toda costa la confrontación, odiamos ser mal interpretado, más bien nuestro deseo es demostrar que debido a que vivimos en un mundo caído nuestra tendencia es al narcisismo (nuestra propia adoración); ahora que, la Biblia dirige su atención a la persona y obra de Cristo y en Él no encontramos ninguna de estas ideas torcidas; Jesús era un hombre de carácter firme y sin pecado. Pablo nos muestra que Cristo nos ha salvado de esta manera de vivir y en este contexto llama a la iglesia el cuerpo de Cristo. «Después de escribir Romanos—al componer Colosenses, con su tema central, Cristo, el preeminente, el único, y absolutamente suficiente Salvador, el apóstol llamaría a la iglesia «el cuerpo de Cristo», Col. 1:24. Procedería a describir a Cristo como «la cabeza, a partir de la cual todo el cuerpo, sostenido y unido por las coyunturas y los ligamentos, crece con un crecimiento (que es) de Dios», Col. 2:19».[32] Fuera de la iglesia de Jesucristo no hay crecimiento espiritual. Por eso es importante pertenecer a una iglesia donde se enseñe la sana doctrina, de otra manera, un miembro fuera del cuerpo poco a poco va muriendo hasta que queda en un estado de putrefacción. La iglesia le da al hombre estabilidad y fortaleza para

---

[32] *Ibid*, p.452.

enfrentar la vida por difícil que sea. Además, solo en la iglesia y a través de ella los miembros pueden desarrollar sus habilidades y ministerios.

La iglesia crea el ambiente, las oportunidades y las reglas para que el ministerio de todos sus miembros sea desarrollado según el orden establecido por Dios. Una iglesia que desarrolla sus dones y ministerios en derredor de un grupo de personas o un individuo está faltando al principio bíblico de cuerpo. Todos han sido llamados por Dios para desarrollarse en las áreas que cumplan el Plan de Redención. «La función propia de una comunidad espiritual de creyentes es la extensión del propósito de Dios para el individuo. La diferencia es que juntos podemos hacer ciertas cosas que solos no podríamos hacer tan bien o completamente. Además, no debemos concebir las actividades de la iglesia en términos que no reflejen el propósito de Dios».[33] Por eso es por lo que el apóstol Pablo desarrolla su pensamiento en base al principio del Antiguo Testamento que dice: «*No pondrás bozal al buey que* trilla», 1ª Cor. 9:9. Dios le ha dado estos dones a la iglesia para que crezca en fe y esperanza. Es por eso por lo que son llamados regalos inmerecidos. «Estos son dados por el Señor mediante el Espíritu Santo. Son otorgados como regalo divino con propósitos definidos y dan al seguidor de Jesucristo y a la iglesia un toque diferente a las habilidades que el resto del mundo tiene. Se afirma en ambos casos que dicha fe no sólo viene

---

[33] Gibson, O. J., "*La Iglesia, trans. Santiago Escuain*", p.17.

de Dios, sino que se alimenta y se sostiene por el poder de Dios».[34] Así que, la idea de cuerpo que presenta el escritor bíblico es que todos debemos desarrollar nuestras habilidades y ministerios según Dios nos ha llamado al servicio cristiano y promover el ministerio de nuestros colegas. Rogers Smalling desarrolla su pensamiento de igualdad ministerial desde la palabra de Dios y dice: «Tratamos a nuestros ministros colegas como a iguales porque eso es lo que ellos son delante de Dios».[35] Entre un ministro y otro no hay diferencia. Todos son iguales.

En la iglesia todos somos importantes y necesarios para el buen funcionamiento de la mima. Así como el cuerpo tiene aproximadamente 639 músculos que componen su masa muscular, la iglesia tiene muchos miembros que se complementan el uno al otro hasta formar y dar moviente al cuerpo de Cristo. «Con estas ilustraciones aprendemos que el propósito de la iglesia es edificar al pueblo de Dios; tener como comunidad, una íntima relación con Cristo; y como sacerdotes santos, adorarle juntos. ¿Es ésta la forma en que nos vemos? ¿Es ésta la forma en que los inconversos nos distinguen?».[36] Así como la iglesia debe ser diferente a las otras organizaciones que vemos en el mundo; así cada miembro debe buscar la unidad en el cuerpo y complementar a los demás miembros. Somos la iglesia de Jesucristo. Como iglesia tenemos un solo fin, «Glorificar a Dios representándole en su forma santa, amante y benigna ante el mundo. Aquellos que no tienen a Cristo deben ver la magnífica gloria de Dios y de su

---

[34] Barrientos, Alberto., "*La Iglesia en que Sirvo*", p.92.
[35] Smalling, Rogers., "*Liderazgo* Espiritual", p.58
[36] *Ibid*, p.18.

Hijo en las vidas de los creyentes. Dios es glorificado por medio de su Hijo en una forma especial Jn. 17:1,5».[37] Así como Cristo dió a conocer al Padre, así la iglesia tiene la responsabilidad de dar a conocer la obra del Cristo resucitado y ascendido a los cielos. «Esto es lo particular del tema de los dones espirituales pues nos lleva a considerar una serie de elementos que le dan a nuestra fe y a la iglesia, distinción y peculiaridad. En el continente americano existe una vasta experiencia en este campo».[38] El crecimiento de la iglesia evangélica ha sido vasta en los últimos ciento y fracción de años. Quiera Dios que cada hermano ponga sus dones para el servicio del pueblo de Dios y el ensanchamiento de su reino. Jesús dijo que «*la mies es mucha y los obreros pocos*», Mt. 9:17, quiera Dios que podamos ver más obreros comprometidos y con dones para cumplir con la Gran Comisión.

Dios separó a Abran de su tierra y de su gente para que perteneciera a la simiente de Dios. Además, en esa simiente, Cristo, la iglesia es fortalecida y conectada con Dios. «Aquel en quien serán benditas todas las naciones, es aquel que está ligado con Dios. Él es el Cristo en quien están unidos Dios y el hombre».[39] Un creyente no puede desarrollar sus dones y vivir una vida que no agrada a Dios. ¿Por qué? Principalmente, porque Dios no puede de ninguna manera complacerse con el pecado del hombre. Lo que crea separación entre Dios y el hombre es precisamente el pecado.

---

[37] *Ibid*, p.18.
[38] *Ibid*, p.93.
[39] De Graaf, S. G., "*El Pueblo de la Promesa Tomo I*", p.75.

La escritura ampliamente nos afirma que la iglesia está compuesta por los elegidos de Dios. Por ende, en este ceno es donde se desarrollan los dones o capacidades con las que Dios ha dotado a su pueblo para que proclame la verdad de Dios. Sin embargo, Dios además de los dones le dio a la iglesia ministerios Ef. 4:7,11-13 de los cuales seguiremos hablando de aquí en adelante.

Comencemos haciéndonos una pregunta ¿En qué están basados estos dones y ministerios? Bueno, antes que nada, debemos decir que estos están basados en la gracia de Dios extendida hacia su iglesia amada Ef. 4:7. «Toda actividad humana en el marco de la sociedad se lleva a cabo a través de personas que de alguna manera han desarrollado algún grado de pericia y experiencia en lo que llevan a cabo […] El ministerio de Cristo se cumple hoy en y a través de la iglesia, que es su cuerpo, y el ministerio de la iglesia no debe ser otro que el de su Señor».[40] Por eso es importante notar que Dios es el que extiende su gracia para que su iglesia se desarrolle de la manera que es necesario que lo haga. Por eso, «cuando somos bautizados en testimonio de nuestra fe en Cristo, nos hacemos miembros no de una institución sino de Cristo, es decir, nos unimos a él y, en consecuencia, compartimos su ministerio en el mundo. Quien se ocupa de dinamizar este proceso es el Espíritu Santo».[41] Así que ya no nos pertenecemos a nosotros, sino que hemos pasado a ser propiedad de Cristo.

---

[40] Deiros, Pablo A., "*Dones y Ministerio, Formación Ministerial*", pp.31,32.
[41] *Ibid*, p.32.

Hay varias implicaciones de estos regalos de Dios hacia la Iglesia. Primero, Dios extiende su gracia hacia cada uno de nosotros según su llamado. Segundo, estos dones y ministerios no pueden ser para los inconversos porque estos no tienen parte en el Reino de Dios. Los dones y ministerio son para los que han sido regenerados por medio de la salvación obrada por Cristo y dinamizada por el Espíritu de Dios. La frase «Don de Cristo» se refiere a sacrifico de Cristo en la cruz y que por medio de ese sacrificio los cristianos han alcanzado el favor de Dios para ejercer los dones que se le otorga para servir en la iglesia con humildad y mansedumbre sabiendo que son un regalo de Dios inmerecido. Hendriksen dice: «El verdadero aliento y la lección gloriosa para cada cual deben ser siempre: he recibido mi don, sea este grande o pequeño, de Cristo mismo. Debo usarlo, por tanto, como él lo requiera. El Dador no me fallará al usar mi don para el beneficio de todos».[42] La

---

[42] Hendriksen, William., "*Comentario al Nuevo Testamento Efesios*", p.207. El apóstol se ha preocupado en detalle de la unidad de la iglesia. Tal cosa era necesaria, puesto que es únicamente cuando la iglesia reconoce su unidad y se esfuerza más y más en preservarla, cooperando cada miembro con todos los demás, que el evangelio avanzará con poder entre las naciones, la iglesia misma se regocijará, Satanás temblará, y el nombre de Dios será glorificado. Sin embargo, esta *unidad* permite la *diversidad* de dones entre los muchos miembros de este cuerpo único. En realidad, esta misma diversidad, lejos de destruir la unidad, la promoverá si se usa correctamente. El uso correcto del don, es decir, de la *dotación* particular (véase sobre 3:2, 7) que Dios en su gracia ha otorgado a alguien, implica lo siguiente: a. que el agraciado lo reconocerá sin lugar a dudas como un don, y no como resultado de su propia habilidad o producto de su ingenio; b. que considera su don como uno entre muchos y limitado en su alcanza, un don con medida; y c. que será diligente para usarlo no para su propia gloria sino en beneficio de todo el cuerpo, y así para la gloria de Dios. El mejor comentario sobre este versículo es lo que el mismo Pablo escribe en 1 Corintios 12, todo el capítulo. En los vv. 4–6 declara, "Mas hay diversidad de dones, pero uno mismo es el Espíritu: y hay diversidad de ministerios, pero uno mismo es el Señor; y hay diversidad de operaciones, más el mismo Dios es el que [p 206] obra todas las cosas en todos". Y en forma muy significativa añade, "A cada uno empero le es dada la manifestación del Espíritu para el provecho de todos"

idea principal que se desprende de este pensamiento es que los o el don de Cristo es para la edificación y desarrollo de la Iglesia como cuerpo y como organización que vigila por los intereses (doctrina, ministerio y servicio cristiano) del Reino de Dios. ¿En qué están basados los dones y ministerios de la iglesia? Están basados en la doctrina de los apóstoles Ef. 2:20, es decir, en toda la Biblia. Dios sea glorificado con los dones que le ha otorgado a la iglesia.

Instrumentos en las Manos de Dios

Dios tiene un orden para todo. Es un orden divino por medio del cual ministra a su pueblo con certidumbre y de forma saludable 1ª Cor. 12:28-30. En este pasaje, el apóstol Pablo define la importancia de los ministerios y de los dones y que cada persona los tiene para complementarse el uno al otro y bendecir la obra de Dios. Dios desde el principio de la creación ha mostrado un orden en lo que hace. No creó a Adán y después las cosas que le permitieran sobrevivir, sino al inverso. Todo lo contrario, Dios primero creo todas aquellas cosas que permitirían al hombre sobrevivir, luego le creo a él a imagen de Dios Gen. 1:26,27 y luego les bendijo en gran manera con toda fruta y semilla para su alimento Gen. 1:29,30 y luego aseguro que todo era buen en gran manera v31. Por otro lado, a la iglesia del Nuevo Testamento le está mostrando que la sabiduría de Dios está sigue un orden de autoridad. Por ejemplo: Jesús instituyó los ministerios apostólicos, proféticos, docencia, es curioso, pero en esta lista que Pablo provee a la iglesia de Corinto se omite el ministerio

---

(v. 7).

pastoral, tal vez porque este ministerio está estrechamente conectado con el ministerio de la enseñanza.
«La iglesia unificada tiene muchos oficios y dones
diferentes 12:28. Pablo pasa ahora de las ideas generales a cuestiones específicas. Muestra que en el
cuerpo de Cristo los hombres no escogen este o
aquel oficio. Ni eligen sus dones. Dios es quien puso
en la iglesia a algunos para que hagan determinadas
cosas».[43] Dios primero le entrega a la iglesia los ministerios y luego por obra del Espíritu Santo le entrega los dones para que haga su obra.

Los dones cumplen un propósito especifico, la
edificación del cuerpo de Cristo, mientras que los
ministerios son para la expansión de la obra misionera. «Ninguna discusión sobre el Espíritu Santo estaría completa sin un estudio de los dones del Espíritu. "Se debe recordar que hay una clara y definida
distinción que debe hacerse entre el Espíritu Santo
como don y los dones del Espíritu Santo».[44] El apóstol Pedro inspirado por el Espíritu Santo habla a la
multitud el Día de Pentecostés para reconvenirles
diciendo que al recibir el don (la regeneración) del
Espíritu Santo recibirían también al Espíritu Santo.
Es decir, el Espíritu vendría a morar en sus corazones para siempre. «El orden en que se enumeran los
dones es deliberado. Los apóstoles han recibido el
más elevado y los que hablan en lenguas el inferior.
Otro hace eco de la misma idea: "En Corinto hacía
falta un intérprete que explicara la lengua a los que
no la entendían. De ahí que Pablo coloque este don

---

[43] Metz, Donald S., "«*Primera Epístola de Pablo a los Corintios*», en *Comentario Bíblico Beacon: Romanos hasta 2 Corintios (Tomo 8)*", p.466.
[44] Sizemore, Denver., "*Lecciones de Doctrina Bíblica, vol. 2*", p.71.

como el más bajo de todos».[45] Aunque no se trata de defender si están activos o no los dones otorgados por el Espíritu a la iglesia primitiva, si debo decir que muchos de estos dones no son necesarios en este tiempo en que tenemos la palabra de dios escrita y una fuente de la verdad. «Por otra parte, los dones espirituales fueron poderes especiales o habilidades [*aptitudes y capacidades*] dadas por el Espíritu a los creyentes para usarse en el culto, servicio y crecimiento de la iglesia. Tales poderes o habilidades fueron considerados *espirituales* porque fueron movidos o impulsados por el Espíritu Santo».[46] Estos poderes no hicieron más cristiano o más habilidosos a los cristianos que los poseían, todo lo contrario, eran con el fin de que la iglesia influenciara su entorno con poder para salvación y convencimiento de los hombres a cerca del evangelio.

Así que, en 1ª Cor. 12:29-31, Pablo dirige su exhortación a la iglesia con preguntas retoricas para que no discutan en cuanto a que don es el mejor para ellos, ya que él tiene un camino mejor que mostrarles, el camino del amor 1ª Cor. 13:1-3. Los hermanos de Corinto que tenían dones debían asegurarse de que estos se usaran: primero para la gloria de Dios y segundo, para su propia edificación y la de sus hermanos. En forma negativa el apóstol Pablo presenta siete –NO–, «No todos son apóstoles, profetas o maestros. No todos hacen milagros, no todos tienen don de sanidades, no todos hablan en lenguas, y

---

[45] *Ibid*, p.466.
[46] *Ibid*, p.71.

tampoco todos las interpretan. Todas estas cosas vienen por designación divina».[47] Los dones son la expresión de la gracia de Dios a una iglesia que necesita ser fortalecida, direccionada y sostenida hasta el día de la redención. Por ejemplo, Pablo se dirige a los gálatas para mostrales la importancia de la fe. «En Gál. 3:14–15, Pablo declaró que recibimos por la «fe la promesa del Espíritu». El pacto que esta fe inició es completo en todo sentido, tanto que nadie lo invalida, ni le añade. El pacto incluye al Espíritu Santo y no se puede mejorar, añadir, ni invalidar esta relación».[48] El Espíritu es la fuente de los dones que edificaran a la iglesia, la harán fuerte y atractiva para que el evangelio sea escuchado como el mensaje de Dios para un mundo en tinieblas.

La iglesia hace todo para la gloria de Dios. Doxa, *gloria* (de dokeo, *parecer*). Significa primariamente *opinión, estimación*; y de ahí el honor resultante de una buena opinión. De la naturaleza y actos de Dios en manifestación de Sí mismo; esto es, lo que Él esencialmente es y hace, tal y como queda exhibido en cualquier forma en que se revele a sí mismo en estos respectos. Todo aquel cristiano que quiere rendir gloria a Dios siempre buscará dar lo mejor de sí. «Desear los «mejores» dones es simplemente una forma diferente de afirmar lo que el argumento general deja en claro, en concreto, que todas las cosas deben hacerse para la edificación del conjunto. En todos los sentidos, los miembros individuales del cuerpo deben buscar el bienestar de los demás».[49] En

---

[47] Taylor, Mark., "*1 Corintios, ed. E. Ray Clendenen, vol. 7, Nuevo Comentario Americano del Nuevo Testamento*", 1 Co. 12:28-31.
[48] Fanning, Don., "*Dones Vigentes, First Edition*", p.88.
[49] Ibid. 1 Co. 12:28-31.

Cristo no solo se manifestaba la plenitud del Espíritu, sino que en Él la gloria del Padre resplandecía a plenitud. El término antes usado particularmente se utiliza en la persona de Cristo, en quien esencialmente su gloria siempre ha resplandecido y siempre resplandecerá Jn. 17.5,24; Heb. 1.3. «Por estar –en Cristo–, uno tiene «toda bendición espiritual». No existe más. Es nuestra responsabilidad descubrir cuáles son estas bendiciones, pero no podemos añadir más a ellas. No hay más bendición espiritual de las que se encuentran en Cristo. No hay otra relación más profunda, que tener a Cristo morando en la vida por fe».[50] El término –doxa–se puede utilizar también en la iglesia como cuerpo de Cristo que manifiesta la obra santificadora de su sacrificio.

Como respuesta a la obra de la cruz, damos gloria a Dios al llevar su conocimiento a los pueblos no alcanzados. Por consiguiente, damos gloria a Dios por su salvación aplicada a sus santos y la condenación aplicada a los que se pierden. La gloria le fue otorgada a la iglesia como resultado de la obra de Cristo, de otra manera los miembros que componen la iglesia de Cristo, sin Cristo, estarían muerto y encadenación eterna. Así que, la gloria de Dios se ve manifiesta al llevar la palabra de la reconciliación en Cristo 2ª Cor. 5:18,19. «Resulta interesante observar que en las cuatro ocasiones en que la Biblia trata de los dones del Espíritu Ro. 12:6–8; 1ª Cor. 12:8-10; Ef. 4:11 y 1ª Pe. 4:10, 11, estos dones singulares figuran juntos solamente en la primera carta a los corintios, iglesia que abusaba, a la sazón, al menos de uno de

---

[50] Ibid. p. 89.

esos dones».[51] Todos aquellos "cristianos" que abusan de los dones deberían preocuparse, porque el Espíritu jamás estaría de acuerdo con la destrucción de la comunión del cuerpo de Cristo. No hay mayor gratitud que esta, poner los dones con los que Dios nos ha dotado al servicio de la iglesia. Ni más ni menos, Dios nos los dió para el servicio.

Conclusión

La iglesia es un solo cuerpo, pero compuesta por muchos miembros. Los miembros de la iglesia son activos, porque pertenecen a un Dios que jamás descansa y que ha llamado a su pueblo para que por medio del evangelio siga llamando a los elegidos a su reino. Así que, «Cristo permite que toda la iglesia participe de sus sufrimientos y llama a cada creyente y miembro de su cuerpo a consagrarse en su ministerio en amor y obediencia a Dios, y en amor y servicio a los seres humanos, utilizando todos los dones que haya recibido por el Espíritu Santo».[52] El llamado principal de la iglesia es al sufrimiento y devoción por Jesucristo. En este sentido, la iglesia es columna y baluarte de la verdad. ¡Cuan seguro está el cristiano en Cristo! Jesucristo es su escondedero, su refugio en el día malo, porque Él es la roca de justicia. Así que todo aquel que tiene el evangelio como la única verdad con poder eterno, no puede quedarse cayado.

El deber que tengo con Cristo y con su iglesia es de poner mis dones al servicio del reino y en apoyo

[51] Graham, Billy., "*El Espíritu Santo*", p. 175.
[52] Ibid. p. 33.

y completo de mis hermanos en la fe. El apóstol Pablo dice que no debemos conformarnos a este siglo, sino que debemos transformarnos y volvernos a la medida de Cristo. Este es un desafío grande, porque nosotros nos encanta este mundo y volvernos a la medida de Cristo implica dejar el mundo. en esta renovación, debemos reenfocar nuestra vida y ponerla al servicio de la iglesia. así como renovar significa resucitar, también significa cambiar de dirección. Es nuestra responsabilidad guardar la unidad con mansedumbre y humildad mientras somos usados por Dios, de otra manera, los dones que recibimos de Dios serán un estorbo para la obra de Dios en vez de ser una bendición. Así también, es importante entender que todo aquel que es nacido de Dios su modelo de servicio, sacrificio, bondad y sujeción es Jesús.

Cada creyente tiene un lugar en el cuerpo de Cristo. Es responsabilidad de cada uno buscar en donde encajan mejor sus dones. Como iglesia, fuimos escogidos por Dios desde la eternidad y para la eternidad y mando a su Hijo para hacer efectiva esta gracia que nos fue dada. Hasta la misma maldad con la que Judas obró demuestra que Dios tiene un Plan y que este se va desarrollando según el puro propósito de su voluntad soberana. En el Plan de Redención, ninguno quedará sin recibir el salario de sus obras. Así que, es importante que el cristiano no esconda el don que Dios ha puesto en sus manos, porque Dios no tendrá por inocente a todo aquel cristiano que no haga buen uso de los talentos con los que fue dotado. Dios le ha dado a la iglesia su Espíritu para que le cuide, ayude y le provee de aquellos dones que le unen al cuerpo de Cristo, la iglesia.

Preguntas de Estudio

1.   ¿Qué es lo que los miembros de la iglesia deben anhelar?

2.   ¿Cómo se describe el trabajo misionero del apóstol Pablo?

3.   ¿Qué significa para la iglesia de que esta protegida por Dios?

4.   ¿Qué debe ser lo más importante para un creyente?

5.   ¿Cuál es la enseñanza que nos da el profeta Isaías en el capítulo 40?

6.   ¿Qué otra cosa significa "renovar"?

7.   ¿Qué fue lo que demostraron los cristianos de la iglesia primitiva?

8.   La Escritura se cumple tanto en los elegidos como en los réprobos. Explique, ¿Cómo? y ¿Por qué sucede esto? Explicación propia.

9.   ¿Qué pasa cuando una iglesia desarrolla los dones y el ministerio alrededor de una persona o grupo de personas?

10.   Según el autor, ¿Cómo se puede explicar la frase "Don de Cristo"?

11.   ¿Qué significan los términos Doxa y Dokeo?

6

Virtudes del Pueblo Cristiano

Introducción

El libro de proverbios está lleno de principios y valores que deben regir al pueblo cristiano. El capítulo 31 de este bello libro describe magistralmente estas virtudes que tienen una aplicación universal para el pueblo de Dios. Las virtudes y los valores van íntimamente relacionadas las unas con las otras. Pero hay una pequeña diferencia entre ambas. Las virtudes son la praxis de los valores; es decir, una persona no puede practicar los principios humanos, bíblicos y personales sin estar definidos sus valores. Sin embargo, estas virtudes están definidas en la Biblia de una manera concreta. En Éxodo 20:1-17; Dios establece los valores que debemos seguir para ser el pueblo de Dios, el que falle en cumplir los valores del reino de Dios, falla en obedecer a Dios y sus preceptos para su pueblo y Jesús hace hincapié en estos valores los cuales reduce al Gran Mandamiento: «amar a Dios con todo lo que somos y amar al prójimo incondicionalmente», Mt. 22:36-40.

Ahora que, el apóstol Pablo nos lleva a reconocer

las virtudes que radican en el centro de nuestra vida cristiana, el fruto de estos valores y que nos forman como personas pensantes, emocionales, espirituales y con voluntad propia. Gál. 5:22,23. Esto es, el fruto del Espíritu, que nos dice quiénes somos, además estas virtudes nos asemejan cada día más a Cristo el único que guardó los mandamientos de Dios a perfección y vivió una vida de acuerdo a las normas divinas. Las virtudes del Reino de Dios hablan por nosotros y dicen quiénes somos delante de Dios y del mundo en cada momento de mi vida. Un pueblo virtuoso siempre hará aquellas cosas que agradan a Dios y se deleitara en guardar los mandamientos de este Dios, porque para el pueblo de Dios el evangelio es su gozo y su fortaleza en momentos de angustia; es algo así como una piedra de gran precio.

La virtud se puede considerar o categorizar en tres grupos, a decir: Virtudes interpersonales, virtudes persónales y virtudes bíblicas. Los dos primeros grupos de estas virtudes nos permite vivir en armonía con las personas que nos rodean; mientras el tercer grupo de virtudes nos permite mantener, fortalecer y adorar a Dios de acuerdo a sus estándares y principios.

Definición de Virtud: Gregorio de Nisa define la virtud como: «La virtud es una disposición habitual y firme para hacer el bien: «El fin de una vida virtuosa consiste en llegar a ser semejante a Dios».[1]

El diccionario de la real academia define virtud como: 1) Cualidad personal que se considera buena y correcta. 2) Buena conducta, comportamiento que

---

[1] https://www.vatican.va/archive/catechism_sp/p3s1c1a7_sp.html#:~:text=Con%20todas%20sus%20fuerzas%20sensibles,De%20beatitudinibus%2C%20ora tio%201).

se ajusta a las normas o leyes morales…. Además, este mismo diccionario sigue diciendo: «trae como primera acepción de la palabra virtud: actividad o fuerza de las cosas para producir o causar sus efectos».[2]

Y este es el significado corriente que se le da a la palabra virtud. Cuando hablamos de un hombre o una mujer virtuosa, estamos expresando que realiza acciones o tiene comportamientos que se consideran buenos, y estas acciones o comportamientos tienen un carácter vigoroso, sólido, seguro, no ha sido la casualidad lo que le ha llevado a ese comportamiento, sino algo previsible, cimentado en comportamientos anteriores.

Las Virtudes Cristianas

La primera idea de virtud cristiana descansa en la regla de oro que está dividida en tres secciones:

1) *«Lo que quieras que los hombres te hagan a ti, házselo a ellos»*, Mt. 7:12. Hoy vivimos en un mundo donde creemos que merecemos todo lo bueno que la vida pueda darnos porque somos seres especiales. Este es el gran engaño de esta era. Sin embargo, nos perdemos en el laberinto del egoísmo, la envidia, la hipocresía y la mala voluntad. ¡Qué razón tenía Jesús cundo dijo que no hiciéramos a los demás lo que no queríamos que nos hicieran a nosotros! «Para que el creyente pueda estar preparado para toda emergencia, esto es, con el fin de que pueda saber en un momento específico cómo conducirse con su prójimo, aquí en el v. 12 el Señor enuncia una regla que ya

---

[2] https://www.rae.es/drae2001/virtud

que, consiste en medir el deber de uno por el amor a sí mismo, es como un cortaplumas o como una regla de carpintero, siempre lista para ser usada, aun en una repentina emergencia cuando no hay tiempo para pedir consejo a un amigo».[3] ¿Cómo podrá un amigo pedir ayuda a otro amigo si no tiene la confianza para hacerlo? O si en algún momento le ha fallado le volvió la espalda en una situación de emergencia. El proverbista dice: "el amigo a de mostrase amigo" Prov. 18:24. Las personas no deben de ir por la vida esparciendo odio, embustes y maldad y esperar amor de los demás. La amistad es una virtud que se siembra y se riega todos los días para que se mantenga viva, de otra manera muere.

2) Jesús manda a *amar al prójimo como a nosotros mismos*. La ley exigía amar al prójimo como a nosotros mismos Lev. 19:17,18; Jesús resumió el Decálogo a dos grandes mandamientos: «amar a Dios con todo el ser y al prójimo como a nosotros mismo, esto cumple la ley y los profetas», Mt. 22:37-39. Todo aquel que ama a Dios sobre todas las cosas, amara a sus semejantes con un amor puro y desinteresado. Mientras el amor de Dios no llene el corazón de la persona, este está incapacitado para amar, porque solo los que son de Dios pueden amar.

3) *«Amar a nuestros enemigos», Mt. 5,44.* Es fácil amar a los que nos aman, pero amar a aquellos que nos aborrecen es guardar la justicia de Dios, Él nos amó aun cuando nosotros éramos sus enemigos; además

---

[3] Hendriksen, William., *"Comentario al Nuevo Testamento: El Evangelio Según San Mateo"*, p. 380.

el Señor no nos manda a ser cómplices de los malvados, sino a poner por delante la justicia de Dios antes que la nuestra. «Jesús ordena un espíritu de benevolencia consecuente con el cambio espiritual experimentado al hacerse partícipe de las bienaventuranzas antes expuestas; es una actitud interior que surge de manera natural, como fruto de la nueva naturaleza espiritual del bienaventurado. Además, es evidente que, aun actuando en base a esa renovación moral, la actitud hacia el enemigo debe tener limitaciones, muchas de ellas sujetas a la sana razón».[4] Jesús no está enfatizando que demos convertirnos en tontos de los demás, sino que debemos saber apoyar al necesitado sin buscar nuestro propio bien, sino el de amar la verdad, la equidad y el buen juicio. Este hecho demuestra nuestra fe en Jesús y el nuevo nacimiento que el Espíritu ha obrado en nuestros corazones. «Bien se ha dicho que el amor completo o perfecto es el que también ama al enemigo. Es un proceder difícil, pero no imposible para quien en verdad tiene a Cristo en su corazón. El amor al enemigo no es la respuesta natural del hombre sino la extensión del amor de Cristo en nosotros».[5] Aquella persona que tiene a Cristo en su corazón vive para agradarle a Él. David en varias ocasiones tuvo la oportunidad de matar a David y así vengar todo el daño que le estaba haciendo, pero no lo hizo, aunque Saúl se había declarado enemigo de David; pero David temía a Dios y sabía que Dios le guardaba de Saúl y que en su momento Él levantaría su cabeza delante de sus enemigos.

---

[4] Ríos, Asdrúbal., "*Comentario Bíblico del Continente nuevo: Mateo*", p.81.
[5] *Ibid*, p.81.

Así que, el cristiano está llamado a mostrar una conducta que verdaderamente demuestre que Jesús es su Señor. Hasta aplicar la disciplina tiene que ser en base al amor de Dios. Por eso amar a nuestros enemigos sigue siendo una conducta que nos lleva al amor de Dios. Si mi enemigo busca mi mal, debo amarle, y si voy a actuar contra él, debo hacerlo para edificarlo, «todo castigo cristiano debe proponerse, no la venganza, sino la cura. El castigo no debe ser nunca meramente retributivo; tiene que ser curativo. Hay que notar que Jesús estableció este amor como la base para *las relaciones personales.* La gente usa este pasaje como una base para el pacifismo y como un texto en relación con las relaciones internacionales».[6] El principal efecto del nuevo nacimiento es el perdón y el amor. «Los cristianos deben amar a sus enemigos (v. 44). De lo contrario, no se diferencian de los recaudadores de impuestos y los paganos, dos grupos despreciados por los judíos ortodoxos: los primeros por trabajar para Roma en la recaudación de tributos de Israel y los segundos por su falsa religión (v. 46). Casi todos los pueblos cuidan de los suyos».[7] Es un deber humano y cristiano cuidar por el bienestar de las personas. «Pero dicha piedad no puede formularse de forma exhaustiva en un conjunto de reglas; la ética del sermón es sugerente, no exhaustiva. El pasaje paralelo de Lucas (6:36) utiliza la sinécdoque (el uso de una parte por el todo) para captar la esencia de la imagen de Dios en la que estamos siendo renovados, es decir, la misericordia (cf.

---

[6] Barclay, William., "*Comentario Al Nuevo Testamento*", p.54.
[7] Blomberg, Craig L., "*Mateo ed. David S. Dockery, vol. 1, Nuevo Comentario Americano del Nuevo Testamento*", Mt. 5:43-47.

Éx 34:6-7a)».[8] El primer furto del cristiano es el perdón y el apoyo a los demás.

Virtudes Interpersonales

Las virtudes interpersonales nos encierran en la línea que debemos vivir con aquellas personas con las que compartimos en este mundo. Cada persona es responsable por vivir de acuerdo con lo establecido por Dios, esto quiere decir, de acuerdo a las reglas de reino. Dios pide de nosotros todo, esto incluye amarlo a Él aun sobre nuestro amor personal y amar a los demás con el amor que nosotros nos amamos. Si amamos así, no procuraremos el mal para los demás, sino solamente el bien ya que nadie se aborrece a tal grado que busca su propia destrucción. Además, nos ayuda para perdonar a los que buscan el mal para nuestras vidas. «Las acciones correctas con motivos incorrectos siguen sin agradar a Dios. El tema de interiorizar las normas de Dios continúa, ya que Jesús subraya la importancia del comportamiento íntegro cuando nadie más que Dios está mirando, frente a la piedad pública diseñada para obtener la alabanza humana en lugar de glorificar a Dios».[9] Así que el amor mostrado al prójimo debe ser sin fingimiento y por una sola razón, la gloria de Dios. Cristo nos dió ejemplo, todo lo que hizo fue en pro de su prójimo y para agradar a su Padre.

En esta primera sección, usaremos el acróstico amor para definir las virtudes interpersonales. Son solo cuatro letras las que componen esta palabra,

---

[8] *Ibid*, Mt 5:48.
[9] *Ibid*, Mt 6:1–18.

pero tienen un poder transformador, salvador y li-
berador cuando lo llevamos a la práctica en las relaciones interpersonales de nuestras vidas. Los griegos hablaban del amor en tres etapas, (1) Amor *fi-
leho*: lo explicaban como el amor que un padre tiene
por su hijo, el amor entre familiares, especialmente
hermanos biológicos. (2) Amor *eros*, o erótico, es el
amor que se muestra entre parejas heterosexuales y
por último (3) Amor agápē, es el amor incondicional.
Es el único amor que puede definirse como entrega
total. «Está *agapê*, con el verbo correspondiente *aga-
pan. Estas palabras indican una benevolencia inconquis-
table, una buena voluntad invencible. (Agapê* es la palabra que se usa aquí). Si miramos a una persona con
agapê, esto quiere decir que no importa lo que esa
persona nos haga, o cómo nos trate; no importa que
nos insulte o injurie u ofenda».[10] Esta clase de amor
no permite que ningún sentimiento de amargura, o
mala intención llene nuestro corazón, porque este
está lleno de benevolencia y comprensión. El amigo
que ama, lo hace en todo tiempo. La Biblia nos habla
de un solo amor, el amor agápē, el amor absoluto,
ilimitado, ya que este es: sacrificial, todo lo perdona,
no busca lo suyo, es fiel, etc. 1ª Cor. 13:4-13; es el
amor con el que Jesús nos amó.

A = Amistad

La Amistad viene de ser amigo con alguien. Con un
amigo se puede pensar en voz alta. Es decir, cuando
una persona es amigo de otra, esta está comprometida con el valor de confidencialidad. Si yo divulgo
lo que mi amigo me ha confiado estoy siendo desleal

---

[10] *Ibid,* p.53.

a este principio y la discreción debe ser uno de los valores que más deben ser reflejados por un hijo de Dios.

Otro gran principio que describe a un verdadero amigo es el perdón. Pueda que en un momento de mi vida yo cometa un error o pecado contra mi amigo, o mi amigo contra mí, pero mi deber es perdonar los agravios e imperfecciones que los demás reflejan. Claro que esto no es de mí mismo, sino la obra del Espíritu Santo en mí. Cuando nuestra ética cristiana está basada en el perdón, la gracia de Dios inunda el alma y siempre se perdona el pecado u ofensa por grande que sea, pero es solo a través de la gracia de Dios, el hombre por sí mismo no puede hacer nada digno para merecer el perdón ni tampoco para proceder en perdón. Su corazón esta entenebrecido por el pecado y no puede poner en práctica esta gran virtud amenos de que el Espíritu Santo le llame a la vida, si esta obra se hace, el cristiano puede perdonar.

¿Pero cómo demos describir el amor sin caer en un concepto de siempre religión como los fariseos y saduceos del tiempo de Jesús? Debemos ser primeramente honestos con nosotros mismo y con los demás, amar a veces significa ser ásperos y radicales con los que ofenden a Dios y sus mandamientos. «La verdad es que los malos deben ser el objeto simultáneo de nuestro amor y de nuestro aborrecimiento, del mismo modo que son, simultáneamente, objeto de amor y aborrecimiento de Dios (aunque su aborrecimiento se expresa como su ira). Amarlos es desear ardientemente que se arrepientan y crean, y de ese modo se salven. Aborrecerlos es desear con igual ardor que, si obstinadamente rehúsan arrepentirse y creer, caigan bajo el juicio de Dios».[11] Aquella persona que ama busca el bien del prójimo, incluidos sus enemigos, pero también condena el pecado y aborrece juntarse con el impío y el que hace maldad. «¿Nunca has orado por la salvación de los impíos (por ejemplo, los que blasfeman contra Dios o explotan a sus congéneres sacándoles provecho como si fueran animales), y a continuación orás que, si rechazan la salvación de Dios, el juicio de Dios caiga sobre ellos? Es una expresión natural de nuestra fe en Dios, de que él es Dios tanto de la salvación como del juicio».[12] El deseo del corazón del creyente es que la voluntad perfecta de Dios se haga en el cielo como en la tierra Mt. 6:10. Todo aquel que hace maldad, esclavo es del pecado y el amor de Dios no está en él; le amamos al orar por su conversión, pero le aborrecemos al no participar de su pecado.

Hay otro principio que merece atención: cuando un amigo jamás permite que su mente haga a un lado la memoria de su amigo. Un amigo jamás se debe olvidar. Tal vez alguien dice: ¿Existirá esta clase de amistad todavía? ¿Cómo puedo saber si amo de tal manera que si mi amigo se va lejos yo sigo guardando su recuerdo conmigo? Para contestar la primera pregunta quiero que pensemos; hasta donde he amado a esa persona. Hay amigos por conveniencia, hay amigos por afinidad, pero solo hay una clase de amistad que trasciende lo inimaginable, la amistad que Cristo mostró al entregarse por nosotros, Él dijo: «*Vosotros sois mis amigos si hacéis lo que*

---

[11] Stott, John., "*El Sermón del Monte*", p.121.
[12] *Ibid*, p.121.

yo os mando», Jn. 15:14. Jesús es un amigo fiel que no nos abandona ni en las buenas ni en las malas, mucho menos en la peores; Él es nuestro amigo fiel. En la Biblia encontramos una historia que narra y define bien la amistad sincera y que va más allá de intereses personales, esta es la historia de David y Jonatán, 1º Sam. 18:1,3; 20:17-42; 2º Sam.9:1. Jonatán ama tanto a David que cuando supo que Dios le había escogido como el sucesor de su padre Saúl, no entró en celos, sino que se pusó a sus órdenes, porque sabía que su amistad era más poderosa que el reino de Israel. Un buen amigo, siempre seguirá la voluntad de Dios.

La historia comienza narrando como llega David al palacio para servir al rey Saúl con su música y luego como es enviado por su padre para dejar provisiones en el campo de batalla donde sus hijos y hermanos de David, estaban peleando. David ve como un gigante está insultando a Dios y es movido por el Espíritu a derrotar a aquel hombre. Sin embargo, este hecho le hizo ganar la antipatía del rey Saúl y comienza su calvario. En esta historia de desgracia para el joven David, nace un amor que marcaría la diferencia entre el amor por conveniencia y el amor desinteresado. Hay un pacto entre el príncipe Jonatán y el músico David y este es irrompible. Jonatán lo demuestra cuando descubre que su padre está determinado a matar al joven David 1º Sam. 20:28-42; pero David demuestra que su cariño por Jonatán era sincero. David después de unos años de ser rey de Judá investiga si hay algún familiar de la casa de Saúl a quien él pueda hacer misericordia y deja claro que es por amor a Jonatán que hace esto 2º

Sam. 9:1. Es así como el hijo lisiado de Jonatán se incorpora al palacio y a la mesa del rey como uno de los suyos. David a entendido que en el cristiano solo «existe un aborrecimiento perfecto, del mismo modo que existe el enojo justo. Pero es un aborrecimiento para con los enemigos de Dios, no para con nuestros enemigos. Está completamente libre de todo despecho, rencor y venganza, y se enciende solo por amor al honor y gloria de Dios».[13] El cristiano no odia por odiar, pero si ama porque Dios es amor.

Cualquiera que ame con esta clase de amor, jamás olvidará a un amigo, aunque este se valla miles de kilometro y tarde décadas en regresar a su tierra. Siempre permanecerá ese afecto que un día los unió. El mayor ejemplo de amistad incondicional nos la mostró Jesús, Él vino a poner su vida por sus amigos Jn. 15:13-15 y así nos hizo hijos de Dios. ¿De qué se compone una amistad sincera? En primer lugar, se compone de confianza. Una persona que sinceramente hace amigos confía en ellos y jamás hará nada que dañe esa amistad, al menos no conscientemente. La confianza es una de las virtudes que envuelve las buenas relaciones, si una persona siente que el otro desconfía de él, inmediatamente se retraerá y su amistad con la otra persona se verá en graves problemas.

Otra característica de la amistad es el ánimo. Cada uno de los seres humanos pasa por momentos de crisis anímica y es ahí donde más se necesita la comprensión, palabras de consuelo, a veces solo compañía, etc. Una persona, no necesita decir nada para hablar mucho. Hay momentos en los que solo

---

[13] *Ibid*, p.121.

se necesita que la persona este ahí cuando uno lo requiera, aunque no diga nada. María de Betania hizo exactamente esto, sin pronunciar palabras demostró el aprecio, respeto y adoración que sentía por el Señor. Lo que esta mujer hizo ha sido narrado por tres evangelistas. «María rindió su ser y su corazón a Jesús sin importarle los comentarios de la gente…. En este acto de rendición de su vida, María no solamente derramó un perfume de nardo de gran precio, sino el perfume de su consagración y su obediencia».[14] Cada vez que derramamos nuestra alma delante del trono de Dios, estamos derramando un perfume de gran precio, porque Cristo nos compró con su sangre y en gratitud vamos a dios en adoración. «Jesús no rechaza ni lo que somos ni lo que tenemos para ofrecerle. Él sabe que cada una de nosotras tiene una forma particular de adorarle. Él se goza y se deleita en nuestra adoración. Aunque los demás la criticaron, Jesús, el amigo fiel rescata y valora la acción de esta mujer y la honra. Las palabras que pronuncia en su defensa constituyen el legado de un amigo Mt. 26:13».[15] Todavía en pleno siglo XXI se predica de esta gran hazaña hecha por esta mujer de Dios.

Sin temor a equivocaciones, decimos que la amistad se pude establecer en estos tres paralelos. Primer, el centro de una buena amistad es el amor. El amor todo lo soporta, lo perdona. Donde hay amor hay vida y es la fuerza mayor que mueve el motor de las buenas relaciones. Segundo, la amistad tiene un fundamento y es la sinceridad. Ninguna persona

---

[14] Adrianzén de Vergara, Patricia., "*Amigas: Disfrutando las bendiciones de la amistad, ed. Patricia Adrianzén de Vergara, Primera Edición*", p.37.
[15] *Ibid*, p.38.

puede levantar un edificio sin antes establecer bien
su fundamento. Cada edificio merece que se esta-
blezca un principio de construcción, la fundación,
para que este edificio soporte cualquier inclemencia
del tiempo, o movimiento telúrico y porque no decirlo, soporte para una cierta cantidad de personas.
Eso es la sinceridad. La sinceridad, soporta embates
de la vida, pero también crea oportunidades para
que muchas personas tengan un lugar en el corazón
de la persona. Tercero, la compresión. Creo que este
es el que más nos cuesta mantener en armonía con
la palabra de Dios. Por causa del pecado el hombre
quedo limitado al egoísmo y lo que nos aleja de la
compresión en si es el egoísmo. Una de las grandes
mentiras es creer que solo nosotros sufrimos en una
situación difícil; más hay que entender que cuando
hay una ruptura entre dos amigos los dos sufrirán
emocional, espiritual y anímicamente. Así que las
dos partes salen perjudicadas y perdiendo. La comprensión no ve culpable, sino personas caídas y su-
friendo que necesitan ser restauradas.

La amistad mejor se define con las siguientes palabras: amor, comprensión, aceptación perdón   y
respeto. *Alguien dijo por ahí: «tienes un amigo, no estás
solo; tienen dos amigos no te falta nada; tienes diez amigos, eres rico».* Cuando vemos a la amistad como un
componente de la gracia de Dios; podemos ver a las
demás personas como semejantes a nosotros y no
como meros objetos que podemos utilizar y cuando
ya no nos interesa desechar como trapos sucios. «Los
lazos filiales son profundos pero muchas veces no

sabemos ni cultivarlos ni desarrollarlos».[16] ¡Qué importante es construir puentes de comunicación entre amigos! La amistad vale demasiado para que se rompa por malentendidos o por falta de comunicación.

M = Mansedumbre Gálatas 5:23
Ser manso es una decisión y una oportunidad de heredar el reino de los cielos. La mansedumbre es la octava característica del fruto del Espíritu. Cuando somos mansos podemos reflexionar antes de hablar y no hablar para que luego pasen días de reflexión en lo que dijimos, porque fue inoportuno o malicioso lo que dijimos. El sabio Aristóteles dijo en cierta ocasión: «El sabio piensa todo lo que dice; pero no dice todo lo que piensa».[17] ¡Que palabras más sabias! Cuantos cementerios estarían sin lápidas porque alguien primero pensó lo que había de decir y no se lamentó después de haber dicho lo que no debía, o cárceles sin presos por la misma causa. Nos hace sabio ser mansos y nos hace necios ser iracundos.

¿Quiénes son los mansos? Son los hombres y mujeres con un comportamiento humilde y gentil. Mt. 5:5. La promesa de Dios en el Antiguo Testamento era esta misma Sal. 37:11. «*Pero los mansos heredaran la tierra, y se recrearan con la abundancia de paz.*[18] El comentarista dice: «sólo que la palabra que nuestro evangelista traduce "los mansos", siguiendo la Ver-

[16] *Ibid*, p.40.
[17] http://www.fundacionuniversitas.org/el-sabio-no-dice-todo-lo-que-piensa-pero-siempre-piensa-todo-lo-que-dice-aristoteles/
[18]Sociedades Bíblicas Unidas, *Reina Valera, Revisión 1960*. p.449.

sión de los Setenta, es la misma que hemos encontrado tan a menudo traducida «los pobres», mostrando cuán íntimamente relacionados están estos dos aspectos del carácter».[19] Sin duda alguna que Jesús en el Sermón de la Montaña no ha perdido de vista a los que lloran y sufren por causa del evangelio; estos serán consolados, pero además, son tremendamente dichosos por sufrir por la causa de Cristo. Hay que ver que el verdadero adorno de un cristiano es el espíritu afable y apacible de un corazón manso lleno de la ternura que viene de Dios 1ª Ped. 3:4.

La mansedumbre también nos hace dóciles, pasivos a la hora de tratar un asunto. Esta virtud se ve reflejada en el carácter de una persona. Al hablar de docilidad, no estamos hablando de falta de carácter. Es decir, una persona que es movible por cualquier cosa, o persona. Una persona es dócil cuando trata respeto a los demás, no procura imponer su criterio, sino más bien lleva su punto al consenso y si su punto es desechado, no se molesta porque sabe que él no siempre tiene la razón y que es bueno que hayan otras personas con diferentes argumentos para tener opciones y ver en consenso la que mejor funciona para el grupo, organización, iglesia, familia o para su vida.

Jamás balbucea palabras que tarde o temprano le traerán serios problemas con los demás. Es serio en sus tratos y es duro cuando sabe que tiene que serlo. La docilidad y pasividad no se debe confundir con debilidad, al contario es una virtud que le da fortaleza para tomar decisiones acertadas, aunque esto

---

[19] www.esword.net *Comentario JFB.*

valla en contra de su propia estabilidad. Cuida su imagen, pero si sabe que está en lo correcto, no le importa tomar la decisión correcta, aunque esta le reste crédito a él ante los demás, él sabe que su decisión es por el bien de los que están bajo su mando y él siempre se pondrá en segundo o tercer lugar.

Otra característica de mansedumbre como virtud es la misericordia en el trato con los demás. Esto significa por lo menos dos cosas: Primero, la misericordia en una actitud del corazón. La persona que busca el beneficio para los demás antes que el propio; su corazón será una fuente de inspiración a la hora de emitir cualquier tipo de juicio. Jesús dijo que del corazón salen los homicidios, pero también dijo que del mismo corazón salen las cosas buenas que los hombres hacen Mt. 15:18,19.

La misericordia es tratar a los demás con dignidad, compasión y clemencia. En el reino de Dios, hemos sido llamados a compadecernos de los que sufren y tener clemencia de aquellos que son menos afortunados. Para decirlo de otra manera: En el juicio humano se aplica el castigo al que se encuentra culpable o merece ser castigado; en el juicio divino, se perdona toda culpa, cuando esta se confiesa.

O = Obediencia

El mandamiento de Dios a la primera pareja fue: Obedece mi mandamiento, ya que el día que comas del fruto del árbol de la ciencia del bien y del mal morirás Gen. 2:16,17. No hacer lo que Dios manda es desobediencia que conduce a la esclavitud. Todo cristiano debe tomar una decisión, dejo que Dios me dirija o me dirijo a mí mismo. ¿Qué sucede cuando dejamos de lado los estatutos de Dios y seguimos

nuestros propios patrones de conducta? Nuestra
vida ira decayendo hasta que nos veamos unidos en
la miseria espiritual, relacional y psicológica. La au-
tonomía solo traerá dolor a nuestra vida, ya que «*separados de Dios nada podemos hacer*», Jn. 15:5. Por esta
razón, todo cristiano es exhortado por la palabra a
filtrar toda clase de decisión que tenga que tomar
bajo la norma de la voluntad de Dios. «Es importante recordar que debemos tener la mente de
Cristo. Debemos pensar como él pensaba y actuar
como él actuaba. En cuanto a esto, tenemos que recordar que el Señor Jesús mismo aprendió la obediencia Hb. 5:8. Él no se quedó pasivo en el cielo,
sino vino al mundo y llegó a estar activamente invo-
lucrado en hacer la voluntad de Dios».[20] Jesús nos
dió ejemplo de obediencia y sometimiento al plan de
Dios. Si algo no está acorde con la Palabra revelada,
hay que desecharlo, porque Dios dice que la única
verdad con carácter eterno y absoluto es la Biblia.
Además, la obediencia es un asunto de vida, es como
yo vivo. ¿Soy obediente cuando puedo ser descubierto o mi obediencia va conmigo cuando estoy a
solas? Dios dice que Él está en todo lugar y que delante de Él todos los hombres están desnudos
Sal.139:7-12.

Sin embargo, la obediencia no es un asunto de nosotros mismos. Esta es la obra de santificación que
Dios va haciendo en nosotros todos los días hasta
que Él regrese o nosotros vallamos a su presencia.
«La idea de que la gente obediente es bendecida no
es nada nuevo, es un tema central de la Biblia. Adán

---

[20] Mouton, Boyce., "*Alimento espiritual—tres lecciones acerca del reino de Dios, trans. Bob Marsh*", p.46.

y Eva fueron bendecidos cuando obedecieron a Dios, y maldecidos cuando le desobedecieron. Moisés prometió bendiciones para los que obedecieron a Dios y maldiciones para los que le desobedecieron Deut. 28».[21] Para esto hay que comprender tres cosas fundamentales para ver nuestra victoria. (1) Dios nos proveyó un Sumo Sacerdote que es compasivo y misericordioso y que conoce todas nuestras debilidades. No es mi obediencia, es la obediencia de Cristo la que el Padre aplica a nuestras vidas Hb. 4:15. «Él dijo que no todo el que le llamara Señor, entraría en el reino de los cielos, sino el que *hiciera* la voluntad de su Padre que está en los cielos. Dijo que los que oyen sus palabras y luego las hacen, son como un hombre que edificó su casa sobre la roca, y los que oyen y no hacen sus palabras son como un hombre que edificó su casa sobre la arena Mt. 7:24–27.[22] (2) La muerte en la cruz para Jesús no fue un espectáculo de lo cual se sintiera orgulloso, era la única manera de rescate del pueblo de Dios. Así que Él fue obediente a tal grado que Él pudo exclamar en Getsemaní, el lugar donde comienza su tortura, «*Padre sí quieres pasa de mi esta copa, pero no se haga mi voluntad si no la tuya*», Mt. 26:39. «Aunque a veces el ojo humano no lo perciba, Dios tiene un plan maestro, el cual sigue vigente. Desde la eternidad y, por supuesto, durante todos los tiempos, él ha estado moviendo todo para realizar su plan de acuerdo con su horario».[23] (3) Jesús fue quien se clavó en la cruz. La muerte de Jesucristo no fue un acto temerario, era

---

[21] *Ibid*, p.46.
[22] *Ibid*, p.46.
[23] Platt, Alberto T., "*Estudios Bíblicos ELA: Respuesta de Dios a las crisis (Hageo y Malaquías)*", p.51.

el plan de Dios desde la eternidad donde el Hijo se ofreció para reconciliar al hombre con Dios Jn. 10:17,18. «Repetidas veces en los evangelios se encuentra al Señor Jesucristo, el verdadero Mesías de Israel, reiterando que no había llegado con un plan propio, sino para cumplir con el de su Padre. «No busco mi voluntad, sino la voluntad del que me envió, la del Padre» Jn. 5:30.[24] Obediencia, es, hacer lo que debemos porque Dios así lo demanda, aunque esto imple ir en contra de nuestra voluntad. Nuestro deber cristiano nos existe hacer la voluntad de Dios. Esto es lo que Jesús nos enseñó, el Padre nos pide que nos ajustemos a su plan de redención.

R = Responsabilidad
La responsabilidad es una virtud más personal que interpersonal. Sin embargo, hay que ver algo más, todos somos responsables en cuanto que tenemos de entregar cuentas a Cristo en el gran día del Señor, Rom. 14:10-12. En la segunda venida de Cristo, todos los hombres del mundo comparecerán ante el tribunal de Cristo y ahí se le dará a cada uno lo que merece, sea bueno o sea malo. Mal. 4:1. El día del Señor viene: «Primeramente, esta frase indica que el plan de Dios estaba todavía en pie, no se había adelantado ni atrasado, por las dudas y blasfemias de los desobedientes que vivían entre el remanente. Enseguida, el carácter de ese día se refleja en el término «ardiente»; es decir, será un día de juicio».[25] En este día que el profeta está profetizando, los malvados, soberbios, inicuos serán castigado, pero todo en su

---

[24] *Ibid,* p.56.
[25] *Ibid,* p.115.

debido tiempo y todo será según el plan de Dios. Nada puede ser adelantado u atrasado en este plan, porque todo obedece a la palabra de Dios. Esto quiere decir que todos tenemos que dar cuentas a Dios de lo que hacemos y lo que no hacemos. Es decir, si somos responsables con lo que Dios nos da recibiremos galardones y maravillas en el reino de Dios Mt. 25:14-30. Nuestra responsabilidad con Dios corresponde: Primero guardar sus mandamientos y estatutos. Segundo, hacer uso responsable de los dones que Dios nos ha dado. La palabra talento significa habilidades que Dios nos ha dado para hacer su obra con diligencia y excelencia.

Sin embargo, no podemos pasar de largo el hecho de que tenemos una responsabilidad con los demás. Especialmente con las personas que nos lideran. Tenemos la responsabilidad de hacer con amor lo que nuestros líderes nos pongan a hacer. No debemos caer en el error de pensar que es para quedar bien alguien, o para ganar crédito en lo que hacemos, sino que Dios ha puesto a los líderes sobre nosotros y nosotros somos responsables con Dios para obedecerles. Una persona con virtud de obediencia es confiable y siempre hará con agrado la tarea que se le pide que haga. Por otor lado, el líder confía en personas responsables y tiene la seguridad que dará lo mejor de sí en el trabajo encomendado. Debemos saber que cada cosa tiene un orden y la persona que tiene la virtud de responsabilidad, dará a sus líderes cuantas claras de lo que anda haciendo. Hay personas que creen que, si trabajan para Dios, no tiene porque notificar a su pastor, lo que hace en el ministerio; esto es erróneo, el miembro tiene una responsabilidad con el cuerpo de anciano y debe informar sus actividades ministeriales y el cuerpo de ancianos tiene la responsabilidad de orar por el miembro. Por último, una persona con un espíritu de responsabilidad cuando se equivoca no culpa a la circunstancia, las personas, sino que asume su responsabilidad y busca la salida más bíblica para solucionar el problema y si no se considera capaz de hacerlo por sí mismo, busca ayuda inmediatamente.

Virtudes Personales

Las virtudes personales son aquellas que los seres humanos tienen y las que les permiten vivir en armonía con ellos mismos, los seres de su misma especie y la creación. No pretendemos de ninguna manera creer que las virtudes que aquí vamos a analizar son todas las que existen; estas son solo, algunas de las muchas virtudes que una persona posee como ser inteligente.

Estas virtudes están descritas en forma de acróstico, en el orden que sigue: 1. Valentía, 2. Inteligencia, 3. Respeto, 4. Trabajo, 5. Unidad y 6. Diligencia. Son seis palabras que forman una, la palabra VIRTUD. En ellas se describen como primera virtud la capacidad de no desistir, aunque las amenazas de desanimo sean fuertes. La segunda es la inteligencia, todos los seres humanos somos inteligentes. La tercera, respeto, todos los seres humanos merecemos respeto y es nuestra responsabilidad respetar a las demás personas. La cuarta palabra que describe a una persona virtuosa es el trabajo. Cada persona es llamada a la laboriosidad, nadie debería pasar por alto que Dios ama a los que se esfuerzan por llega al límite de sus capacidades de producción. La quinta, palabra es, unidad, se dice que en la unidad esta la fuerza y creo que eso es verdad y por último diligencia. La persona que es capaz de mantenerse en un propósito verá su sueño hecho realidad.

V = Valentía

Ser un apersona de valor o ser valiente es mantenerse sin marcha atrás, aunque sea agotador, frustrante, duro e incomprensible. La valentía ayuda a un cristiano a no darse por vencido, aunque los ataques del enemigo nos desgasten física, mental y emocionalmente. La vida de un valiente jamás ha sido fácil, Jesús nos advirtió cuando dijo: «*El reino de los cielos es impetuoso y solo los valientes lo arrebatan*», Mt. 11:12. «Jesús señaló el gran significado del ministerio de Juan para el reino de Dios. Al empezar la poderosa predicación de Juan, el reino de Dios avanzaba incesantemente. Al escuchar el llamado de Juan y de Jesús al arrepentimiento, mucha gente común: publicanos, pecadores, prostitutas y otros se arrepintieron y entraron al reino».[26] Jesús comienza este capítulo hablando de Juan el Bautista, Él hace mención que el último de los profetas, según el orden del Antiguo Testamento, es el más grande de todos los profetas que le precedieron; sin embargo, el más pequeño de los siervos, según el orden de Jesús, es más grande que Juan el Bautista. «No es de extrañar que Jesús elogiara a Juan como el más grande de los profetas…. El Salvador a quien Juan señaló es el único Salvador que los pecadores jamás tendrán».[27] Jesús elogia a Juan porque este vino en el poder del

---

[26] Albrecht G. Jerome y Albrecht, Michael J., "*Mateo, ed. John A. Braun, Armin J. Panning, y Curtis A. Jahn, La Biblia Popular*", p.159.
[27] *Ibid,* p.160.

Espíritu a cumplir la misión que el Padre le entregó como el segundo Elías.

Hay que notar algo, Juan duda de si Jesús es el que decía que era, o había que esperar a otro. Hay que tener valor para reconocer semejante duda, pero más aún, enviar mensajeros para aclarar la duda. Juan era un hombre osado. ¿Acaso no era Juan el que se había sacudido en el vientre de su madre cuando la presencia de Dios llegó a aquella casa en la visita que María hiciera a Elizabeth? ¿Acaso, no vio Juan descender al Espíritu Santo en forma de paloma sobre Jesús cuando este salió del agua del bautizo? ¿Por qué dudar? Simple, Juan es un hombre común y corriente y como tal duda como todos los hombres, especialmente, cuando estamos en aprietos. Me gusta lo que dice William Hendriksen: «Juan tomó una decisión muy sabia cuando, en vez de guardarse la dificultad acerca de Cristo para sí, o de conversarla con otros, pero no con la persona indicada, llevó su dificultad a Cristo».[28] La Biblia tiene la clave. La duda no es pecado, es pecado cuando nos quedamos con ella en el corazón y no la reconocemos, ni la presentamos delante de Dios. Cuando dudamos hay que tener valor de reconocer nuestro desvío y buscar la respuesta en la persona correcta, ¿Quién mejor que nuestro sabio Dios? Nadie, el hombre solo dañará más las cosas, pero Dios soluciona las cosas.

Supe de un joven cristiano que fue amenazado a muerte por otro joven pandillero porque este había visto al joven delincuente cometer un robo. El muchacho dudo por un momento si decía lo que había

---

[28] *Ibid*, p.506.

visto o simplemente callaba para evitarse problemas. La verdad que, el cargo de conciencia era grande y se determinó que, si las autoridades competentes lo buscaban como testigo, entonces el diría la verdad, aunque esto significará su muerte. Sabemos que cuando un pandillero amenaza a una persona es seguro que cumple su promesa. ¿Por qué se arriesgó el joven? Creo que hay momentos en la vida dónde decir la verdad es más importante que nuestra propia vida. Tal vez el robo no era tan importante como para que el joven pusiera su vida en peligro al ir a denunciar el acto pecaminoso del pandillero. Pero ¿Qué hacer cuando las autoridades que investigan el caso lleguen a tocar nuestra puerta? No se debe encubrir el delito porque esto sería ser cómplice del malhechor. Hay momentos en la vida donde la verdad se tiene que decir, aunque decirla cueste nuestra seguridad. Simplemente es un asunto de ética cristiana. Además, Dios ama a los que no confían en su seguridad, sino en el –SHADDAI– Dios Todopoderoso que los protege y los defiende de todo mal y de toda dificultad.

Decir la verdad es un acto de valentía cuando nuestra seguridad está en peligro. Sin embargo, es nuestra responsabilidad siempre decir la verdad, aunque esta nos quite privilegios, seguridad, o estabilidad. Pero esto no quiere decir que se tiene que correr riesgos innecesarios solo para demostrar que somos valientes. Eso es temerario. No podemos probar a Dios. Dios nos protege del peligro, pero no está obligado a hacer nada a favor de nosotros; mucho menos cuando nosotros temerariamente buscamos comprometer la integridad de Dios.

Hay cosas como las siguientes que demuestran

nuestra valentía, por ejemplo: siempre es difícil comenzar un proyecto nuevo. Nosotros amamos la estabilidad. Lo que no se conoce siempre causa ansiedad. Hasta cierto punto es normal sentirse preocupado cuando uno va a iniciar un proyecto nuevo para la iglesia, o un proyecto personal. No es pecado sentir cierta inestabilidad en esta clase de situación, el problema es dejar que la ansiedad nos robe la paz, es entonces dónde perdemos de vista que Dios tiene el control y ponemos la confianza en nosotros mismos o en las circunstancias. Al hacer un estudio acerca de liderazgo, se puede ver que los líderes exitosos tienen un común denominador, no les tienen miedo a los retos y siempre están dispuestos a arriesgarse para alcanzar sus metas. Hay una diferencia marca entre aquellos que toman conciencia de sus retos y de los que apuestan que toda marchará bien; «la diferencia radica en la capacidad de distinguir entre un riesgo prudente y una apuesta irracional».[29] Los líderes deben tener la capacidad de arriesgarse con prudencia y a ejecutar el proyecto con determinación. «Arriesgarnos no constituye una opción cuando deseamos ser eficaces en el ministerio. Pero es vital que esos riesgos sean prudentes…. Hay diversas cosas que pueden hacer que nos sintamos descontentos en nuestro ministerio actual, pero por lo general, ninguna de ellas por sí misma constituye una razón suficiente para que abandonemos la iglesia».[30] Un cristiano valiente no abandona el proyecto por nada del mundo hasta que llegue a la conclusión

---

[29] Osborne, Larry., "«Ariesgarse», en *Hacia una definición del éxito: La necesidad de triunfar y el miedo al fracaso*, ed. Cristian Franco, trans. Reynaldo Gastón Medina, Presiones pastorales".
[30] Ibid. "«arriesgarse»"

de que no hay nada más que hacer o que haya sido desarrollado.

Otra causa que crea inestabilidad son los problemas, personales, ministeriales o médicos. Es normal sentirse ansioso en medio de la tormenta; sin embargo, Dios tiene el control. Leer la Biblia, nos ayuda a meditar en la gracia y poder de Dios. Los apóstoles tuvieron una experiencia en el mar de Galilea, pero eso les enseñó a depender más de Dios y al ver el gran milagro cayeron de rodias diciendo: «*Quien es este que aun el viento y el mar le obedece*». Hendriksen dice: «El Maestro ni siquiera les reprende con dureza por habérsele dirigido con aquella actitud de fuerte censura. Marcos relata el profundo efecto del milagro con las siguientes palabras, "El Maestro ni siquiera les reprende con dureza por habérsele dirigido con aquella actitud de fuerte censura. Marcos relata el profundo efecto del milagro con las siguientes palabras, "Ellos estaban espantados y se decían (o: comenzaban a decirse) el uno al otro, '¿Quién es éste entonces, que hasta el viento y el mar le obedecen?'».[31] Jesús no censura la incredulidad de sus discípulos, más bien, la entiende y los trata como dice el comentarista, con cariño. Cuando estés abatido Dios te entiende y te dará con la dificultad la salida 1ª Cor. 10:13. Además los salmos están cargados de la confianza en Dios porque Él tiene cuidado de todo lo que existe Sal. 89:9; 94:4. Estos salmos nos dicen que a la voz de Dios todo se calma y Marcos nos narra lo mismo, El comentarista de [JFB] de e-sword, dice: «¡Mas, he aquí, en este mismo barco está uno

---

[31] Hendriksen, William., "*Comentario al Nuevo Testamento: El Evangelio según San Marcos*", p.188.

de nuestra propia carne y sangre, quien con su palabra de mando ha hecho lo mismo! Rendido por las fatigas del día, hace un momento, estaba sumergido en profundo sueño, tranquilo en medio de la tempestad rugiente, y tuvimos que despertarlo con nuestro grito de terror; pero levantándose al oír que le llamábamos, su majestad fue sentida por los elementos rabiosos e instantáneamente se callaron: ¿Quién es éste?».[32] Cuando el temor angustie el alma, podemos confiar en el que estaba durmiendo mientras los discípulos estaban angustiados y Él en amorosa gracia dirá a la tempestad que azota la vida, calma, yo estoy en el control y se hará gran bonanza, puedes estar seguro de esto.

Hay que tener harta valentía para reponernos de un pecado, un error o un fracaso en un intento por hacer algo productivo y las cosas nos salieron mal. El pecado presente y futuro fue llevado por Cristo en la cruz y todo aquel que es llamado por Dios es perdonado por Jesús y santificado por el Espíritu Santo. Esto quiere decir, que ya no hay que andar cargando con el pecado que Jesús llevó en nuestro lugar. Sin embargo, si por alguna razón incurrimos en pecado después de ser justificados por Cristo Jn. 2:1 dice que «Abogado tenemos para con el Padre, Jesucristo» la palabra que Juan usa es la palabra PAKLETOS; Cristo es nuestro abogado, intercesor judicial ante el Padre. Cuando satanás se levanta para denunciar nuestro pecado, Jesús se levanta como nuestro abogado defensor y por su sacrificio nos saca en libertad de la acusación del enemigo.

---

[32] www.eswor.net *Comentario JFB.*

Empero, nos libera de la maldición del pecado también.

Un adagio popular dice: «Los errores son de humanos». Es una falta quedarse lamentando por el error que consciente o inconscientemente cometemos. Hay que ir a Dios y con seguridad encontraremos restauración y buen consejo en Dios para no caer en el mismo error nuevamente. ¿Cómo se sale del abismo de los errores? Se sale de los errores, confiando en Dios e intentándolo de nuevo. Debe de ir por lo que crees que es correcto ir. Nunca darte por vencido es parte de ser personas con un valor indiscutible. Si alguien se da por vencido a la primera, es posible que pierda grandes cosas o dejará la mayoría de las cosas que comience inconclusas.

Es de valiente huir de la tentación. El problema de la tentación no es ser tentado, sino ceder a la tentación. 1ª Cor. 10:13 dice: «*Que con la tentación viene la salida*». En la Biblia encontramos una historia que demuestra que huir de la tentación es mejor que quedar atrapado en ella. Sin embargo, esto se debe hacer sobre la base de que tememos ofender la santidad de Dios. José había estado siendo seducido por la mujer de Potifar por algún tiempo; sin embargo, José tenía en claro que si el cedía a las insinuaciones de aquella mujer se estaba metiendo en problemas con Dios. José huyó, aun sabiendo que podía ser procesado legalmente por las injurias de aquella malvada mujer Gén. 39:12. Huir de la tentación es de valientes. Nadie es tan espiritual como para decir, yo voy a luchar contra la tentación y salir en victoria, además cuando la tentación llega al grado de parir pecado, esta ofende a Dios principalmente y a la persona contra la cual se peca. José argumenta, «**¿cómo,**

pues, haría yo este grande mal, y pecaría contra Dios? —Esta reprensión, cuando todos los argumentos inferiores habían fallado, reunía en sí el verdadero principio de la pureza moral, un principio siempre suficiente, donde existe, y todo suficiente. —Chasqueada y afrentada, ella juró venganza, y acusó a José, primero ante los sirvientes de la casa, y luego ante el señor a su regreso ».[33] La verdadera pureza radica en principio en el temor reverente a Dios Prov. 1:7. El creyente que permite que la tentación se convierta en pecado es porque en su corazón el amor y temor a Dios no existe con la misma intensidad que cuándo vivía en armonía con la ley de Dios. José sabía que ceder a la tentación iba en contra de la ley moral de Dios, pero también el violaría la confianza de su amo, cosa que no estaba de acuerdo a hacer. Esta es una cuestión de integridad.

En esto radica la valentía. En saber que Dios está listo para ayudar en cualquier situación en la que hayas incurrido. El valor es saber reconocer que no eres autosuficiente, sino que necesitado de un Dios que nos ama y que quiere vernos realizados como personas y como sus hijos. El valiente sabe cuándo y de que tiene que huir, pero no huye de todo, ni vive huyendo, sino que tiene definido lo que estorba su vida relacional con Dios y los demás seres humanos. Pero el miedo nos lleva a hacer cosas que son poco racionales. «Debido a los temores, algunas personas han cambiado trabajo. Otros se han pasado a otro lugar del país. Otros se han encerrado en sus casas sin salir más, o han matado, o se han internado en asilos. Por

---

[33] Jamieson, Roberto. Fausset, A. R. y Brown, David., "*Comentario exegético y explicativo de la Biblia - Tomo 1: El Antiguo Testamento*", p.51.

miedo a los gatos, o a puentes, o a ascensores, u a otras personas algunos han desarrollado estilos de vida que son raros e infructuosos».[34] Así que Dios nos invita huir de todo aquellos que nos detiene y nos separa de Él, esto es: el pecado, la inmoralidad sexual, la mentira, la blasfemia, etc. Sin embargo, se debe enfrentar el fracaso, se mantiene la integridad aun cuando esto dañe su reputación por un momento, perdona y si ha cometido un error lo reconoce y no culpa a los demás, sino que toma toda la responsabilidad sobre sí. «Asumamos que no sólo has confiado en Jesucristo para la salvación, sino que también quieres hacer todo para agradarle a él. No estás buscando simplemente quitarte los miedos, sino que también estás realmente dispuesto a obedecer a Jesús. ¿Ahora que debes hacer? La respuesta es sencilla: *Debes practicar acciones de amor que Dios manda a pesar de tus temores*».[35] Si fracasa en su intento por salir adelante, no se queje, vea dónde se equivocó y procure con diligencia no cometer los mismos errores. Ve el fracaso como oportunidad para el crecimiento personal, relacional y espiritual.

I = Inteligencia

La virtud de la inteligencia es parte de la imagen de Dios en sus hijos. La evolución denigra las Sagradas Escrituras con su postulado evolucionista, cuando dicen que el hombre comenzó en un estado animal irracional a un estado intelectual por medio del proceso evolutivo. He aquí una parte de un artículo tomado de la «Fundación Atapuerca» que nos

---

[34] Adams, Jay., "*Como vencer el Miedo*", p.3.
[35] *Ibid*, p.9.

muestra como creen los científicos que el hombre llego a ser lo que hoy es: «La Evolución Humana se define como el proceso de transformación de la especie humana desde sus ancestros hasta el estado actual. Es decir, es un proceso de cambio que finalmente dió lugar al **Homo Sapiens**, nuestra especie, actualmente la única especie humana que existe en el planeta».[36] Lo que los evolucionistas están diciendo es que el «**Homo Sapiens —Hombre inteligente**» era bruto, pero que por medio del proceso de evolución alcanzo sus máximas capacidades, aún sigue diciendo: «Las antiguas especies de homínidos se fueron adaptando a nuevos entornos para sobrevivir a medida que sus genes iban mutando, modificando así su anatomía (estructura corporal), fisiología (procesos físicos y químicos tales como la digestión) y comportamiento. A lo largo de grandes periodos de tiempo esta evolución fue modificando profundamente al ser humano y a su forma de vida».[37] ¡Qué proceso más largo y tedioso el que paso el hombre, según los evolucionistas!

Sin embargo, siempre vamos a la Biblia para ver que nos dice. La Biblia nos enseña que la evolución es una mentira. En Génesis 1 y 2, donde se narra el comienzo de toda la creación, y se nos provee una respuesta a esta degeneración de la verdad acerca del ser humano. Gén. 1:27, dice que «Dios creo al hombre a su imagen y semejanza», esto nos muestra que el hombre es un ser pensante desde su inicio y no un irracional, a lo que lo reduce la evolución.

---

[36] Fundación Ata-puerca, http://www.atapuerca.org/temas.htm
[37] *Ibíd.* http://www.atapuerca.org/temas.htm

Además, hay por lo menos tres actividades que demuestran la inteligencia del hombre. Matthew Henry comenta: «El hombre fue hecho para ser una criatura diferente de todas las que habían sido hechas hasta entonces».[38] El hombre tiene en su ser espiritual un vacío que solo Dios puede llenar. Además, cuando el hombre pecó, la imagen de Dios quedo afectada en él, el estado original solo puede ser recuperado por la restauración de la imagen de Dios en él y esto es exclusividad de Dios, solo Dios puede restaurar al hombre. La evolución dice que el hombre nace siendo irracional, la Biblia lo coloca en un estado intelectual elevado, ya que Dios según los versos 19 y 20 trae a los animales a Adán para que les ponga nombre y por ultimo como dice el comentarista: «*Lo puso en el jardín de Edén, para que lo cultivase y lo guardase* (2:15)… Dios instituyó el trabajo con un doble propósito: 1. Para que el hombre sea colaborador con Dios en el cuidado de la creación y 2. Para que el hombre sea mayordomo de lo que

---

[38] Matthew Henry, *Comentario Matthew Henry de Génesis*. www.esword.net
El hombre fue hecho después de todas las criaturas: esto era tanto un honor como un favor para él. Sin embargo, el hombre fue hecho el mismo día que las bestias; su cuerpo fue hecho de la misma tierra que el de ellas; y mientras él está en el cuerpo, habita en la misma tierra con ellas. ¡No permita Dios que, dándole gusto al cuerpo y a sus deseos, nos hagamos como las bestias que perecen! En él tenían que unirse la carne y el espíritu, el cielo y la tierra. Dios dijo: "Hagamos al hombre". El hombre, cuando fue hecho, fue creado para glorificar al Padre, Hijo y Espíritu Santo. En ese gran nombre somos bautizados pues a ese gran nombre debemos nuestro ser. Es el alma del hombre la que lleva especialmente la imagen de Dios… El hombre fue hecho recto, Eclesiastés vii. 29. Su entendimiento veía clara y verdaderamente las cosas divinas; no había yerros ni equivocaciones en su conocimiento; su voluntad consentía de inmediato a la voluntad de Dios en todas las cosas. Sus afectos eran normales y no tenía malos deseos ni pasiones desordenadas. Sus pensamientos eran fácilmente llevados a temas sublimes y quedaban fijos en ellos. Así de santos, así de felices, eran nuestros primeros padres cuando tenían la imagen de Dios en ellos. ¡Pero cuán desfigurada está la imagen de Dios en el hombre! ¡Quiera el Señor renovarla en nuestra alma por su gracia!

Dios ha hecho».[39] En este sentido el hombre es un siervo de Dios. La palabra *habad* que se usa en este texto, es la palabra que describe el servicio. Al hombre Dios lo utiliza como servidor de sus propósitos para el mundo vegetal, el mundo animal y el mundo racional, el de los hombres funcione de acuerdo a su plan. Razón tuvo Pablo cuando dijo en 1ª Cor. 3:9, *«Porque nosotros somos colaboradores de Dios»*. El hombre es un colaborador de Dios en cuidar las cosas que están en el mundo físico.

Ahora, la pregunta es, si el hombre no es intelectual ¿Podría cuidar bien lo que Dios le ha encomendado? Por supuesto que no. La verdad que eso se puede ver en el próximo capítulo. Eva peca inducida por satanás y Adán peca inducido por la mujer Gén. 3; con este hecho se ve que el hombre pierde gran parte de sus facultades intelectuales, relacionales y emocionales; además de eso, la muerte se apodera de él. Dios tuvo que restaurar al hombre de su estado caído a un estado de gracia Gen. 3:15, lo que se conoce como el «protoevangelio o primer evangelio». Dios llama a Adán desde su lugar de santidad y este corre a esconderse. El hombre por primera vez no puede sostener una conversación con Dios. Algo estaba interrumpiendo su relación. Lo peor, aquel ser intelectual no pudo buscar nada mejor para cubrir su desnudez, sino hojas Gén. 3:7, ¿Cuánto tiempo podría durar unos delantales de este material? Sin duda que no mucho tiempo. Pero Dios viene al encuentro de Adán y lo llama al arrepentimiento y cubre su desnudez.

---

[39] Carro et al., Daniel., *"Comentario Bíblico Mundo Hispano: Génesis*, 1. ed.", p.54.

Cada ser humano tiene la capacidad para crear cosas asombrosas. Basta creer que Dios nos ha dotado de grandes habilidades e inteligencia para hacerlo. La inteligencia es una habilidad con la que los hombres nacen y buscan durante su vida. Dios ha dotado al hombre de habilidades: por ejemplo: (1) Habilidad por la música. Esta habilidad se puede aprender o se nace y con poco que se desarrolle se perfecciona. Según el Psicólogo Howard Gardner «También conocida como «buen oído», es el talento que tienen los grandes músicos, cantantes y bailarines. La fuerza de esta inteligencia radica desde el mismo nacimiento y varía de igual manera de una persona a otra. Un punto importante en este tipo de inteligencia es que por fuerte que sea, necesita ser estimulada para desarrollar todo su potencial, ya sea para tocar un instrumento o para escuchar una melodía con sensibilidad».[40] Somos seres inteligentes desde que nacemos y como dice Gardner unos con mayor capacidad y otros con menor, pero todos llevamos la imagen de Dios.

Es deber de todos los seres humanos alcanzar el máximo intelectual con el que Dios nos creó. En este sentido no hay lugar para la ociosidad y para la vagabundería. Hay personas que nunca hacen nada, no porque no sean inteligentes o capaces de hacer algo innovador, sino simple y sencillamente, por temor, por pereza, o por simple conformismo. Dios ha llamado a un pueblo a que sea innovador, Dios mismo dice: *«Que nuevas son cada mañana sus misericordias"* Dios mismo es innovador, Lam. 3:23; esto

---

[40] Gardner, Howard., *"La Teoría De Las Inteligencias Múltiples"*. http://transformandoelinfierno.com/2012/12/19/los-8-tipos-de-inteligencia-segun-howard-gardner-la-teoria-de-las-inteligencias-multiples/

quiere decir que Dios no se conforma con lo mismo y si yo soy un hijo de Dios debo vivir como tal, buscando la excelencia cada día a través de la voluntad innovadora de Dios para mi vida.

R = Respeto

Tal vez una de las virtudes humanas más importantes en una persona es el respeto. Jesús en la regla de oro, dijo: «*Nunca hagas a los hombres lo que no quieres que ellos te hagan a ti*», Mt. 7:2. Este versículo nos enseña que debemos tener especial cuidado a la hora de juzgar a los demás, ya que con esa medida seremos nosotros también medidos. El respeto de ese ser la medida con la que juzguemos. Sabemos que si respetamos a las personas por lo que son y no por lo que tienen, ellos mismos nos respetaran por lo que nosotros somos también. Hendriksen dice: «La norma de juicio que vosotros aplicáis a los demás será aplicada a vosotros. Si juzgáis sin misericordia, seréis juzgados sin misericordia. Igualmente, si juzgáis con compasión, seréis juzgados y tratados con compasión. «Entonces será derramada en vuestro regazo medida buena, apretada remecida y rebosando». Así seréis juzgados y recompensados por Dios, ciertamente 6:14, 15; Ro. 2:16; 3:6, pero no se excluyen los agentes humanos Lc. 6:34, 38».[41] Ser una persona respetuosa es importante y como se demuestra. En primer lugar, una persona respetuosa siempre ve a los demás como seres humanos, da honor a los que le sirven y a los que él sirve, siempre lo hace con amabilidad y sabiendo que cuando trata

---

[41] *Ibid*, p.74.

bien a sus jefes, es a Dios a quien sirve con esta actitud. Pablo en 2ª Tim. 2:24,25 nos instruye acerca del respeto. El creyente no debe «*ser litigioso* – no peleador: el siervo del Señor debe imitar a su Señor en no *luchar contenciosamente,* aunque debe inflexiblemente *contender eficazmente* por la fe Jud. 3; Mt. 12:19. «*Manso para con todos*» — paciente (*griego* paciente en soportar males) respecto de adversarios. Él ha de ser tan *manso* como para no ocasionar ningún mal; *paciente* como para soportar los males. «*Apto para enseñar*» — Dando a entender no sólo enseñanza sería y facilidad de enseñar, sino paciencia y asiduidad en ella».[42] El que respeta a las personas, aun cuando exhorta lo hace con gracia y edifica, ya que es integro delante de la otra persona; nunca busca la destrucción de nadie, sino que busca solo la restauración y edificación de la persona.

El cristiano debe respetar las decisiones que los demás toman, aunque estas vallan en contra de lo que yo creo, no significa estar de acuerdo, pero demos respetar a los demás. Es posible que yo no comparta la manera de pensar de una persona, pero solo eso no hace que esta persona esté equivocada, es posible que yo sea el equivocado. Un buen líder, al solucionar conflictos siempre busca la razón de problema y no quien tiene la razón. El problema a veces radica en que antes de llegar meollo del asunto, ya se emitió un juicio y en la mente ya se tiene al culpable, pero nadie es culpable sin antes demostrar que lo es. Culpar a alguien sin escucharle es un gravísimo error y falta de respeto, ya que hay que ver cuál

---

[42] Jamieson, Roberto. Fausset, A. R. y Brown, David., "*Comentario Exegético y Explicativo de la Biblia - Tomo 2: El Nuevo Testamento*", p.588.

es el inicio de todo el conflicto y en base a la investigación se corrige el problema, pero hasta la disciplina que se pone tiene que ser con el valiosísimo respeto.

Es un error tratar de agradar a todo el mundo. Hay gente que por no quedar mal con algunas personas se meten en serios problemas con otros. El Dr. Serafín Contreras dice: «Es imposible tratar de agradar a todo el mundo siempre. Cualquier persona que lleva una vida pública sabe que la gente es inconstante. Una persona puede ser sumamente popular un día y al día siguiente, pasar inadvertida».[43] Es una falta de respeto a la persona hacerles creer que están en lo correcto cuando no es así; es menospreciar su inteligencia, es hipocresía. La honestidad en las relaciones nos llevar a ser mejores educadores, padres de familia, amigos, esposo, ciudadanos, etc. Ser honestos con los demás, es ser respetuoso con ellos.

El respeto comienza en casa. Voy a presentar dos ejemplos de cómo se puede faltar el respeto sutilmente: «la esposa que está enojada por algo que hace su esposo. En vez de informarle de su queja en una manera amorosa, la mete debajo de la superficie y pretende que no existe. A pesar de todos los esfuerzos de ella para ignorar el problema, todavía lo está pensando. Y porque lo está pensando, la manera en que reacciona habla y se relaciona con su esposo se afecta».[44] El esposo entiende que algo no está bien y si irrita por la situación. Esto no abona para nada para las buenas relaciones en el hogar. Pero veamos

---

[43] Serafín Contreras, *Renuevo de Plenitud.* www.renuevodeplenitud.com
[44] Mack, Wayne A., "*Tú Puedes Resolver Conflictos Personales, trans. Lisa Rentz*", pp.6,7.

qué pasa cuando esto se hace con alguien fuera de la familia: «la persona que se ofendió con algo que alguien dijo. En vez de manejar el problema bíblicamente, esta persona telefonea a otra persona para contarle cómo esta persona le había maltratado. Viene la respuesta, "¡Qué bárbaro! Sabés, también me lo hizo…" Luego los dos empiezan a hablar a alguien más para esparcir las noticias (chismear) acerca de este individuo quien los ha ofendido».[45] Esto no es buen, ya que cuando esparcimos rumores acerca de una persona, el problema lo vamos a hacer más grande. Se debe evitar a toda costa esta clase de faltas éticas.

Por otro lado, es deber de los padres enseñar a sus hijos, el respeto a la vida, a los adultos, a la creación en general, a la dignidad de los demás, a las autoridades, etc. Cuando esta clase de respeto se desarrolla en la vida de un individuo le estamos enseñando a ser responsable con sus actividades cotidianas, con su familia, escuela y para cuando tengan que incursionar en el mundo laboral su virtud de responsabilidad estará tan desarrollada que no tendrán problemas para cumplir con sus deberes sin que nadie corra tras la persona insistiéndole que cumpla con lo que esta supuesto a saber que es su responsabilidad. Además, esta disciplina le ayudará a que su vida sea más productiva, equilibrada, tranquila y ordenada. Ser respetuoso, significa que uno se ama y cuida de uno mismo. La persona que se respeta a sí misma sabe hacer valer sus derechos sin destruir la dignidad de los demás. No hace berrinches por gusto, sino que es coherente en el trato con

---

[45] *Ibid*, p.7.

los demás. Se hace respetar, no obliga a que lo respeten. Sostenemos que la manera de practicar el respeto es bajo la norma, *Como me gustaría que me traten a mí las otras personas, así las trato* a nadie le gusta ser maltratado.

Respetar significa proclamarte con calma y respeto en contra de lo que no está bien y cuando los demás tienen la palabra saber esperar tu turno o si quieres intervenir es en un orden que no viole el derecho a la palabra que lleva tu interlocutor. Lo más lógico es pedir la palabra y esperar hasta que nos sea dada para hablar. No es pecado hacer conocer nuestra opinión, pero sabiendo que hay otras personas que a lo mejor no están de acuerdo contigo y necesitan ser escuchadas también.

T = Trabajador

La mujer virtuosa nos da ejemplo de una persona trabajadora y responsable con sus quehaceres de la casa y negocios. Por eso el escritor bíblico comienza con la aseveración «*Mujer virtuosa ¿Quién la hallará?*», Prov. 31:10. Lo que lleva a una persona a ser destacada en lo que hace es su sentido de responsabilidad. No trabaja solo por trabajar, sino que trabaja porque es responsable. ¿Qué es lo contrario a trabajador? Es, negligente. La siguiente historia muestra a una persona negligente en su trabajo y dice: «Uno tras otro, los grandes aviones fueron aterrizando en el aeropuerto. Hacía buen tiempo, y las señales de radio y las luces de aterrizaje funcionaban como debían. Las instrucciones emitidas desde la torre de control del aeropuerto de Ankara, Turquía, eran claras. Fue así como aterrizaron dieciséis aviones esa noche entre las 0 horas y las 6 de la mañana. Sin embargo, el controlador aéreo Guclu Cevik, que sufría de narcolepsia, había estado dormido la mayor parte del tiempo. Semidormido, había dado, mecánicamente, las instrucciones. Por suerte y de milagro, no ocurrió ningún accidente. Es terrible cuando, por obligación del cargo o del oficio, el que tiene que estar bien despierto y alerta se duerme en su trabajo».[46] Esta historia nos muestra que hay un sentido común de responsabilidad en el trabajo. La persona de la historia es alguien que sufre algún trastorno físico y necesita estar medicado constantemente, ahora, sin duda que esto no le hacía apto para ocupar un cargo de esta magnitud porque muchas vidas dependían de su salud. Era honesto si él renunciaba, ya que la estabilidad de mucha gente dependida de su estado salud.

En las vidas debemos desarrollar una actitud de responsabilidad en el trabajo; una actitud que nos ayude a ascender en pociones de la empresa, pero debemos buscar medidas que nos ayuden a hacer nuestro trabajo con más diligencia y excelencia, sabiendo que todo lo que hacemos es para la gloria de Dios. Si, Dios ve lo que hacemos y como lo hacemos. Dijimos ya más arriba que el trabajo no fue creado por Dios como castigo. Al contrario, Dios mismo demuestra que el ama trabajar Gén. 1 y 2; Dios trabajó seis días consecutivamente para crearla tierra y todo lo que existe, incluyendo al hombre. Empero, después de creado el hombre, Dios le dió todo lo creado al hombre para que lo gobernara. Esto es administración Gen. 2:15. Dios se toma en serio el trabajo.

---

[46] Hermano Pablo, *Dormido En La Torre De Control*. www.conciencia.net

Además, en el Nuevo Testamento tenemos otro gran mandamiento, «*Id, por todo el mundo y has discípulos*», Mt. 28:18-20. La Gran Comisión, es una encomienda de parte de Jesús antes de partir al cielo donde encarga a sus discípulos la actividad misionera a las naciones. Pero también Él se compromete en dotarlos de habilidad a través del Espíritu Santo para llevar a cabo esta magna labor. «… (Lc 24.49), y en el día de Pentecostés se cumplió esa promesa (Hch 2.1-4). Dios siempre cumple a cabalidad, y enviar a su Espíritu no fue la excepción. De hecho, esta maravillosa bendición sigue estando presente hoy».[47] El día que una persona reconoce a Cristo como Salvador, el Espíritu Santo hace morada en el para siempre. Esta promesa del Señor está cumplida en la vida de sus santos.

El trabajo es saludable. Se ve claro en la mujer virtuosa. Es una mujer hacendosa. Es increíble lo creativa o industriosa que es está mujer, ¿realmente puede existir? Las diversas actividades dentro del hogar y fuera del hogar sorprenden al lector casual. ¿Cómo es posible que una sola mujer tenga tantas actividades?... «Se complace al trabajar con las manos. La palabra hebrea *kjéfets* se traduce más propiamente placer. No sólo tiene la voluntad de trabajar sino le place hacerlo. Una mujer virtuosa trabaja con manos complacientes, o sea, con manos que se deleitan en su trabajo por el amor que siente por su familia; busca lana y lino y con gusto (placer) teje con sus manos (Pr. 31:13)».[48] Ceo que la imagen de esta mujer es perfecta, pero no debemos perder de vista que

[47] Encuentro con Jesús, *La vida en el poder del Espíritu*. www.encontacto.org
[48] Morales Herrera, Jaime Andrés., "*Proverbios: Sabiduría Bíblica para la Vida*", p.72.

todos fuimos dotados por Dios con diferentes habilidades en nuestras vida, esto significa que la imagen de Dios en nosotros va siendo restaurada día a día y debemos responder a este hecho con sabiduría y voluntad.

En los vv13-20 encontramos a una mujer súper laboriosa y cuida con intrepidez a su familia. «A mujer de rango, de antaño, así trabajaba con las manos, y tales eran las costumbres, en efecto, de las mujeres occidentales hasta hace pocos siglos. En el oriente también los tejidos eran artículos de mercancía».[49] Usa sus manos para ayudar a su marido con los gastos de casa. La mujer descrita por el escritor es súper habilidosa con el arte de tejer. Además, no descansa. En el vocabulario de esta mujer siempre se encuentra la palabra trabajo. La ociosidad no es problema en ella, todo lo contrario, se queda hasta bien tarde en la noche trabajando para cubrir, sustentar e incluso comprar heredades con sus ingresos. Cualquier marido estaría feliz de tener a una mujer de este calibre como su compañera de vida. Con una mujer así, el hombre puede dedicarse a sus quehaceres porque sabe que su casa está bien cuidada y administrada.

Otra gran virtud que se ve en esta mujer se encuentra en el versículo 19. Ella atiende con amor y diligencia, cualquier trabajo por humilde que sea. La rueca que habla el escritor es una rueda que servía como mesclador de los hilos; es decir, un aparato para entremezclar los hilos, por un extremo estaba

---

[Lo más importante es la actitud con la que trabaja está mujer. Hace las cosas con placer porque sabe que son para el bien de su familia.]
[49] Comentario JFB, www.esword.net

la lana y en otro una vara con la que se hacia el tor-
cimiento del material. «Principalmente se hacían tejidos de lana. Para tejidos más bastos se usaba pelo
de cabras y camellos. De esto se hacían tiendas, sa-
cos, trajes de luto y mantas gruesas para pastores,
Mt. 3:4. Sin embargo, aquella virtuosa israelita
nunca mezclaría lana con lino; porque Yahveh lo había prohibido, como un recuerdo simbólico de la separación de Israel de los paganos, y una incitación a
mantenerse lejos de su horrible estilo de vida, Dt.
22:11, Lv. 19:19».[50] Algo que caracterizá a esta mujer
además de lo trabajadora que es, es la humildad. Usa
sus manos sin ver que se puedan dañar por el trabajo. Que diferencia con las mujeres de nuestro
tiempo. Hoy en día las mujeres gastan una fortuna
en cuidarse sus manos. Pero la mujer del capítulo 31
de Proverbios es ejemplar sabiendo que ella debe
cuidar de su marido, de su casa y de sus hijos, es la
ayuda idónea del marido.

Algo más que es digno de admirar en esta mujer
es su caridad. En este pasaje no dice que pide a su
marido para hacer limosna, al contrario, el escritor
prefiere decir que el trabajo de sus manos le permite
ser misionera en su misma comunidad. "Alarga su
mano al pobre" aquí hay un paralelismo sinónimo.
Lo bueno es que ella ve la necesidad de una persona
y no vacila en ayudar para suplir la necesidad. No
sólo es celosa, sino también misericordiosa y amorosa; pues actúa según el mandamiento respecto a
los pobres: «Sin falta le darás, y no serás de mez-
quino corazón cuando le des, porque por ello te ben-
decirá Yahveh, tu Dios, en todas tus obras y en todo

---

[50] Van Deursen, Frans., "*Proverbios*", p.410.

lo que emprendas. (…) Abrirás tu mano a tu hermano, al pobre y al menesteroso en tu tierra»,
Dt.15:10 y 11. A pesar de que es una cabal ama de
casa, su interés llega más lejos que el mundillo limitado de su familia. La pobreza y miseria fuera de su
casa no escapan a su mirada atenta».[51] ¡Esta mujer sí
que es una verdadera cristiana! Está pendiente de
todo lo que sucede a su alrededor, no está preocu-
pada solo por su diminuto circulo, sino que sabe que
ella como buena cristiana debe hacer obra misionera
en donde se encuentre.

Además de esto, parte fundamental de su trabajo
es la instrucción de sus hijos en el camino de Dios,
pero también con su ejemplo les enseña que hay una
responsabilidad hacia nuestros semejantes. Es una
mujer prevenida, nada o casi nada la toma por sorpresa v21. «La mujer virtuosa gana el respeto y el
honor de su marido e hijos y los de la comunidad
más amplia, no menos porque su propia dedicación
a Dios sustenta su vida productiva».[52] La vida de la
mujer de hogar está dedicada al cuido, educación y
formación de sus hijos. «Los padres tienen que ir enseñando a los hijos desde muy pequeños, a realizar
y comprender las virtudes y valores humanos del
trabajo, preparándoles para el futuro, cuando tengan que trabajar en los estudios, en la empresa o en
la sociedad».[53] Es responsabilidad de los padres
forma a sus hijos como gente de trabajo. Hay familias que creen que si sus hijos son profesionales no

---

[51] *Ibíd*, pp.410,411.
[52] Comentario Siglo XXI, www.esword.net
[53] Francisco, "*El Trabajo Como Virtud Y Valor Humano, Explicado A
Los Hijos*" https://es.catholic.net/op/articulos/48072/cat/216/el-trabajo-como-
virtud-y-valor-humano-explicado-a-los-hijos.html#modal

tienen por qué aprender manualidades. Empero, hay que observar algo, en estos últimos tiempos se está viendo una gran competitividad, de tal manera que hay personas con dos o tres títulos universitarios sin trabajo; sin embargo, se está necesitando mucha mano de obra en la construcción, agricultura, ganadería, mecánica automotriz, etc. Supóngase que usted no encuentra trabajo en su carrera, no puede quedarse esperando hasta que haya una plaza laboral. Usted tiene que suplir las necesidades básicas mientras encuentra su oportunidad. Es bueno tener una carrera técnica como: albañilería, plomería, electricidad, entre otros.

U = Unidad

Un proverbio popular dice: «*La unidad hace la fuerza*». La Biblia nos entrega un principio y es el principio de «*cordón de tres dobleces no se rompe pronto*», Ecl. 4:12. ¿Qué quiere decir este versículo? «En todas las cosas la unión tiende al éxito y a la seguridad, pero, sobre todo, la unión de los cristianos. Ellos se asisten unos a otros exhortándose o reprendiéndose amistosamente. Dan calor a los corazones uno al otro, mientras juntos hablan del amor de Cristo… Donde haya dos estrechamente unidos en santo amor y comunión, Cristo vendrá a ellos por su Espíritu; entonces, hay un cordón triple».[54] La unidad es un arma que destruye fortalezas. Por esta razón es imperativo que los creyentes permanezcan unidos en el amor de Cristo que es el vínculo más perfecto de la fe Fil. 2:1,2.

---

[54] Henry, Matthew. "*Comentario de la Biblia Matthew Henry en un tomo*", p.513.

Es lamentable escuchar que cada vez son más las iglesias que se parten en fracciones por cuestiones sin fundamento. Hay que entender que hay temas en la iglesia que no deberían ser causa de división; sin embargo, hay otros temas que sí. Por ejemplo: cuando un grupo de hermanos en la iglesia cree que el hablar en lenguas debe ser una doctrina vertical de la iglesia; este grupo de hermanos debe ser enseñado y corregido con amor y no caer en el divisionismo. Así que, con amor y mucha oración hay que discutir bíblica e históricamente este punto para llegar a un consenso al respecto. Pero no es razón de división. Sin embargo, si la disputa es acerca de doctrinas como Trinidad, el Espíritu Santo, la Inspiración de la Biblia, la creación, etc. Si estas doctrinas y otras que son fundamentales para la fe de la iglesia, si estas doctrinas están en diputa o en peligro, vale la pena mantenerse firme, aunque esto signifique ser expulsado de la iglesia a la que pertenece, ya que de la iglesia de Jesucristo nadie lo podrá expulsar.

Todos los creyentes hemos sido llamados a guardar la unidad en el Espíritu Ef. 4:3. Sin embargo, cuando esta unidad es comprometida por la herejía, debemos levantar nuestra voz; debemos defender nuestra fe. Ef. 4:2-4, «Así la paciencia corresponde a (v4) ser solícitos (*griego,* celosamente diligentes) para guardar la unidad del Espíritu (la unidad entre los hombres de temperamentos diferentes, la cual proviene de la presencia del Espíritu, quien es a su vez –uno–, v. 4) en (unidos en) el «vínculo de la paz» (el «vínculo» por el cual la «paz» es mantenida, es decir, el amor, Col. 3:14-15 [Bengel]; o, puede ser que la paz misma sea el vínculo indicado aquí, que une los miembros de la iglesia».[55] Como cada persona es diferente la una de la otra es nuestro deber mantener la unidad por medio de la tolerancia. La unidad depende en gran medida de que cada persona por su parte sea tolerante para no volcarse en contra de las demás cuando estas no estén de acuerdo con sus ideas u opiniones.

La unidad comienza con Dios y Él es el que la promueve principalmente Ef. 4:3−6. Pero ¿En qué principalmente se establece la unidad? Cuando una persona valora y busca la unidad siempre aprecia lo que los demás aportan al reino de Dios. Hacer eso (buscar la unidad) por su parte nos permite ver a las personas con sus fortalezas y debilidades y armonizar con ellas. El fruto más importante de la unidad es la tranquilidad que esta provee a las relaciones. Vivir en unidad nos abre la puerta de la justicia y la comprensión que son armas importantes para preservar las buenas relaciones. «Dios quiere que los suyos sean «solícitos en guardar la unidad del Espíritu en el vínculo de la paz» (Ef. 4.3). Entonces, si todos los cristianos basan sus creencias en la Biblia, deben ser capaces de resolver todas sus diferencias de acuerdo con la verdad de ella, ¿no? Por desgracia, no es tan sencillo. Nuestra naturaleza humana, las preferencias y las diferentes interpretaciones de la Biblia, pueden provocar desacuerdos».[56] Puede ser que no sea fácil guardar esta clase de unidad, pero todo esto no depende de nosotros es obra de Dios y sabemos que los que aman a Dios todas las cosas

---

[55] *Ibid*, p.479.
[56] https://www.oneplace.com/ministries/solo-un-minuto/read/devotionals/encuentro-con-jesus/encuentro-con-jesus-9-de-noviembre-11659436.html

obran para bien en sus vidas Ro. 8:28. El apóstol Pablo nos dice que cuando las cosas van mal hay que pensar que Dios torna cualquier situación a nuestro favor. «Pero Pablo sigue adelante. Dice que los que aman a Dios, y que han sido llamados conforme a Su propósito, saben muy bien que Dios combina todas las cosas para su bien. Es la experiencia del cristiano que todas las cosas cooperan a su bien. No tenemos que ser muy viejos para mirar atrás y ver que las cosas que considerábamos desastrosas resultaron a nuestro favor; y las que nos causaron una desilusión luego resultaron una bendición».[57] Sin embargo, esta dicha está reservada solo para aquellos que aman a Dios. Nada de lo que le sucede al cristiano es por casualidad. Todo tiene una razón de ser, solo hay que buscar con la guia del Espíritu la razón por la que Dios ha permitido lo que ha venido a la vida.

La peor manera de tratar con un problema que pretende romper la unidad es echándose la culpa los unos a los otros. Esto arruina más las cosas. Hace un tiempo pude experimentar un problema duro con un hermano en la iglesia, este hermano levantó una conspiración, por rebeldía, usando a otros hermanos ingenuos que creyendo buscar la verdad, pero lo único que hacían era destruir más la imagen de los hermanos involucrados, incluyendo al hermano con quien el problema había iniciado. En esta experiencia pude ver como satanás usa a las personas para dañar la dignidad de otros hermanos en la fe. En este proceso leí un artículo devocional anónimo, que decía lo siguiente: «Nunca defiendas tu causa con tus amigos porque ellos no creerán lo que se dicen de ti;

---

[57] Barclay, William., "*Comentario al Nuevo Testamento: Romanos*", p.582.

pero, tampoco defiendas tu causa con los que te critican porque ellos ya determinaron no creerte». Creame que después de leer estas pocas líneas, me di cuenta de que Dios está en el control y que este autor anónimo tiene toda la razón; no hay forma para hacer cambiar lo que mis adversarios piensen de mí, y mis amigos no demandan explicación, así que, desde ese día deje las cosas en las manos de Dios y mi sorpresa fue que en menos de un mes el hermano que según su debilidad había sido dañado por mí, me busco para que arregláramos el problema. ¡Dios tiene el control!

Siempre hay que pensar que la unidad se guarda sabiendo que la ruina de uno es la ruina de todos, que la bendición de uno es la bendición de todos y la felicidad de uno es la felicidad de todos. Todos los que componemos la iglesia de Cristo, somos el cuerpo de Cristo. Así que, todos nos necesitamos los unos a los otros. En la iglesia nadie es indispensable, pero todos somos muy importantes.

D = Diligencia

La diligencia se puede definir como la habilidad de actuar rápidamente en una causa. Sin embargo, también se puede decir de una persona que es diligente cuando jamás se da por vencido, además, busca alcanzar sus metas sin importar cuanto el cueste. Una persona que es diligente siempre busca dar agilidad a las cosas que se le han encomendado. La negligencia de una persona le llevará a ver las cosas inalcanzables. El antónimo de diligente es negligente.

¿Qué es ser diligente? «Según la doctrina cristiana, ser diligente significa ser responsables y consecuentes en nuestro compromiso con Dios, y honrarlo en la oración, las promesas y los mandamientos, sin apartarnos de su palabra. Se afirma en *Rom. 12:11*: Nunca dejen de ser diligentes; antes bien sirvan al Señor con el fervor que da el Espíritu».[58] Hacer algo con sumo cuidado y profundo interés es porque lleva su firma de amor, es ser diligente en lo que hacemos. Alguien que no ame lo que hace, lo mismo le da si las cosas salen bien o si salen mal.

La Biblia nos aconseja que hagamos las cosas con sumo cuidado. 2ª Pd. 1:5, comienza con una lista de actividades que hace una persona que es diligente. Comienza diciendo que hay que poner un alto grado de diligencia en lo que hacemos y a la diligencia se le añadirán otras virtudes como: fe, conocimiento, templanza, paciencia, piedad, afecto fraternal, amor. Así que, según Pedro, si estas cosas están en nosotros no nos dejaran estar sin fruto u ociosos, 2ª Pd. 1:5-8. «Esfuércense por añadir". El texto griego de esta frase en particular es muy interesante. Pedro emplea el sustantivo *esfuerzo*, luego el verbo *aplicar* y finalmente el verbo *añadir*. Pedro coloca el sustantivo en primer lugar para darle énfasis. El sustantivo mismo significa –diligencia– y llega al punto de comunicar la idea de apuro. Es decir, cuando Dios llama a una persona, él quiere que ésta haga todo el esfuerzo posible para obedecer este llamado divino y que lo haga sin demoras. El verbo *aplicar* significa que debemos presentar nuestra diligencia ante Dios y colocarla junto a lo que Dios hace por nosotros. Si bien la iniciativa de la salvación proviene de Dios, él

---

[58] https://www.significados.com/diligente/

obra nuestra santificación cuando nos pone a traba-jar».[59] La lista comienza con la virtud fe y cierra con la virtud amor, en total son ocho virtudes que for-man las bases de la vida cristiana y la persona que las posee jamás podrá estar perezosa.

Conclusión

El primer grupo de virtudes es el **AMOR**. Éste per-dona infinidad de pecados y nos llena de la miseri-cordia para perdonar también nosotros, para obede-cer, ser mansos y desarrollar un espíritu de respon-sabilidad único. No vamos a buscar que los demás hagan lo que yo hago, sino que cada uno haga lo que tiene que hacer. La primera virtud que proponemos en este acróstico es la amistad. La segunda es la man-sedumbre, Jesús nos motivó a ser mansos. Así que, podemos ir a la tercera palabra, obediencia y la úl-tima palabra del acróstico es responsabilidad. Dios quiera que como cristianos nacidos del agua y el Es-píritu podamos ser cristianos que cumplan estas vir-tudes en fe y amor.

Toda persona que considere la vida cristiana como un regalo inmerecido, un don que viene de Dios, jamás se quedara quieta sin hacer lo que tiene que hacer en favor de la obra de Dios. En este apar-tado hemos descrito seis palabras que forman el acróstico *VIRTUD*.

Cada una de estas palabras está definida con la intención que cada uno de los que aman a Dios pue-den ser edificado en el discipulado cristiano. La pri-mera palabra es valentía. Esta palabra es sinónimo

---

[59] Hendriksen, William., *"Comentario al Nuevo Testamento: 1ª y 2ª Pedro y Judas"*, p.290.

de coraje y entrega a la causa de Dios. La segunda es inteligencia. Como criaturas hechas a la imagen de Dios somos seres inteligentes y aptos para crear cosas. La tercera palabra es, respeto. El respeto nace al valorar a las personas por lo que son y no por cómo se comporta; además, aceptándolas y corrigiéndolas, aunque no compartamos algunas cosas que ellas propongan. La cuarta palabra es, trabajo. Una persona que ama el trabajo siempre buscará mantenerse ocupado especialmente haciendo la obra que le fue encomendada a cada creyente de parte de Dios. La Gran Comisión. La quinta palabra es, unidad. La Biblia nos manda a guardar la unidad en el vínculo de la paz. Si cada creyente pone de su parte para guardar la unidad veremos iglesias más estables. Y la última de las palabras es, diligencia. Cada uno ha sido llamado por Dios para hacer las cosas con excelencia. La diligencia impulsa a una persona a dar el máximo de si, en cualquier área.

Preguntas de Repaso
1. ¿Cómo define virtud Gregorio de Nisa?
2. ¿En que descansa la idea de virtud según la Biblia?
3. ¿Cómo debo tratar a mi enemigo? ¿Por qué debo de hacerlo?
4. ¿Qué es lo que se puede hacer con un amigo según el autor?
5. En base a la pregunta cuatro: ¿Existe esta clase de amistad hoy? ¿Debería la iglesia hacer algo al respecto? R/. Respuesta personal.
6. ¿Por qué es importante pensar antes de hablar y no hablar para pensar según el autor?

7.   ¿Qué es desobediencia y que conduce la desobediencia?

8.   ¿Por qué es importante ser responsables y porque debemos hacer las cosas que nos piden los que lideran?

9.   ¿Cuáles son las seis virtudes personales que se mencionan en este capítulo?

10.   ¿Cuál es el común denominador de los líderes que tienen éxito?

11.   La _____ es parte de la imagen de Dios en sus hijos. La _____ denigra las Sagradas Escrituras.

12.   ¿Qué es lo que dice el Dr. Serafín Contreras?

13.   Describa en breve y en sus propias palabras a la mujer virtuosa de Proverbios 31. R/. Respuesta personal.

14.   Siempre se debe guardar la unidad pensando en ¿Qué?

15.   ¿Qué significa el sustantivo que usa Pedro en 2ª Pedro 1:5-8

7

El Servicio Cristiano

Introducción

Dios ha llamado a la iglesia a entregar su vida, primero a la devoción por Dios, a la entrega total a Dios y luego al servicio que presenta al prójimo. Sin embargo, servir al prójimo como lo manda la Santa Palabra de Dios implica varias cosas. Primero, implica un llamado. El cristiano es llamado a vivir una vida que rinda gloria a Dios, la mejor manera para ellos es cuando demostramos nuestro amor por los demás. Segundo, Dios nos ha llamado a vivir en la comunión de los santos. Esto se puede ver de dos maneras, (1) al caminar en la comunión que Dios ha establecido para que el creyente se desarrolle como agente de cambio y (2) con la comunión que promovemos en la iglesia. Sin embargo, sobre todas las cosas, el cristiano ha sido llamado a servir a los demás con gozo, porque con esto demuestra el amor de Dios que ha hecho de él su habitación. El cristiano ha venido a ser templo y morada del Espíritu Santo; si esto es así, su servicio será siempre presentado con alegría porque sabe que con esto agrada a su Dios. Así que, el cristiano vive una vida piadosa, se preocupa por la salvación de los demás, se preocupa por las necesidades básicas de la persona y busca el bien sobre todas las cosas. Esta es la clase de vida que vive el discípulo de Cristo.

La vida de servicio se ve mucho mejor cuando entendemos el llamado que Dios nos ha hecho y no dependemos de lo que la cultura define como éxito. «Vivimos en una época en que la gente se preocupa mucho por alcanzar el éxito. Esta preocupación se ha infiltrado en la iglesia. Dos preguntas muy populares en los círculos ministeriales son: ¿Cómo puedo tener éxito en mi ministerio? ¿Cuál es la clave para realizar un servicio eficaz?».[1] Las personas que se dedican a tiempo completo al ministerio enfrentan a diario esta clase de preguntas, que se convierten en desafíos para ellos, ya que a veces se les exige frutos ministeriales que jamás se le pediría a un cristiano común y corriente. Sin embargo, debemos tomar en cuenta que para lograr solidez en la vida cristiana existen cuatro principios que se deben llevar a la practica en una realidad cotidiana. Primero, el ministro debe vivir en oración constante. La oración no es una simple acción de meditar unos minutos al día y nada más, es un estilo de vida. Segundo, el cristiano debe meditar en la palabra todos los días. Así como el cuerpo necesita el pan para mantenerse activo durante el día, así la parte espiritual del hombre necesita meditar en la ley de Dios Sal. 1:2, esta disciplina le mantendrá enfocado y definido en su llamado v3. Tercero, el cristiano debe testificar de Cristo a los demás sin temor al rechazo, las burlas o la persecución. Un cristiano que siente compasión por los demás se mantiene clamando y hablando del

---

[1] Lloyd, Roberto., "*Estudios Bíblicos ELA: El ministerio eficaz (2da Corintios)*", p.5.

evangelio con las personas. No le importa lo que tenga que sufrir por causa del testimonio del evangelio, seguirá hacía la meta de su llamado al servicio cristiano, por amor a Dios, al prójimo y al reino de Dios. «El siervo fiel padecerá pruebas de toda índole, pero en medio de ellas manifestará una fe inquebrantable en el Dios de toda consolación. Cuando sus siervos salen victoriosos de la aflicción, el Señor es glorificado por las muchas acciones de gracias de los hermanos».[2] La gloria del evangelio radica en la dicha que en Dios somos hallados justos siervos del reino. Cuarto, el cristino debe mantener compañerismo con el cuerpo de Cristo y sirviendo a los demás con amor, respeto y entusiasmo. La vida cristiana no depende solo de asistir el domingo a las instalaciones de la iglesia, o de ser un erudito en la palabra, depende de dos cosas principales: (1) la comunión con Dios y (2) el amor al prójimo. En esto esta resumida la ley y los profetas Mt. 22:35-40. De nada sirve amar a Dios y aborrecer al hermano.

El Cristiano Ofrece su Vida en Servicio
La Palabra siervo es la palabra griega –δοῦλος– *Doúlos*– que significa esclavo. Alguien que ha perdido toda libertad propia y está sometido a la voluntad de alguien más. En este caso, el cristiano es un esclavo de Cristo y por ende es un esclavo de la verdad, de la justicia y de la piedad. (1) La prioridad del cristiano es proclamar el evangelio. En el evangelio, «la historia de Jesús se funde con la historia de la iglesia. La atrevida llamada a los once discípulos es verdaderamente alucinante cuando uno piensa en

---

[2] *Ibid*, p.15.

sus implicaciones. Pero es que ninguna otra cosa podría estar a la altura de la audaz pretensión de Jesús,
quien dijo tener la autoridad final en el cielo y en la
tierra, lo cual incluye el dominio sobre el mundo».[3]
El evangelio es la única verdad con promesas y seguridad eterna. Sin la obra de la cruz el hombre es
una piltrafa humana y camina sin sentido y en condenación. (2) Solo el evangelio provee justicia. En la
cruz vemos a un inocente muriendo por los culpa-
bles, primera justicia, ya que la justicia de Cristo es
aplicada a los hijos de Dios y gracias a la cruz ningún
hijo de la justicia quedará sin la gracia de Dios. Por
otro lado, gracias a la cruz ningún pecador quedará
sin castigo, esta es la segunda justicia. Todo el que
hace pecado esclavo es del pecado y su fin es la
muerte eterna, separados de Dios para siempre. La
justicia de Dios tanto para los hijos del pacto, como
para los hijos de este mundo es cumplida a perfección por las demandas de un Dios santo y cumplidas
en la cruz. El salvo es reconciliado con Dios; mientras que el pecador recibe lo que merecen sus obras.
Sea que el evangelio se presente de forma negativa
(los que se pierden) o positiva, (los que han sido salvos), el evangelio son buenas noticias. «Es la seguridad de que la gloria del pacto nuevo permanece
para siempre y por eso es mejor que la del antiguo
que pereció. La permanencia del nuevo pacto debe
llenarnos de confianza. Tenemos un mensaje que no
cambia y que es la pura verdad. Ministramos con
franqueza porque tenemos un mensaje que vale la
pena».[4] (3) El cristiano es un instrumento de piedad.

---

[3] Bertuzzi, Federico., *"Preparados para Servir"*, p.35.
[4] *Ibid,* p.38.

El cristiano no hace obras para ser salvo, sino que sus obras son la respuesta a la salvación que le fue otorgada (don) en Cristo. Sus obras son pequeñas perlas de la bondad y gracia de Dios mostrada hacía un miserable pecador. Así que de gracia recibimos de gracia damos. El verdadero servicio nos lleva a cuidar de los demás porque tenemos una responsabilidad cristiana con Cristo y con la sociedad en la que Dios nos ha puesto a servir con devoción y entrega. Somos llamados por Dios para no descuidar este ministerio que se nos ha otorgado como don de Dios.

Los cristianos hemos sido rescatado por cristo para buenas obras Ef. 2:10. Estas obras fueron preparadas por Dios para que anduviéramos en ellas desde antes de la fundación del mundo. El cristiano fue encontrado por Dios a través de Cristo para mostrar el amor que ha recibido de Dios y esto a través de la iglesia. «Los cristianos siempre deberían ser los que viven en la frontera, tanto geográfica como socialmente. Nunca se nos llama a vivir en una especie de gueto espiritual, a pesar de que necesitamos desesperadamente acudir a la comunión de nuestras congregaciones para recibir la fortaleza para salir al mundo».[5] Sin embargo, las puertas de las instalaciones de la iglesia deben permanecer abiertas para que todos los sedientos y hambrientos encuentren el agua y el pan de vida. La iglesia es el punto de contacto entre el mundo y Cristo.

El cristiano ya no es el, sino que Cristo es en él Gal. 2:20. «*Con Cristo estoy crucificado*», sus obras son aquellas que Dios ha preparado para que camine en

---

[5] *Ibid*, p.36.

ellas como esclavo de piedad. El apóstol Pablo se identifica a sí mismo como un esclavo de Jesucristo Ro. 12:1; Fil. 1:1. «Así que el discípulo cristiano tiene la responsabilidad de proclamar el señorío de Jesús a otros y de pedir la adhesión de otros[...]. A la luz de su autoridad y de la adoración de los discípulos, el llamado es a ir, a traer y a edificar».[6] Sin embargo, es bueno observar cuáles son algunas características de un esclavo: Primero, el esclavo no ejerce su propia voluntad. Depende en todo de la voluntad de su amo. En el caso del creyente, su voluntad está sometida a la voluntad del Padre quien envió a su Hijo Jesucristo en rescate del pueblo de la alianza, la iglesia. Así que, el creyente ya no ejerce su propia voluntad, sino la de aquel que le llamó de las tinieblas a la luz de su Hijo Jesucristo. Segundo, el servicio del esclavo era sin descanso. «Por esta razón, el *servicio* y la *dedicación* aparecen en la definición de liderazgo. El liderazgo es la decisión de hacerle caso al llamado de Dios para llenar ese espacio vacío Ez. 22:30 […] Hay una necesidad que hay que suplir y Dios quiere que alguien la tome como suya, dando como resultado la bendición del pueblo de Dios».[7]Así como el esclavo no ejercía su propia voluntad, tampoco se le permitía que se tomara días de descanso, tenía que servir a su señor todos los días de su vida. El creyente que ha venido a Cristo descansa del pecado, pero se debe a la proclamación del evangelio porque para esto fue llamado por el Señor. Tercero, el servicio del esclavo era incondicional. El esclavo no podía

---

[6] *Ibid*, p.38.
[7] Kuest, Robert D., "*Liderazgo contra la corriente: Liderazgo de servicio en un mundo basado en el poder, ed. Benigno José Aparicio, Bob Marsh, y Fernando Soto, trans. José José Aparicio*", p.105.

objetar nada de lo que su señor le mandaba a hacer. No debemos negarnos al diseño que Dios tiene para nuestra vida y servicio cristiano. «El diseño de Dios en cuanto a nuestra herencia tiene un propósito que será usado para escribir una historia de ministerio en su reino. Aquella gente que acepta el diseño de Dios en sus vidas, como la joya elaborada por el joyero, se convierten en una hermosura a los ojos del gran Diseñador».[8] Por medio del servicio que presenta a favor de los demás, especialmente los hermanos en la fe, el creyente ha venido a ser esclavo de la justicia de Cristo, así que sin poner condiciones predica, enseña y vive en oración porque sabe de qué debe proveer esperanza a un mundo convulsionado por el pecado.

Por esta razón, el servicio a los demás debe llevarse a cabo sin importar la persona, sin importar la hora, sin importar las circunstancias o dificultades. La iglesia es portadora de buenas nuevas y de esperanza. Me duele tanto ver a los líderes de las iglesias de hoy enfocados siguiendo una corriente de este mundo y han dejado el evangelio de gracia. Se han acomodado al mundo, sin saber que el mundo enfatiza, el poder, el reconocimiento, la fuerza para lograr las cosas, los títulos personales, reconocimiento, y riqueza; sin embargo, se han olvidado de lo que si tiene valor eterno, el amor y la misericordia. No hay quien ayude hoy sin buscar un interés propio. «El mismo Pablo estaba familiarizado con esta forma de pensar. Conocía a la perfección la filosofía griega del momento que enseñaba que el poder y el control

---

[8] *Ibid,* p.109.

pertenecen únicamente a los fuertes y poderosos. Sabía de las enseñanzas que habían corrompido el corazón de Jacobo y de Juan, los cuales creían que debían tener posiciones importantes en el nuevo reino que Jesús establecería Mr. 10:37».[9] El cristiano es un siervo de Jesús sirviendo a los demás a toda hora del día, comisionado a suplir las necesidades de la gente, especialmente los hermanos en la fe.

¿A Quiénes Sirve la Iglesia? La iglesia fue llamada a servir a todos los hombres sin importar color, idioma, raza o estrato social. Sin embargo, no estamos hablando de un evangelio social, sino de un servicio que integra la predicación y la ayuda a los necesitados. Todo el mundo tiene el derecho de escuchar el mensaje de salvación y de recibir consuelo en tiempos caóticos; pero solo los hijos de Dios oirán la voz de Dios. Justino Mártir lo expresa así: «Para que compartamos nuestros bienes con los pobres. Para que tengamos paciencia, estemos dispuestos a servir a todos y no tengamos ira Mt. 5:45; 6:25, 21».[10] Dios nos ha llamado a servir a personas con múltiples necesidades. Estas pueden ser necesidades físicas, emocionales, relacionales, restaurar matrimonios, la iglesia debe proveer soluciones a aquellos hijos con problemas porque han vivido en hogares disfuncionales, la iglesia en lo posible debe apoyar a aquellos con necesidades económicas, el cristiano debe suplir las necesidades de aquellas personas que tienen menos que nosotros. Sin embargo, el cristino debe preocuparse sobre todo por aquellas necesidades espirituales que la persona enfrenta todos los

---

[9] *Ibid*, p.172.
[10] Mártir, Justino., "*Lo Mejor de Justino Mártir, ed. Alfonso Ropero, Patrística*", p.77.

días. Dios «desde el principio creó el linaje humano dotado de inteligencia y de facultad para escoger lo verdadero y obrar rectamente».[11] De más está decir que Dios está interesado en la persona; por eso, la iglesia es llamada a suplir todas aquellas necesidades que van a fortalecer y a encaminar a la persona a la cruz de Cristo. Por otro lado, «…. es verdad que, si con Pablo engrandeces tu meta, tu visión desafiará a la gente. Serás exigente con ellos. Tal vez les hagas sentirse incómodos o incluso a veces se sentirán amenazados».[12] Pero al final, la obra será cumplida. Separarnos como iglesia del mundo, es no haber entendido la verdad del evangelio.

Según el apóstol Pablo, Dios preparó las obras para que andemos en ellas según su propósito Ef. 2:10. Cuando Dios nos creó nuevas criaturas, las obra que dan evidencia de nuestra salvación fueron entregadas en nuestras manos también. Dios «hizo esto, en *primer* lugar, dándonos a *su Hijo*, nuestro gran Habilitador, en quien las buenas obras hallan su más gloriosa expresión Lc. 24:19; Hch. 2:22. Cristo no sólo nos capacita para realizar buenas obras, sino que además es nuestro ejemplo en ellas Jn. 13:14, 15; 1 P. 2:2. En *segundo* lugar, dándonos *la fe en su Hijo*. La fe es don de Dios v8».[13] Cuando Dios por medio de su Santo Espíritu obra esa fe en sus hijos también pone en ellos la necesidad y habilidad para obrar según la fe que se les ha dado. En un sentido, las obras son el resultado de vivir una vida en fe.

---

[11] *Ibid*, p.93.
[12] Ortlund, Ray Jr., *"«No Descuides el Avivamiento», en Querido Timoteo: Cartas sobre el ministerio pastoral, ed. Thomas K. Ascol"*, p.240.
[13] Hendriksen, William., *"Comentario al Nuevo testamento: Efesios"*, p.136.

El apóstol Pablo hace notar que todo fue meticulosamente preparado por Dios para que los cristianos anduviéramos en ellas. Veamos las palabras del
apóstol: «*las cuales Dios preparó de antemano para que
anduviésemos en ellas*», v10b. Dios no solo nos ha llamado a su reino, Él preparó todo aquello que tenía
que servir para la piedad, ya que el reino de Dios es
de misericordia y bondad; así que los santos son llamados a caminar como instrumentos de compasión.
«La fe viva, además, implica mente renovada, corazón agradecido, y voluntad rendida. Con tales ingredientes, todos ellos dones divinos, Dios *confec-
ciona* o *compone* las buenas obras. Así entonces, resu-
miendo, podemos decir que al dar a su Hijo y al im-
partirnos la fe en ese Hijo Dios preparó de antemano
nuestras buenas obras».[14] Creo importante recordar
que el servicio al prójimo es un distintivo de una
iglesia saludable. Una iglesia que ama a Dios y aprecia al prójimo como a sí mismo. El servicio es un distintivo —característica, propio, especifico, particular, especial— de un cristino en particular y de una
iglesia en general que ama a Dios, pero se preocupa
por el prójimo. Una de las grandes obras de la fe es
ser agradecidos con Dios por permitirnos servir a los
demás con entusiasmo y dedicación. «El sentir de
gratitud es consecuencia de estar lleno del Espíritu
en sumisión a Cristo 2ª Co. 4:14,15. Es el mensaje de
*Por nada estéis afanosos, sino sean conocidas vuestras pe-
ticiones delante de Dios en toda oración y ruego, con acción de gracias* Fil. 4:6. Aquí la acción de gracias pre-
cede a la obediencia a la voluntad del Señor, así

---

[14] *Ibid*, p.136.

como el afán podría indicar lo contrario».[15] Un verdadero cristiano sabe cuidar su relación con Dios, pero también cuida de su relación con el prójimo y le sirve con amor y por gratitud, porque de gracia recibió de gracia y voluntariamente devuelve el favor inmerecido.

Un verdadero cristiano jamás se pone sobre los demás, ni ejerce su autoridad como instrumento de injusticia; es decir, autoritarismo. Su reputación le vuelve humilde y no un déspota arrogante. Es un cristiano humilde de corazón, pero lo refleja en sus relaciones humanas. El cristiano con espíritu de siervo es compasivo y dedicado a la obra de restauración y comprometido con la proclamación del evangelio de gracia y de bondad. «El verbo *hypotassô* que en principio es *«poner en orden de rango»*, significa ponerme en rango inferior al otro, y el otro tomará un lugar inferior al mío. En Romanos este tipo de ética se define como no tener *«más alto concepto de sí que el que debe tener»* porque implica consideración y respeto por la otra persona Gál. 6:1».[16] Un cristiano verdadero jamás busca arbitrariamente los primeros lugares, sabe esperar en Dios y dedica su vida a la gloria de Dios. Por otro lado, un verdadero hijo de Dios siempre busca la excelencia, pero en fidelidad al reino de Dios y dedica su tiempo, dinero y energía a dar lo mejor de sí para que el reino de Dios cobre vida en el corazón de las personas que ministra. Este mundo necesita hombres con corazón de siervos. «Aunque las buenas obras han sido divinamente preparadas, son al mismo tiempo responsabilidad

---

[15] Caballero Yoccou, Raúl., *"Comentario Bíblico del Continente Nuevo: Efesios"*, p.218.
[16] *Ibid*, p.218.

del hombre. Estas dos cosas jamás han de sepa-
rarse[...] Jesús requiere de nosotros fruto, más fruto,
mucho fruto (Jn. 15:2,5,8)».[17] Un verdadero siervo de
Dios es completamente fiel a su llamado, porque
sabe que quien le llamó es fiel al pacto. Ser siervo
implica servir y no ser servido. Su vida está dedicada a proclamar las verdades del Evangelio y a fa-
vorecer a todos aquellos que Dios le pone en el camino para que les muestre su amor y misericordia.
Es algo así como negarse a uno mismo por amor a la
obra de Dios.

Sirviendo al Prójimo por Amor a Dios

Dios recibe gloria y adoración cuando la iglesia sirve
al prójimo con amor cristiano. El fin del cristiano es
rendirle adoración a Dios. Cada vez que nos preocu-
pamos por proveer y cuidar de aquellos menos afortunados, la gloria de Dios se manifiesta. Además, la
iglesia tiene un motivo de gozo y testimonio cristiano, ya que el amor de Dios se ve reflejado en lo
que hacemos como pueblo del pacto. la gente lo ve y
se compromete con la obra de Dios. En realidad,
Dios no nos ha llamado a estar pasivos ante la necesidad de su pueblo. Servir a los demás es parte de la
adoración a Dios.

El cuidado del prójimo tiene una connotación
presente y futura. ¿De qué se trata? En esta parábola
el Señor hace un contraste entre el servicio cristiano
y el egoísmo mundano. El cristiano es llamado a cuidar de los demás, especialmente de la viuda y del
huérfano. Cuando cumplimos con nuestro deber
cristiano Dios ve nuestra obra como un acto de fe y

---

[17] *Ibid*, p.137.

se siente complacido con nuestro trabajo. Por eso decimos que las obras del cristiano siguen con él aun después de la muerte. Por otro lado, «No podemos pasar por alto la terminación en el temor de Dios, que es el medio y la razón para que todo sea posible. El temor de Dios es la obra del Espíritu Santo que forma en nuestro interior el carácter de Cristo, quien tantas veces vivió y habló de la sujeción».[18] Cuando el temor de Dios está en nuestros corazones, ejercemos el servicio cristiano sin murmurar y sin tenciones.

Cualidades del Siervo de Dios

Jesús en Mt. 22:37-40 usa el término griego— πρῶτος–prōtos—el primero— este término significa en sí ordenar nuestras prioridades de vida. Este término se usa varias veces y de diferentes maneras; sin embargo, en el contexto que Jesús lo usa en el v38 va dirigido específicamente a tener a Dios y al prójimo en primer lugar. Es poner en privilegio el servicio que alguien presta a otros, es priorizar a los demás. Por eso el Señor cierra con el v40: *De estos dos mandamientos depende toda la ley y los profetas*. «Vivimos en un mundo que está enfermo psicológicamente. Nuestra conducta, nuestras palabras, en fin, todo lo que hacemos y decimos es evidencia de esta convalecencia psicotraumática[...] En forma objetiva el mundo es responsable por muchas de nuestras aflicciones. *Si fuerais del mundo, el mundo amaría lo suyo*, Jn. 15:19.[19] El mundo aborrece todo lo que la iglesia

[18] *Ibid,* pp.218,219.
[19] Silva, Kittim., *"Bosquejos para Predicadores, vol. 1"*, p.146.

hace, porque lo que hacemos pertenece a la eternidad y no a este mundo caído. Si la iglesia sirve al mundo es porque la prioridad para el Señor siempre fue estar al servicio de los hijos de Dios y además el número de los elegidos todavía no se ha completado y como nosotros no sabemos quiénes son los elegidos, debemos hacer el bien sin saber a quién. El hipercalvinismo no haya lugar en esta cosmovisión del servicio cristiano porque su cosmovisión cristiana niega el evangelio. Como iglesia, siguiendo el ejemplo del Señor, debemos siempre estar al servicio de los demás y ponernos a las órdenes de aquellos que necesitan de nosotros. Como iglesia debemos tener presente que amar a Dios con todo el ser y amar al prójimo como a nosotros mismo, de esto depende toda la ley y los profetas.

Parte importante en el servicio cristiano es orar los unos por los otros. Si queremos ver una iglesia fuerte y saludable debemos orar por nuestros hermanos. «La oración es el agente vitalizador, realístico e internalizado de la teología cristiana. A través de la oración podemos comunicarnos con Dios, presentar nuestras necesidades, rogar por la paz mundial, interceder por nuestros enemigos, suplicar por nuestros seres queridos y tantísimas otras cosas».[20] La oración nos conecta y vitaliza para construir lazos irrompibles. Sin embargo, el hecho de que la iglesia hable acerca del amor y entrega por los demás contradice por completo la filosofía humanista. El mundo enseña como principio de vida, amarse a uno mismo, pensar en uno mismo, cuidarse a uno mismo, vivir para uno mismo antes de ver por los

---

[20] *Ibid*, p.153.

demás. Pero la Biblia condena esta manera egocéntrica y pagana de vida. Nuestra responsabilidad cristiana primero esta con las cosas que glorifican a Dios y luego debemos mostrar amor al prójimo, apoyando al necesitado, a la viuda y al huérfano; esta es una forma de rendirse por completo al señorío de Cristo, porque todo el que se preocupa por los demás y le extiende una mano de ayuda, el Señor dice que es un servicio a Él. Mt. 25:40. Así que, el que no viste, da de comer o ayuda a su prójimo, este se ha vuelto enemigo de Dios v45. «Dios en sus propósitos señala de antemano las buenas obras especiales para cada uno, y el tiempo y las maneras que él cree más convenientes. Por su providencia prepara las oportunidades para *las obras,* y *nos* prepara a *nosotros* para la ejecución de las mismas Jn. 15:16; 2ª Tim. 2:21».[21] La vida cristiana es mucho más que asistir a los cultos con regularidad, la vida Cristo es de autonegación y servicio a los demás con devoción y entrega.

Terminología importante acerca de lo que significa el servicio cristiano. Ya dijimos que la palabra griega — πρῶτος–prōtos — significa poner a Dios y al prójimo en primer lugar — en otras palabras, es en sí ordenar nuestras prioridades de vida para que rindan gloria a Dios. La palabra — δοῦλος–doulos — se usa para describir a un siervo. Este es un sustantivo que afirma que una persona es propiedad de otra, especialmente identifica a un esclavo, alguien que fue comprado por precio. Esta persona vive para servir a su amo, y no ejerce su propia voluntad. El apóstol Pablo usa este término para describirse a sí

---

[21] Jamieson, Roberto Fausset, A. R. y Brown, David., "*Comentario exegético y explicativo de la Biblia - tomo 2: El Nuevo Testamento*", p.474.

mismo como un esclavo del Señor y Salvador Jesucristo. Esta misma palabra se usa para describir a un
siervo, a alguien que sirve a los demás sin interés alguno; con esta palabra también se describe el servicio que un funcionario público presenta delante del
pueblo. ¡Que diferente fuera la política si cada una
de las personas que la ejercen entendieran que fueron puestos por Dios en posiciones de honor para
prestar un servicio al pueblo! «Democracia es el derecho del pueblo y para el pueblo». Solo el evangelio
tiene un servicio que reconcilia las buenas obras con
le fe cristiana. «La iglesia puede degenerar tan fácilmente en una organización, o incluso, tal vez, en un
club social o algo por el estilo. Eso claramente no ha
cambiado, incluso si esas expresiones de «la iglesia»
han disminuido drásticamente en tamaño».[22] En el
servicio que la iglesia presenta al mundo, esta debe
tener cuidado para no convertirse en un centro de
beneficencia y nada más; la prioridad de la iglesia es
la proclamación del Santo Evangelio de gracia.

Otra palabra y quizá la que más se usa en el
Nuevo Testamento es la palabra —διάκονος-
diákonos— etimológicamente el término significa:
servidor, asistente, servir, ministro, etc. Un diácono
es una persona que trabaja para prestar servicio a los
demás. Una persona que ejerce el oficio de diaconado se preocupa de todas aquellas necesidades y
los medios de sostenimiento de una comunidad de
creyentes. Estas personas están al servicio de la congregación y más allá, su trabajo es cuidar de que las

---

[22] Jackman, David., "«*Preaching that Changes the Church*», en *Serving the Church, Reaching the World: In Honour of D. A. Carson*, ed. Richard M.", p.3.

necesidades de las viudas y los huérfanos sean suplidas con responsabilidad y cuidado pastoral Hch. 6:1-7. Por otro lado, también se encargan de la administración de los bienes que se designan para el apoyo de las comunidades marginales y de la iglesia local. Por eso, los diáconos deben ser personas que amen el servicio cristiano. «El Antiguo Testamento provee de principios fundamentales para guiar la diaconía cristiana y para comprender nuestras sociedades desde la perspectiva bíblica. El viejo pacto, pues, nos muestra al único Dios del Universo proveyendo para las necesidades del hombre con una inquebrantable misericordia. Nos muestra su acción de velar por las necesidades de los pobres, desvalidos y menesterosos».[23] El ministerio del diaconado tiene su origen en el antiguo pacto, porque Dios siempre se preocupa por las necesidades de su pueblo. Si la iglesia tiene un Dios que ama de esta forma, ¿Cómo debe reaccionar? La iglesia fue llamada a amar a Dios con todo el ser, pero a poner las necesidades del prójimo por encima de sus propias necesidades. «En el Nuevo Testamento, el Dios encarnado en Jesucristo, expresa su abundante gracia, llevando su obra de misericordia a las profundidades del *servicio y la redención*. El pueblo escogido es la iglesia de Cristo que es de dimensión universal. Esta *comunidad redimida*, como expresión concreta del amor y la gracia, se transforma también en una *comunidad de servicio*».[24] Es la comunidad del pacto sirviendo a los elegidos por amor.

---

[23] Ramírez, Alonzo., "«*El Diácono*», en *Manual de capacitación de ancianos gobernantes y diáconos*", p.164.
[24] *Ibid,* pp.164,165.

Sin embargo, este servicio cristiano no se limita solo a la iglesia, a los miembros de la iglesia; esta es una forma activa para hacer evangelismo y ministerio de compasión en la comunidad también. El amor de Dios y de la iglesia se muestran con acciones. Cuando el amor falta, las palabras sobran y cuando el amor abunda, las palabras cobran vida. «La diaconía como servicio a la iglesia y a la comunidad, es más amplio que lo que cualquier persona pudiera imaginarse [...] La diaconía es la praxis del amor de Dios (ágape), encarnado a través del servicio que presta cada uno de sus fieles creyentes a favor de los pobres y menesterosos, y por el bien de los demás miembros de la iglesia como cuerpo de Cristo».[25] Los apóstoles vieron que en la iglesia naciente había una necesidad y accionaron para suplirla Hch. 6, los diáconos debían ser separados para el trabajo del cuidado de las viudas. «Trabajo, dentro de este contexto, indica prestar o realizar un servicio a favor de los demás. Se refiere a la diaconía, que es el servicio voluntario y desinteresado que la iglesia realiza a favor de las personas necesitadas, mayormente hacia los de la familia de la fe Gal. 6:10».[26] Pero este servicio no se limita solo a los diáconos, sino a todos los hijos de Dios que cuidan los unos de los otros.

Como siervo, Jesús es el ejemplo que la iglesia debe seguir. El profeta Isaías introduce al Señor Jesús como el siervo sufriente, el que llevó en sus hombros todas las desdichas del hombre caído Is. 53:1-5. La misma introducción al capítulo nos muestra la

---

[25] Bello Valenzuela, Silverio Manuel., "*Diaconado Eficiente Para la Iglesia de Hoy*", p.35.
[26] *Ibid*, pp. 35,36.

clase de servicio que el Señor vino a presentar a favor del pueblo de Dios. El pueblo de Dios de la antigua alianza tiene una promesa de restauración en el Mesías v1, es a ese pueblo que Dios revele su gracia. «No puede haber fe sin revelación previa; sobre el fundamento de la sola observación humana (2cd, 3ab) no existe discernimiento sobre quién es realmente el Siervo. *Creído* (*heʾemîn leʾ*) significa creer en lo que se dice, creer en hechos (cfr. Gen. 45:26; Dt. 9:23). El profeta habla por aquellos que más tarde creerán, pero los identifica con una gran audiencia que contemplaba al Siervo sin comprender».[27] Son solo aquellos a los que Dios les ha revelado su gracia por los que el Mesías viene. El siervo de Jehová, el Mesías será sin atractivo para que nadie le desee v2. En otras palabras, será un hombre común y corriente, nada especial a la vista del hombre tendrá, pero en Él se manifestará la gloria de Dios, la divinidad y la magnificencia y gloria con la que este vestido en la eternidad. Será despreciado por los hombres y todo el castigo y angustia de su pueblo llevará sobre Él vv3,4. Aun con todo, el pueblo que no es de Dios le ha tenido por indigno, pero Él ha sido molido y abatido por el pecado de su pueblo y el castigo que merecían nuestros actos fueron puestos sobre Él v5. Sobre sus hombros pesaba el castigo que había sido destinado para el pecador. Aunque no fue pecador, el Mesías se hizo pecado para que su paz fuera sobre el pueblo de la alianza. así como el pacto de su paz «54:10) expresa la idea doble «mi paz-pacto», el «castigo de nuestra paz» significa «nuestra paz-castigo»,

---

[27] Motyer, J. A., "Isaías: Admirable, Padre Eterno, Príncipe de Paz, trans. Daniel Menezo, 2ª Edición., Comentario Antiguo Testamento Andamio", p.578.

el castigo necesario para asegurar o restaurar nuestra paz con Dios. *Paz* (*šālôm*) procede de √*šālēm* («estar entero, completo»), lo cual indica una plenitud total, que abarca la realización personal, la sociedad armoniosa y la relación segura con Dios».[28] El pueblo de la promesa ha sido curado por las llagas que hicieron los clavos, la lanza y los azotes que recibió por amor a nosotros y nos otorgó de forma gratuita su paz que viene del perdón.

Este es el más glorioso servicio que jamás nadie haya podido hacer por la humanidad. Cristo es la respuesta a un mundo lleno de tragedia y es la manifestación del verdadero servicio en pro del prójimo. Jesús dice, «*Vosotros sois mis amigos*» Jn. 15:14. Ya Jesús había hablado acerca de la amistad, pero ahora introduce algo nuevo: «Son exactamente los mismos requisitos de obediencia que aquellos (15:10) para permanecer en su amor (*agapē*) [...] El sentido del versículo es que la obediencia a los mandatos de Jesús define lo que significa ser sus amigos».[29] Él es nuestro amigo fiel, ya que Él puso su vida por nosotros, tomó nuestro lugar y nos devolvió la dignidad perdida en la caída; así que, con autoridad divina, el Señor nos llama sus amigos y ya no somos simple siervos v15. La seguridad de esta relación se afirma cuando el Señor dice: «*Vosotros no me escogisteis a mí, sino que yo os escogí a vosotros*», v16. «No dijo esto sólo como referencia al período de reclutamiento que hizo en Galilea. Es una verdad que viene de la eternidad pasada, de los decretos de Dios

---

[28] *Ibid*, p.583.
[29] Borchert, Gerald L., "*Juan 12-21, ed. E. Ray Clendenen, vol. 4B, Nuevo Comentario Americano del Nuevo Testamento*", Juan 15:14.

mismo. A los discípulos y a nosotros también, el Señor nos ha escogido soberanamente con un propósito: «*para que vayáis y llevéis fruto*».[30] La seguridad de que pertenecemos a Dios está resuelta cuando entendemos que Cristo nos escogió a nosotros, porque nosotros jamás hubiéramos podido escogerle a Él. Sin Cristo estamos imposibilitados para ir a Dios. «Es absolutamente crucial, siempre que se discute el tema de la elección, darse cuenta de que la elección no tiene que ver con el privilegio, sino con el propósito [...] Así que aquí también la "elección" y el "llamamiento" de los discípulos no es simplemente por el privilegio de ser seleccionados para un grupo de élite, sino con el propósito específico de dar fruto».[31] La base de esta relación está en que el Padre nos eligió a través de Cristo como su pueblo y por ser de Cristo, la iglesia puede pedir al Padre con seguridad de que Él oye y responde a su plegaria. «La persona en plena comunión con Cristo gozará de fruto perdurable. Cosas permanentes en esta vida no las hay, a pesar de lo que publican los anuncios comerciales. Pero el fruto de un creyente en comunión con el Señor durará para siempre».[32] La iglesia está obligada a llevar fruto. Así que, debe seguir el ejemplo de entrega total y servicio presentado por Cristo en favor de pecadores como éramos nosotros. Por gracia somos salvos. El servicio fue la obra que Jesús vino a hacer Mt. 4:10. De hecho, el servicio fue la esencia del ministerio terrenal del Señor Mt. 20:28; Lc. 13:6-10.

---

[30] Platt, Alberto T., "*Estudios Bíblicos ELA: Para que creáis (Juan)*", p.111.
[31] *Ibid*, Juan 15:16.
[32] *Ibid*, p.112.

El Principio de Jesús Acerca del Servicio

En la enseñanza de Jesús a sus discípulos acerca del servicio cristino es donde encontramos el secreto de la verdadera grandeza de este: «*Quien quiera ser grande entre los discípulos será el siervo de todos*», Lc. 22:26. «La vida cristiana de seguimiento a Cristo, no tiene otra vía más que la de servirse por amor los unos a los otros (Gál. 5:13). Esa es la suprema grandeza y la total libertad, pero, para llevar a cabo un ministerio de servicio desinteresado que incluso llegaría a dar la vida por los hermanos 1ª Jn. 3:16, se requiere un espíritu humilde».[33] Así que, el primer principio que encontramos aquí es el de *humildad*. La persona humilde y sumisa siempre va a ver a los demás con misericordia y con amor sacrificial. Por esta razón, los discípulos deben aprender el verdadero sentido del discipulado, es mantener la mansedumbre e irla perfeccionando en la palabra de Dios. «Todo verdadero cristiano, cuya vida vive en dependencia y control del Espíritu, busca el bien de los demás y no el suyo propio 1ª Co. 10:24. Es necesario volver a enfatizar aquí que lo que la Iglesia necesita son menos *grandes* y más *siervos*».[34] Observemos algunos principios del verdadero servicio: (1) el servicio a Dios es exclusivo—. «*No se puede servir a dos señores*» Lc. 16:13. «Por el vocablo que usa en el pasaje, se ve que el Señor tenía en mente algo semejante a lo que hoy en día se suele llamar "sirviente de casa", un esclavo, no un empleado [...] Es un esclavo que sirve a un solo amo, y no puede servir a otro. No importa lo que haga, no puede servir al mismo tiempo

---

[33] Pérez Millos, Samuel., "*Lucas, Comentario Exegético al Texto Griego del Nuevo Testamento*", p.2,269.
[34] *Ibid*, p.2,269.

a las cosas materiales (bienes) y a lo espiritual (Dios)».[35] Es un error por ejemplo pensar que nosotros podemos solucionar los problemas de toda la gente o que solos podremos cambiar el mundo; el verdadero servicio depende de Dios y se fortalece sirviendo a Dios y luego como desborde de gracia alcanzará a todos aquellos que Dios atrae hacía la persona de Cristo y hacía la iglesia para que la ministre y ayude. Recuerden, servimos a Dios, sirviendo a los demás Mt. 25:40. (2) el servicio es esencial para las buenas relaciones—. «La intención del Señor no es poner a ricos contra pobres o la abundancia versus las limitaciones, sino indicar que todo depende de la actitud que tengamos hacia el dinero. Todos, ricos y pobres, tenemos que cuidar este punto».[36] Aunque el dinero es un asunto de mucho problema en la iglesia, no debemos de olvidar que necesitamos de los recursos para que el creyente se entregue por completo a la obra de compasión. Sin dinero no se puede hacer obra social. Recuerden lo que Jesús dice: «*Dar un vaso con agua a un hermano tiene su recompensa en el Reino del Señor*», v40. Solo los que tienen corazón de siervo pueden hacer estas cosas con amor y fidelidad al pacto. (3) el servicio es un mandamiento—. Todo aquel que es de Dios sigue un principio de vida; se ha despojado de sí mismo y deja que Cristo sea formado en él para que Cristo crezca en su interior y las marcas de su gracia le sostengan hasta el día de la redención.

---

[35] Platt, Alberto T., "*Estudios Bíblicos ELA: Verdadero hombre, verdadero Dios (Lucas Tomo II)*", p.57.
[36] *Ibid*, p.58.

El Carácter del Siervo de Dios

Cuando Josué vio que el pueblo de Israel había dejado el pacto y se había inclinado a los deseos de su corazón y a la idolatría; este hizo un llamado enérgico: «*Ahora pues, temed al Señor y servidle con integridad y con fidelidad*», Jos. 24:14. En este versículo encontramos varios principios de servicio: (a) el termo del Señor. Un verdadero cristiano teme ofender a Dios y guarda sus mandamientos bajo cualquier condición. «No hay alteración en el carácter de la gracia ya que no hay desviación en el carácter del Dios al que revela. Por tanto, este pasaje debe alentarnos sin duda a revisar nuestra herencia espiritual Ef. 1:3 […] Josué 24. Efesios 1 nos recuerda nuestra elección, adopción, redención, perdón, conocimiento de la voluntad de Dios y la herencia del reino eterno».[37] Ninguna de estas bendiciones llego al pueblo del pacto por medio de fuerza, sino por gracia, la gracia de Dios. «No contribuimos en nada y nada podemos aportar. Somos personas de inmerecida, pero abundante, misericordia de principio a fin. Solo la gracia define quiénes somos realmente».[38] (b) el servicio. Aunque aquí servicio tiene que ver con la forma de presentarse delante de Dios en sujeción y adoración; también se define el servicio en dos palabras que tienen que ver con las virtudes de un carácter piadoso: Primero, servir con integridad. El cristiano que sirve en algún cardo de liderazgo u oficio de ayuda social debe ser intachable, una persona en la que se pueda confiar a ojos cerrados. No ladrón, avaro o pendenciero. Es un trabajo

---

[37] Jackman, David., "*Josué: Personas según el propósito de Dios, trans. Loida Viegas, 1ª edición., Comentario Antiguo Testamento Andamio*", p.237.
[38] *Ibid*, p.237.

de honor servir a Dios, por medio de servir a los demás. Segundo, servir con fidelidad. Esta es una de
las características del fruto del Espíritu, FE. Fidelidad al pacto, fidelidad a la iglesia y fidelidad al en-
tablar relaciones. Dios ama a los siervos que se sostienen fieles a Dios en todo tiempo.

Josué hace un llamado final, «*Quitad los dioses que
hay entre vosotros*», v14b. La idolatría siempre desemboca en el castigo de Dios. La idolatría endurece el
corazón, ciega el entendimiento y nubla la vista. La
única manera de permanecer fieles a Dios es a través
de permanecer en el pacto. Así que Josué lanza un
reto al pueblo: «*si no os parece bien servir al Señor, es-
coged hoy a quién habéis de servir: si a los dioses que sir-
vieron vuestros padres, que estaban al otro lado del Río, o
a los dioses de los amorreos en cuya tierra habitáis; pero
yo y mi casa, serviremos al Señor*», Jos. 24:15. «El temor
tiene que ser la respuesta subyacente a todo lo que
el Señor ha hecho por ellos hasta ahora. Lo que había
realizado en Egipto, a Sehón y a Og, y a las alianzas
de los reyes cananeos fue formidable, incluso terro-
rífico. Sin embargo, el temor no es aquí un horror
paralizante, sino un asombro reverencial».[39] Este es
un ultimátum, o se entregan a Dios de todo vuestro
corazón o entréguense a satanás de una vez y por
todas. No debemos de jugar a la iglesia. Dios es celoso de su pacto y no permitirá que su pueblo se co-
rrompa, así que o se arrepienten, o condénense, pero
no jueguen con Dios. «Josué, celoso por la causa de
Jehová, con gran convicción personal, y usando la
retórica que se esperaría de alguien de su calidad,

---

[39] *Ibid*, p.238.

¡sacó a la luz la idolatría secreta! Con la espada afilada del sarcasmo, ¡sugirió que el pueblo escogiera entre los dioses de Egipto y los de los amorreos».[40] Josué tiene que dejar tal vez lo que será el último mensaje en la mente del pueblo, «Ustedes sabrán a quien sirven, pero mi casa y yo serviremos a Jehová, el único Dios verdadero», [énfasis añadido]. Los dioses de los egipcios y todos los pueblos paganos, son dioses que se parecen a ellos, pero Jehová es celoso del pacto y no tomara por inocente a todo aquel que quebrante su pacto. las consecuencias de ir en contra de Dios son nefastas, así que la palabra está dada. «Era un día de decisión para Israel, pero existe un sentido en que cualquier nuevo día es un día de decisión para cada uno de nosotros cuando entendemos las exigencias presentes de la gracia de Dios. Los desafíos nos llegan en todo tipo de contextos, con una variedad de opciones.»[41] solo los que sirven a Dios verdadero tienen vida eterna. Los dioses falsos perecen con sus adoradores, pero el Dios de la iglesia a quien servimos fortalece nuestro espíritu hasta el día de la redención.

¿Cuál es entonces el verdadero servicio cristiano? El único servicio a Dios debe presentarse llevando a cabo las siguientes características: se debe temer a Dios con temblor. Todos aquellos siervos de Dios deben reflejar el temor de ofender a Dios, de blasfemas su nombre, de menospreciar su obra y de desproteger a su iglesia. «¿Qué tan diferente crees que sería la vida si tú y yo tuviéramos una visión de Dios

---

[40] Platt, Alberto T., "*Estudios Bíblicos ELA: Promesas y proezas de Dios (Josué)*", p.113.
[41] Jackman, David., "*Josué: Personas según el propósito de Dios trans. Loida Viegas, 1ª edición., Comentario Antiguo Testamento Andamio*", p.239.

clara y precisa? Eso sería mejor que vagar por la nie-
bla de cualquier percepción incorrecta que pudiéramos tener de Dios, ¿no? ¿Cómo conocerlo *como Él es*,
en lugar de *como suponemos que Él es*, impactaría
nuestras luchas contra el temor, la ansiedad y la
preocupación?».[42] Cuando tenemos el conocimiento
correcto de Dios, tal y como es y lo que puede hacer
es un arma poderosa en las manos del pueblo de
Dios. Por otro lado, el termo de Dios está conectado
con el cuidado que se tiene por hacer las cosas bien.
A Dios se sirve de todo corazón. En el servicio cristiano, no se debe dejar algo para nosotros y limitarse
en el apoyo a los demás pudiendo, esto es idolatría.
Todo aquello que no glorifique a Dios, nos lleva a
negar su nombre. A Dios se le sirve con toda seguridad. «Si tú piensas que el amor que Dios te tiene depende de tus acciones, si piensas que está sentado en
el cielo esperando que cometas un error para jalar la
alfombra debajo de ti, si crees que necesita algo de ti
para poder bendecirte, entonces tu corazón se lle-
nará de temor».[43] Por otro lado, el servicio debe hacerse en familia. Toda la familia del siervo de Dios
(ministro, anciano y diacono) deben servir a Dios
juntos. La familia del siervo es importante en el ministerio, ya que juntos están llevando a cabo una labor transformadora e importante para el reino de
Dios. Josué dice: *«pero yo y mi casa, serviremos al Señor»*, Jos. 24:15, el servicio cristiano se fundamenta
en servir al Señor.

El perfil de un buen obrero lo define la Biblia. El
apóstol Pablo establece las bases de un buen obrero

---

[42] Fitzpatrick, Elyse., *"Venciendo el Temor la Preocupación y la Ansiedad,
trans. Cynthia Piñeda Canales"*, p.211.
[43] *Ibid*, p.216.

o siervo de Jesucristo en 2ª Tim. 2:24,25. El buen obrero debe ser: (a) amable en el trato a las personas. Un obrero iracundo, tosco y déspota es un mal obrero, pero un obrero que mide sus palabras y habla con cordura fortalece las relaciones con los demás. «Aquí vemos establecido el deber del ministro cristiano y también el deber de todo cristiano. Busquemos, en la gracia del Espíritu Santo, llevarlo a cabo, siendo a la vez firmes, amables y amorosos de corazón, y sin embargo, honestos con la verdad tal como se presenta en Jesús».[44] No se trata de ser alcahuete, sino de cuidar las palabras con las que tratamos a las personas. Todas las personas merecen ser tratadas con respeto. (b) el siervo debe ser apto para enseñar. Las personas que son puestas para servir a los demás deben conocer las Escrituras, un neófito puede llevar al pueblo al error doctrinal y a la condenación. Así que, el obrero debe ser entendido de las disciplinas que interpretan la palabra de Dios. «Si queréis que un hombre difunda el evangelio entre sus semejantes, debe ser uno que pueda predicar Debe ser hábil en la enseñanza. Debe tener una forma de dejar claro lo que quiere decir y de ganar la atención para que los hombres puedan estar dispuestos a escucharlo. Nuestro Señor tenía esta gran capacidad en grado sumo».[45] Un buen orador, pero que además presenta contenido doctrinal sólido, vale la pena oírlo. (c) debe ser sufrido. Este obrero debe sacrificarse porque las cosas salgan bien en su trabajo. No por cualquier cosa sale corriendo de iglesia en iglesia, o de obra en obra. El buen obrero sabe

---

[44] Spurgeon, Charles., "*Comentario Spurgeon: 2 Timoteo, ed. Elliot Ritzema*", 2 Ti 2:24.
[45] *Ibid*, 2 Ti 2:24.

soportar los embates de la vida y llevar la verdad sin importar lo que tenga que sufrir. Sabe esperar en Dios y responde a los ataques con sabiduría y prudencia. (d) es manso al corregir. Se debe corregir a los hermanos en la fe, se hace con mansedumbre, pero al corregir el pecado debe hacerlo enérgicamente. «El ministerio de instruir en la sana doctrina es el antídoto para contrarrestar la que no es saludable. Pero vendrá el momento en que la doctrina tiene que incluir la corrección dirigida específicamente a los que enseñan el error. La disciplina tiene el propósito de que ellos se arrepientan de su equivocación».[46] Además, un verdadero siervo, sirve a Dios por las razones correctas y se entrega totalmente a este servicio. No deja nada para él. Su obligación es con su familia, la iglesia y la comunidad en la que sirve. «Timoteo y todos los líderes cristianos, cuando enfrentan en la iglesia las falsas doctrinas, han de velar por su propia conducta, desechar las riñas, enseñar la verdad y corregir a los que se oponen a la verdad».[47] El trabajo del obreros, siervo y fiel ministro es corregir en amor el engaño y aquellas cosas que dividen el rebano del Señor. Cada cristiano debe promover la verdad en amor.

Conclusión

El servicio cristiano solo puede llevarse a cabo cuando el amor de Dios habita y domina nuestros corazones. Servimos a los demás, porque Dios nos llamó al servicio y Él en Cristo es el ejemplo perfecto

---

[46] Orth, Stanford., *"Estudios Bíblicos ELA: Toma la estafeta (2da Timoteo)"*, p.92.
[47] *Ibid*, p.93.

de siervo sufriente Is. 53. Cristo se entregó voluntariamente por amor a viles pecadores que necesitaban perdón. Por eso podemos decir con el apóstol Pablo «*Mas Dios muestra su amor para con nosotros, en que siendo aún pecadores, Cristo murió por nosotros*», Ro. 5:8. Servir a los demás no es una opción, es una necesidad y una responsabilidad cristiana. En otro tiempo nosotros éramos hijos de ira, y sin esperanza, hasta que Cristo vino y nos reconcilio con el Padre y nos hizo aceptos en Él amado. Así que, aunque éramos pecadores dió su vida por nosotros para que fuéramos hijos de justicia y siervos según el plan de redención eternamente elaborado por Dios y confirmado en el tiempo por la obra del Hijo en la cruz. ¡A Dios sea la gloria!

¡Qué grande es el servicio cristiano! ¿Cómo se debe servir a Dios? El servicio a Dios debe ser con diligencia, entusiasmo, excelencia y constantemente. No perezosos ni relajados, a Dios se debe servir con entusiasmo, gozo, sacrificio, temor, esperanza, continuidad y generosidad. El cristiano verdadero no escatima esfuerzo, tiempo y dinero para ayudar a los demás en sus necesidades. Cuando el cristiano entiende que el servicio que presenta a la iglesia de Dios es por amor a Cristo y en obediencia al llamado que Él les ha hecho, las cosas se hacen más fáciles, no sirvo por intereses propios o vanagloria, sino por amor. Cristo es nuestro ejemplo de entrega y nuestro Salvador. A Él sea la gloria e imperio por los siglos, amen.

Preguntas de Estudio
1.   Según el autor, ¿Qué es la oración?

2.   Según el autor, ¿Qué sucede con el que es llamado a la salvación y el que es abandonado en su pecado?

3.   ¿Cuáles son las tres formas que definen la condición del esclavo?

4.   ¿A Quiénes Sirve la Iglesia?

5.   ¿De quienes fue llamado el cristiano a cuida sobre todo?

6.   Según el autor, ¿Qué se debe hacer para ver una iglesia fuerte y saludable?

7.   ¿Cuándo se resuelve la inseguridad de nuestra salvación?

8.   ¿Qué es lo que va a pasar con la persona humilde y sumisa?

9.   ¿Cuáles dos elementos podemos encontrar en la frase: "*Ahora pues, temed al Señor y servidle con integridad y con fidelidad*" Jos. 24:14?

10. ¿Cuáles son las cuatro bases de un buen obrero?

11. ¿En qué libro y capítulo de la Biblia encontramos al Siervo Sufriente?

8

La Misión de Dios

Introducción

La misión de la iglesia siempre ha sido llevar el mensaje de salvación a los perdidos. Por eso, desde que Dios llamó a Abraham, la misión de la iglesia es dar a conocer a Dios al mundo que se alejó de Dios por causa del pecado y así establecer el Reino de Dios en este mundo. Nada tiene mayor relevancia en la iglesia que la obra misionera. «Todo avivamiento o movimiento misionero a lo largo de la historia de la iglesia se caracterizó—al margen de otras modalidades que lo hayan acompañado—por una compulsiva premura por proclamar las buenas nuevas a los perdidos».[1] Así que, se puede decir que esta verdad es establecida en la premisa de que Dios es el primer y gran misionero; por ende, tiene la solvencia moral y económica de mandar a su iglesia a hacer la obra misionera que Él inicio antes de la fundación del mundo.

La obra misionera de la iglesia es la respuesta a un Dios que vive para su gran proyecto de vida. Sí, eso es lo que es la misión; un proyecto de vida, donde Dios es el principal protagonista llevando

---

[1] Bertuzzi, Federico., *"El Despertar de las Misiones"*, p.55.

vida a los perdidos por medio del trabajo misionero de la iglesia. «La salvación es un proyecto divino anterior a la creación. No es un plan de contingencia inventado el día que los seres humanos pecaron. En el seno de la divinidad se consideraron los hechos y las necesidades, y se programó la venida del Salvador para ofrecer su sacrificio vicario. 1 P. 1:18-20».[2] La iglesia no llegó a ser el ente que Dios usa para dar o proclamar vida; la iglesia es el ente que lleva el evangelio que inyecta vida a los elegidos de Dios que viven muertos y atropellados por el pecado. Por la obra de Cristo, Dios llama a sus elegidos a la vida y resucita los huesos secos que están inertes y abatidos por el enemigo Ez. 37:1-14.

La iglesia no tiene una misión propia. La iglesia solo le da continuidad a la misión que Dios estableció desde antes de la fundación del mundo Ef. 1:3-14. Este hecho nos lleva entender que las misiones no son un ministerio más de la iglesia, son el quehacer de la iglesia. La iglesia fue llamada a ser misionera. «El Ser Creador y diseñador del plan de salvación. El proyecto es cien por ciento divino, desde su origen y diseño hasta su aplicación y consumación. Stg. 1:17, 18. Dios es el ejecutor y protagonista en este programa. Él da la promesa, inspira la profecía, origina la simiente y la conserva».[3] El programa redentivo del plan de redención y su ejecución es toda obra de Dios. El plan de redención fue elaborado en el cielo y confirmado en la encarnación del Hijo, siendo Él el único con la capacidad de satisfacer las demandas de Dios y ratificar el pacto llevado a cabo

---

[2] Saucedo V., José M., *"Vayamos O Enviemos, Pero Hagamos Misiones, ed. David Alejandro Saucedo Valenciano"*, p.20.
[3] *Ibid*, p.22.

con los elegidos Jn. 3:16; Hb. 2:14-18. Por siglos la iglesia ha mal utilizado el ministerio de misiones y ha mal utilizado la razón de la misión. La misión de la iglesia en su sentido estricto es llevar la palabra al pueblo elegido de Dios para que se torne a Dios y cuando esto suceda el Señor regresará por su pueblo. Jesús el Hijo de Dios no ha regresado porque el número de los elegidos no ha sido completado, pero cuando esto suceda el Señor vendrá a juzgar a los vivos y a los muertos.

La *Misio Dei*: La Misión de Dios

Ya dijimos que Dios tiene una sola misión, la salvación de sus elegidos. Él se enfoca y pide que sus misioneros se enfoquen en el hecho de que hay un pueblo suyo que camina sin dirección todavía a los que tiene que llamar a su reino. El fundamento Misiológico en muchos casos ha sido establecido más que todo en el famoso pasaje misionero de Mt. 28:18-20, sin embargo, al estudiar la Biblia correctamente nos damos cuenta de que hay una misión muchos más amplia que la que narra Mt. 28; sobre todo, sabemos que la misión inicia en la eternidad cuando el Plan de Redención fue establecido por el Padre en su sola y santa voluntad. Es decir, el Padre es el primer misionero que manda a su Hijo al mundo para salvar a sus elegidos del infierno eterno y después el Padre y el Hijo envían al Espíritu Santo para ejecutar paso a paso este plan y para capacitar a la iglesia para cumplir con el plan misionero. «La predicación del evangelio es algo que lleva implícita la urgencia. Esta urgencia nos impele a proclamar las buenas nuevas a todas las naciones y está sustentada por varios factores […] La urgencia de la predicación se resalta por el estado desesperado en que se encuentra sumido el hombre».[4] El hombre vive en una condición miserable sin Dios, pero esto no se puede comparar con lo que le espera cuando sea juzgado por el gran juez. Su futuro está en gran peligro sin Dios. Así que, el Espíritu Santo constantemente nos impulsa a predicar el evangelio de gracia como el único antídoto para escapar del castigo divino.

Con frecuencia oímos decir debe cambiar al mundo, pero la iglesia solo es el instrumento que Dios usa para llevar el evangelio cuya base radica en la obra de la cruz. Cristo no es el segundo Adán, Jesucristo es el único camino al Padre, Él es el Salvador del pueblo del pacto. así que, se hace necesario afirmar nuevamente que Dios ha elaborado plan, el Plan de Redención, es el único plan que existe; y este palan se centra en su misión reconciliadora en beneficio de sus elegidos. Pablo en la carta a la iglesia de Éfeso comienza con su acostumbrado saludo pastoral, pero del verso tres en adelante hasta el catorce deja en la mente del lector que hay una obra que no depende de nosotros, sino de la pura gracia de Dios revelada en su plan eterno e inmutable. Con este plan el resultado es, grandes bendiciones para los creyentes en los lugares celestes y en la tierra por supuesto, pero todo para la gloria del Dios Padre, del Dios Hijo y del Dios Espíritu Santo. Por esta razón, «La evangelización y las misiones deben sustentarse sobre una sana teología. Y una sana teología enseña que el hombre, quienquiera que sea, está por naturaleza perdido y es digno de toda condenación, haya

---

[4] *Ibid,* pp.55,56.

oído el evangelio o no.[5] Porque nada de lo que haga el hombre le dará salvación y todo lo que la iglesia hace es para gloria del Tri-Un Dios. La misión de la iglesia la define y establece Dios y no un sistema de trabajo de alcance. Por novedosos que parezcan los métodos de misiones, estos carecen de valor cuando no sigue la línea que Dios ha trazado para que se ejecute.

Así que hay tres razones por las que debemos llevar a cabo la misión con urgencia: Primero, la condición humana. El hombre después de la caída fue corrompido por completo. La doctrina sana jamás aceptará que el hombre este parcialmente corrompido, todo lo contrario, el ser humano quedó en completa miseria espiritual por causa del pecado, pero la parte física también fue afectada. El estado presente del hombre es funesto. Hoy podemos ver guerras, hambre, pobreza, injusticia social, enfermedades terminales, entre muchas otras cosas. Esto solo se puede explicar a la luz del estado de pecado en el que el hombre vive, so apenas una pocas manifestaciones del estado de depravación y maldad en la que el hombre vive. Aunque debemos decir que llenar el mundo del evangelio de gracia no significa cristianizarlo, es más bien proclamar la verdad del evangelio que nos dejó el Cristo resucitado y ascendido. «La evangelización del mundo no consiste en traer todo el mundo a Cristo, sino en llevar y ofrecer a Cristo a todo el mundo. El concepto que palpita y predomina en todo el Nuevo Testamento es la responsabilidad que tiene la iglesia de hacer conocer a

---

[5] *Ibid*, p.58.

Cristo a cada ser humano».[6] El planeta en los últimos dos siglos ha sufrido un crecimiento demográfico exorbitada y la iglesia debe hacer las misiones de acuerde a este crecimiento, pero la iglesia está padeciendo de un fenómeno, enfriamiento misional y se ha encerrado en las cuatro paredes del templo y no está saliendo a hacer la obra misionera.

Las estadísticas hablan por sí solas. «Se calcula que todavía no han oído el evangelio unos mil trescientos millones de personas, que conforman cerca de ocho mil grupos etnolingüísticos y sociales distintos. Entre ellos la iglesia aún no ha sido debidamente establecida, y esas regiones deberían constituir el foco de atención de nuestras oraciones y esfuerzos misioneros a largo plazo».[7] La razón por la que la iglesia esta pasiva es porque se ha enfocado demasiado en este mundo y ha perdido de vista que ella no pertenece a este mundo Fil. 3:20-21.

Otro de los grandes fenómenos que amerita que la iglesia despierta y haga con pasión las misiones es la proliferación de las religiones paganas y el engaño a todos los niveles. El crecimiento que se ha vista del hinduismo, budismos, gnosticismo, islam, entre otros es grande. Por otro lado, el animismo indígena y el sincretismo católico romano le han hecho un gran daño al hombre en su manera de pensar y concebir la religión. Hoy más que nunca, cuando nos acercamos a la segunda venida de nuestro Señor y Salvador Jesucristo, debemos esforzarnos por hacer la Gran Comisión con prontitud. «No importa cuántas sean las variaciones, siempre debe volverse a este

---

[6] Lewis, Norman., *"Finanzas para las Misiones Mundiales"*, p.13.
[7] *Ibid,* pp.56,57.

acorde fundamental. Llevar el evangelio a toda criatura es la meta que debe ser mantenida delante de cada cristiano, sea joven o anciano. Muchas fuerzas deben unirse para cumplir este objetivo y todos los esfuerzos deben hacerse para lograr este fin».[8] La iglesia es llamada a transformar el mundo con la verdad, el evangelio. Lo que vemos a diario nos urge a llevar buenas nuevas a un mundo que no recibe más que malas noticias. Un mundo sin Cristo es un mundo sin esperanza y sin dirección, «es como el tamo que arrebata el viento», Sal. 1:4. Así que, según vemos que movimientos como la nueva era y el gnosticismo cada vez ganan más adeptos, la iglesia debe predicar el evangelio más agresivamente para llenar los pueblos, caserillos y ciudades del evangelio.

Segundo, la pronta venida del Señor en gloria y poder. Según nos acercamos a ese evento futurista y glorioso de la Parusía, es cuando debe arder nuestro corazón para anunciar el evangelio de gracia. a veces la iglesia pierde el tiempo en trivialidades tales como: si somos premilenialistas (pre, meso, o postribulacionistas), ¡Que importa eso! Lo importante es predicarle al mundo acerca del Salvador Jesucristo. «Las iglesias locales son la clave para las misiones mundiales. Y por eso, deben ser reavivadas. Dicho avivamiento deberá restaurar no sólo el primer amor, sino también el primer propósito: ¡que apresuremos la finalización de la tarea que Dios nos ha encomendado! Las iglesias locales tienen los hombres y el dinero necesarios para evangelizar el

---

[8] *Ibid,* p.14.

mundo».[9] ¡qué importante es la gracia que le es dada a la iglesia por la obra del Espíritu Santo para cumplir con esta misión! Esta gracia solo le es otorgada al pueblo que se purifica, santifica y se han rendido completamente al señorío de Cristo. Esta iglesia santificada y purificada debe clamar con alegría la conversión del último elegido, porque hasta entonces vendrá el Señor.

La Biblia es contundente, mientras este evangelio no haya sido anunciado a todo el mundo, el Señor no vendrá Mt. 24:13; Mr. 13;10. Aunque solo Dios sabe el día y la hora cuando el Hija retornará Mt. 24:36-51, si podemos estar seguros de en un abrir y cerra de ojos a la final trompeta el Hijo vendrá en las nubes del cielo 1ª Tes. 4:16-18. Hagamos este ministerio con temor y temblor sabiendo que este es nuestro llamado. «Dios ha establecido que la evangelización del mundo sea el verdadero móvil y razón de ser de la iglesia local. No es posible tener una verdadera comprensión del mensaje del Nuevo Testamento si no se reconoce la prioridad de las misiones. Dios nos ha mandado predicar el evangelio a toda criatura».[10] Cuando el número de los elegidos haya sido completado y Dios haya cumplido su misión a través de la iglesia, entonces vendrá el Señor y recogerá de todos los rincones del globo a sus elegidos Mt. 24:31, mientras condenará el pecado de los incrédulos, abominables y pecadores Apo. 21:8.

Ya se dijo que el contrato de redención fue elaborado en la eternidad. Dios que ve el futuro y que conoce el corazón de los hombres vio la realidad del

---

[9] *Ibid,* p.16.
[10] *Ibid,* p.22.

ser humano y tomó la decisión de salvar a aquellos que en su decreto de elección decidió que deben ser salvos. «La redención espiritual es el gran tema de toda la Biblia. No solamente vemos que el tema principal de Pablo es la redención, sino que el Espíritu Santo inspiró a los autores de las Sagradas Escrituras a escribir sobre ese tema a través de éstas. Desde el primer capítulo de Efesios vemos que el propósito eterno de Dios es redimir a la humanidad del pecado».[11] Para que este propósito se cumpla, el Padre crea el plan y Él soberanamente lo va ejecutando; pero el Hijo se ofrece como sustituto del hombre pecador, Cristo va a la cruz y paga la deuda de los elegidos y por la cual el Padre estaba enemistado con su pueblo; así que, el Espíritu Santo, el agente que convence al hombre de pecado y que obra en el interior del pueblo del pacto una revolución espiritual de modo que este cae rendido a los pies de Cristo y va santificando a la iglesia para el día de la redención. En base a lo antes dicho, podemos afirmar que el futuro de los hijos de Dios está soberanamente asegurado.

Por eso Dios ha llamado a su iglesia para que haga evangelismo con su testimonio más que de palabras. Ya que según la manera como vivimos, las personas cercanas a nosotros pueden ser influenciadas a la salvación por nosotros. «Usamos el vocablo "misión" porque describe el esfuerzo de Dios en la redención de un mundo perdido. Las misiones son un patrimonio de Dios. Las misiones son actividades que tienen sus raíces en el propósito eterno de Dios.

---

[11] Pomerville, Paul A., "*Introducción a las misiones: Libro de texto de estudio independiente, ed. Guido Féliz et al., trans. Milta Oyola, Segunda edición*", p.30.

Son el resultado de una misión anterior de Dios mismo».[12] En este sentido, se usa el vocablo misión refiriéndose al propósito eterno de Dios en su Hijo Jesucristo quien vino al mundo según el plan de Dios y Cristo mismo lo manifiesta, "Él vino para hacer la voluntad del Padre que le envió", Jn. 6:38. El plan de Dios se puede describir en cuatro etapas: Creación, Caída, Redención y glorificación; lo demás es eternidad tanto antes del principio, como después del juicio final. Así que Dios dirige este plan en la historia siguiendo cada etapa del plan. Para este propósito, lo primero que Dios creo fue el tiempo, sin el tiempo no hay historia. «En la Biblia, la historia se presenta con un comienzo y fin definidos. Es más, la historia está llena de tremendo significado y propósito. Dios tiene un propósito salvador en la historia [...] Ef. 1:4,10. Pablo se refiere a la eternidad antes del comienzo del tiempo y de la historia, y también a un punto cuando estos terminarán y la eternidad continuará».[13] Dios crea, dirige, y ejecuta este plan de acuerdo a su consejo divino de elección. Cuando hablamos de elección, hablamos de reprobados y santificados. En cada etapa de la historicidad de este plan Dios se encarga de la ejecución. El llamado de Dios a Abraham es clave para este desarrollo. Mas abajo vamos a ver lo implica la misión de Dios en las cuatro etapas de este plan.

Argumento Teológico de la Obra Misionera

Dios elige a los que tienen que ser salvos – Ef. 1:3-14 – La elección de Dios es un acto de su libre voluntad.

---

[12] *Ibid*, p.31.
[13] *Ibid*, p.32.

Es decir, nadie puede forzar el proceso de elección por ningún medio, ya que el hombre permanece pasivo en la elección. Dios obra desde el inicio hasta el final. Las otras dos personas de la Trinidad están incluidas en el acto soberano de elección, sin embargo, Dios es el que elige. «Esta doctrina toma su nombre de la palabra griega *eklektos*, cuya forma verbal se traduce aquí como «él elige». Cuando elegimos a un candidato, le escogemos a él o a ella para un oficio público. De igual manera, Dios elige un pueblo para sí mismo que sea salvo para la gloria a través de la sangre de Jesucristo».[14] La gloria de la iglesia descansa en el hecho de que Dios en su gracia proveyó los medios para que fuéramos alcanzados y rescatado por Cristo de las garras del pecado.

La naturaleza de la elección. El griego nos entrega luz a la palabra elegir «ἐκλέγομαι eklegomai», Dios eligió a un pueblo para que fuera santo y separado para Él. De todos los hombres, el Padre escogió a algunos para derramar la más grande de las misericordias, ya que todos estábamos separados de Dios por causa del pecado. Todos éramos indignos de la gracia de Dios, por eso dice: El Padre nos escogió en el Hijo para que seamos herencia suya, este acto de la misericordia de Dios nos hace aceptos ante el Padre a través del Hijo, ni siquiera es un acto de los elegidos, sino que la justicia del Hijo es aplicada a la vida de los elegidos y el Padre la acepta. Sin embargo, aun con todas las evidencias bíblicas que tenemos hay muchos 'maestros' que siguen argumentando

---

[14] Phillips, Richard D., "*elección y Predestinación, ¿Qué Significa?*, *Cuestiones Básicas de la Fe Cristiana*", p.4.

que no existe tal doctrina como la elección y predestinación; estos están envanecidos y cargados de orgullo, porque la Biblia categóricamente afirma estas doctrinas. Además, «Si Jesús murió por los pecados del mundo, ¿por qué no es salvo todo el mundo? Si Jesús redimió a todos, ¿por qué no estarán todos en el cielo? La única vía de salvación es por medio de la fe en Jesús como su Salvador. El único camino por el cual una persona podrá entrar al cielo es siendo creyente que Dios la ha perdonado por causa de Cristo».[15] La teología juanina lo confirma, «El que no cree en Cristo ya ha sido condenado», Jn. 3:18. El tiempo gramatical del texto es pasado, «ya ha sido condenado». Este hecho solo confirma que desde la eternidad Dios escogió un pueblo para hacerle el depósito de su gracia, mientras escogió a otro grupo de la raza humana para hacerle el depósito de su justicia 2ª Tes. 2:13. Pablo categóricamente desarrolla la doctrina de la elección en estos versículos, Dios nos escogió en Cristo. La doctrina del apóstol Pablo nos enseña que nosotros gozamos de grandes bendiciones por medio de la elección soberana de Dios. Esta elección «Este es el fundamento más fuerte y firme posible –el propósito eterno de Dios mismo– y es sobre este fundamento que Pablo habría basado nuestra esperanza de salvación [...] Tal vez la mejor manera de entender esta verdad es meditar en el pacto eterno del que se habla en la Biblia».[16] Dios solo ha hecho pacto con su iglesia, así que aquellos que no son parte de la iglesia del Señor, no podrán gozar de las bendiciones de este pacto sempiterno.

---

[15] Brenner, John M., *"La Conversión: No por mi propia Elección, trans. Fernando Delgadillo López, Enseñanzas de la Biblia Popular"*, p.35.
[16] *Ibid*, p.4.

La persona a la que se aplica la elección. –El termino plural se entiende, todos los santos que han sido elegidos por Dios. Pablo está dirigiendo la carta a creyentes que han salido del mundo para vivir para Dios. Por eso decimos: (1) El Padre ha bendecido a sus elegido v1–Tal vez cuando se hace la exégesis de este pasaje haya quien vea que Dios bendice a todo el mundo; sin embargo, no todo el mundo es bendecido con la gracia de ser hijos de Dios y de eso está tratando Pablo en este pasaje. «La fe salvadora no es simplemente creer que Dios existe. Las personas saben por naturaleza que hay un solo Dios. Al observar las maravillas de la creación, la belleza y majestad de la naturaleza, la complejidad de la mente y el cuerpo humanos, las personas saben que debe haber un creador».[17] (2) ¿Cuál es esta bendición? –La bendición pronunciada por Pablo es: (Nos eligió) este —nos— no puede referirse a toda la humanidad, sino más bien a los creyentes a los santos de Dios que han sido predestinados por un acto neto y puro de elección divina. El hombre solo responde al llamado de Dios, porque Dios empieza la obra en su corazón para llevarlo al punto donde el sacrificio del Hijo es aplicado en su vida, para esto fue predestinado por Dios, para que sea salvo. De otra manera, si este —nos— fuera como dicen algunos teólogos liberales, para toda la humanidad, el Dios de las Escrituras no es diferente a los dioses paganos. Dios si aplica su elección a toda la humanidad. Primero, Dios eligió a unos para ser salvos según su acto libre de predestinación. Segundo, Dios también eligió a

---

[17] *Ibid,* p.36.

otros por su acto libre de predestinación para aban-
donarles en su pecado para que se condenaran. Es
decir, para que fueran recipientes de la ira de Dios.
La Misión de Dios es salvar a unos y dejar que otros
se condenen para que la gracia de Dios y la ira de
Dios rindan gloria a su ley santa.

El fundamento de la elección. –El fundamento de
la bendición de elección es Cristo. La iglesia solo
tiene un salvador; Cristo el eterno Hijo de Dios. —
EL— el Padre nos eligió en el Hijo desde antes del
tiempo, es decir, en la eternidad. Fue en Cristo quien
es el que se ofreció para redimir a la humanidad de
su pecado. Es por esta bendita elección que los hijos
de Dios tienen la fe como obra. Si, la fe que pone el
Espíritu Santo en el corazón d ellos elegidos. «La fe
no es algo que Dios recompense. Al contrario, las
personas son salvas sólo por la gracia de Dios, es decir, su favor inmerecido. La fe no es una obra tan
buena que amerite o gane la salvación. El Espíritu
Santo descarta ese pensamiento cuando dice que la
salvación es don de Dios, no por obras, para que nadie se gloríe».[18] Por eso entendemos que: (1) La elección es la base de la salvación en Cristo. –Jesús reconocía esta verdad, ya que cuando el oro dijo: «para
que a los que me diste les de vida», Jn 17:2. Esto es
tanto una vida espiritual como vida eterna. La vida
es en Cristo, pero esa vida fue planificada por el Padre y es parte del plan en el que la elección es el centro. Es por eso que debemos hacer la misión que el
Padre nos ha dado con cuidado y dedicación. «Los
apóstoles y los primeros creyentes también fueron
comisionados para hacer un anuncio específico.

---

[18] *Ibid*, p.40.

Cuando analizamos la predicación que se encuentra en el libro de Hechos, vemos una y otra vez lo que los teólogos llaman el *kerigma* o «proclamación», que es el mismo mensaje esencial en cada sermón».[19] Es la iglesia no debe cansarse de anunciar a Jesucristo por medio de la predicación del santo evangelio.

(2) Cristo es el fundamento de la iglesia y la eternidad. –El fundamento de la iglesia es Cristo Ef. 2:20, pero Cristo también es el fundamento de la vida en la eternidad para los santos. Cristo es el garante de la iglesia y desde la eternidad y hasta la eternidad no porque los elegidos llegamos a creer en Él, sino porque el Padre nos escogió antes de la fundación del mundo y aplico esta elección en algún momento del tiempo para que de esta manera lleguemos a creer vívidamente en su Hijo por el cual sus elegidos son salvos. «Estas son buenas noticias para todos los que creen, porque aquí se halla el fundamento de su salvación: no algo que estuviera en usted, pues tan débil y cambiante, tan contradictorio en sus afectos, tan inconstante en su fe, sino en la elección soberana e inmutable de Dios mismo desde la eternidad pasada».[20] Doctrinalmente hablando, la Biblia marca cuidadosamente que sin Cristo no hay salvación, pero sin la doctrina de la elección no hay capacidad para creer y recibir el don de la gracia de Dios que nos es manifiesta y aplicada en el sacrificio de Jesucristo.

La Misión de Dios Revelada en Abrahán

El Antiguo Testamento está dedicado a revelar el

---

[19] Sproul, R. C., "*¿Qué es la Gran Comisión?, trans. Elvis Castro, vol. 21, La Serie Preguntas Cruciales*".
[20] *Ibid*, pp.6,7.

propósito soberano y santo de Dios. El llamado de Dios a Abrahán abre toda una visión del poderoso plan de Dios para la humanidad a través del hijo de la promesa. Dios le pide a Abraham que deje todo lo que posee y que se vaya a una tierra que no conoce y que desde esta tierra Él derramará de su gracia, a través de su pueblo del pacto, sobre las naciones vecinas. Abrahán tenía que dar a conocer a los pueblos las maravillas del Dios de los cielos, el único Yahweh. ¿Cómo se haría este alcance? Seria exclusivamente a través de la obra misionera del pueblo del pacto, Israel. «Dios se ha dignado revelarse a personas específicas en la historia: Abraham, Moisés, Samuel, David, Salomón y los demás profetas son apenas algunos ejemplos. La cultura en la que vivieron fue el vehículo de esa revelación. Dios utilizó diferentes maneras para comunicarse a tales individuos».[21] En esta revelación de su propósito eterno, Dios se ha dado a conocer por medio de voz audible, otras veces por un sentir profundo en el interior de la persona, Dios también utilizo sueños, visiones. Sin embargo, más tarde en la historia, esta revelación tomó forma escrito, ya que Dios a través de su Espíritu Inspiro a sus santos hombres para que pusiesen su mensaje por escrito. La máxima revelación de Dios es el Hijo, a quien hizo el dueño de todo Hb. 1:1-3.

La promesa le fue otorgada a Abraham Gén. 12:3 – «Serán benditas en ti, Israel, todas las familias de la tierra». A lo largo y ancho de la historia del Antiguo Testamento Dios ha bendecido a Israel para que

---

[21] Larson, Pedro., "«*Nuestro Dios Misionero*», en *Misión global*, ed. *Levi De-Carvalho*", p.19.

fuera de bendición para los pueblos. La bendición más grande que una persona puede heredarle a otra es el conocimiento del plan de redención. La misión para Abraham e Israel era llevar el mensaje del evangelio a los perdidos. «La base bíblica para las misiones comienza con la obra de Dios de enviar a su Hijo por nuestra redención [...] La propia palabra *misión* proviene del verbo latino *missio*, que significa "enviar". Por lo tanto, misión literalmente tiene que ver con envío. En la Escritura, encontramos que el verbo *enviar* se usa una y otra vez y de muchas formas».[22] Dios es el que hace la promesa y el que la ejecuta. Abrahán fue llamado y probado para ver si en verdad tenía la disposición de hacer el trabajo del Señor. La misión encomienda a Abrahán seguía un orden: (1) Vete de tu tierra y de tu familia. –Este irse implicaba dejar todo atrás y disponerse a trabajar para el Señor sin que nada ni nadie le atara. (2) Cumple con la misión. –Por donde quiera que tu pie pise deja un legado de buena nueva. Anuncia a tu Dios y Salvador en donde quiera que pases. No te canses de predicar el evangelio. Esta fue la gran encomienda para Abrahán. (3) Prepara a tu descendencia para que haga lo mismo. –Dios le provee a Abrahán el hijo de la promesa. Su futuro se aseguraba con este hijo. Abrahán tenía la responsabilidad de enseñar a este hijo en los caminos de su Dios. La lección más preciada que Abrahán dejó en la mente de Isaac fue el día en que Dios le pidió en sacrificio a su hijo Isaac, como demostración de su fe y lealtad a Dios, Abrahán no reusó a su hijo y por último Isaac estuvo de acuerdo a ser el sacrificio.

---

[22] *Ibid*, vol.21.

Esta fue la palabra de Dios a Abrahán, lleva mi nombre a todas las naciones. –Abrahán fue llamado para extender el conocimiento de su Dios y que los pueblos vieran a ese Dios en acción a través de su trabajo en la sociedad. De hecho, la iglesia tiene un trabajo muy importante en la sociedad donde vive. Cuando este trabajo no se hace, la iglesia se vuelve ociosa, necia y desobediente al llamado de Dios. «Pero la misión de Dios siempre ha sido un programa de envío. Dios le habló a Abraham en la tierra de los caldeos y lo envió a una nueva tierra donde sería el padre de una gran nación. Él vino a Moisés en medio del desierto madianita y lo envió al faraón con el mensaje: "Deja ir a mi pueblo". Dios envió a sus hijos afuera de Egipto a la Tierra Prometida».[23] En el Nuevo testamento, Dios envió a sus apóstoles, de hecho, la palabra "apóstol" significa enviado en una misión. Los apóstoles fueron enviados con la misión de evangelizar el mundo con el evangelio de Cristo.

Llamado misionero a la Iglesia en general. –Dios le hizo un llamado a la iglesia del Antiguo y Nuevo Testamento, este es: siempre estar preparados para presentar defensa «ἀπολογία, Apología» de la fe, pero desde un punto razonable según lo demanden el contexto en el que se hace la misión. Israel no cumplió con la empresa misionera que se le encomendó y prefirió asirse de su Dios y no compartirlo con los otros pueblos. Dios había llamado a su padre Abrahán y por ende a ellos a llevar el mensaje de este Dios a los pueblos que no le conocían. Israel falló en hacer esto y Dios los castigó una y otra vez por su

---

[23] *Ibid*, vol.21.

negligencia misional. Sin embargo, la iglesia neotes-
tamentaria está fallando también en llevar a cabo la
obra misionera. Así que, las misiología como parte
de la disciplina conocida como teología cristiana jamás ha sido neutral, sino que «busca una cosmovisión que abarca un compromiso con la fe cristiana
[…] La misión cristiana expresa la relación dinámica
entre Dios y el mundo, en primer lugar a través del
relato del pueblo del pacto, Israel, y más tarde en
forma plena a través del nacimiento, muerte, resurrección y exaltación de Jesús de Nazaret».[24] La Biblia no debe ser vista como una fuente a la que vamos cuando querremos o al azar, la Biblia revela a
Dios como el gran misionero de toda la historia.

La clave de este llamado se encuentra en la revelación de Dios. Todo viene de Dios y eso nos da la
seguridad de que Dios proporciona las herramientas
y fruto del llamado. Sin embargo, esto no nos exime
de la persecución y la obligación de hacer evangelismo. Pedro nos instruye cuando dice que vamos a
ser confrontados por nuestros actos y nos pide que
nuestro testimonio hacia el mundo esté de acuerdo
con nuestro mensaje 1ª P. 2:12. De hecho, la clave del
buen fruto en el evangelismo es ser diferente al resto
de la gente. Si vivimos como hijos del reino, los demás van a ver la diferencia de pertenencia, pero si
vivimos una vida pagana, los paganos van a ver que
somos hipócritas y la verdad que profesamos es una
simple religión de domingo que lejos de ayudar nos
envanece y aleja de la verdad. «La misión de Dios
descansa en su persona como $\bar{O}$, es decir, el primero,

[24] Bosch, David Jacobus., "*Misión en transformación: cambios de paradigma en la teología de la misión*", p.24.

el fuerte, el que tiene la majestad de grandeza en sí mismo. Con las combinaciones, entendemos que él ve todo, es el Altísimo, el Todopoderoso, el Dios de la vida, el Dios Santo y el Dios de los cielos. *Ha-'Ad*, «el Señor», es un nombre revelado a Abraham».[25] Cual la iglesia es llamada a trabajar bajo las alas de este nombre, somos enriquecidos con la esperanza de que el Dios Todopoderoso pelea por nosotros.

Principios Bíblicos de la Misión de Dios

Hay principios bíblicos que son transcendentales para analizar la misión de Dios desde la revelación escrita. Debemos ser responsables con Dios y con su misión al escudriñar los textos sagrados. El principio misional se establece tanto en el Viejo como en el Nuevo Testamento. «La mayoría de los cristianos creen que se puede encontrar en la Biblia una base para la obra misionera. Pero ¿han considerado alguna vez la posibilidad de que la misión redentora de Dios es la base principal de toda la Biblia? Sencillamente, si Dios no hubiera tenido el propósito de redimir a la humanidad, la revelación divina hubiera sido muy distinta».[26] Porque Dios se revela y revela el plan de redención en la Biblia, es que la Biblia tiene la autoridad que tiene. Si sacamos a Dios de la información bíblica, nos quedamos con un relato histórico como cualquier otro.

Al dirigirnos al primer capítulo de la Biblia encontramos que Dios hizo todo lo que existe con el poder de su palabra, por eso, Dios es el dueño de todo, Dios es el Señor de todo, Dios es el que ejerce

---

[25] *Ibid*, p.24.
[26] Lewis, Jonatán., "*Misión Mundial, Tomo 1*", p.12.

dominio sobre todo y Dios es el único inversionista en la economía de redención del hombre, la creación y el universo que fue corrompido por el pecado. El acto providencia y sobrenatural de Dios se hace notar al ver su estado de cuidado sobre su creación. Nada se sale del control de Dios y nada pasa sin que Él otorgue permiso para que suceda. Dios es el autor y consumador del proyecto de creación, cuidado, y desarrollo de la creación. «Tan cierto como que la misión redentora es indispensable para dar base a la Biblia, la Biblia lo es para dar fundamento a la misión mundial [...] Sin la Biblia la evangelización del mundo sería no sólo imposible, sino realmente inconcebible».[27] Es cuando leemos las línea del texto sagrado que nuestro interior arde del deseo por llevar las buenas nuevas de salvación a los perdidos; sin la Biblia esto no se pasaría y no se podría hacer, ya que el fuego por las misiones la pone aquel que inspiró las Escrituras.

La misión de Dios comienza con la creación. El acto mismo de creación nos anuncia la existencia de un Dios que tiene una misión perfecta. Cuando Dios acabó su obra de creación pronuncio las palabras: «y vio Dios que todo lo creado era en gran manera bueno», Gen. 1:31. Pero para que podamos ver la creación desde otra dimensión debemos conocer al Dios creador correctamente. El Dr. Cornelius Hegeman dice: «Al entender al magnifico Creador y la grandeza de su creación, se entiende la profundidad de nuestra caída, se admite la urgencia para una res-

---

[27] Stott, John R., "*LA BIBLIA EN LA EVANGELIZACIÓN MUNDIAL, en Misión mundial, tomo 1*, ed. Jonatán P. Lewis", p.13.

tauración integral y se espera la gloriosa consumación en Cristo». La profundidad de la caída tiene que
ver con la profundidad de la creación. Dios hizo
todo perfecto. El hombre con la caída destruyó la
perfección de lo creado y contaminó todas las áreas
de la creación. Entendiendo esto, sabemos que la
creación no fue contaminada parcialmente si no
completamente. La historia más cercana nos dice en
la miseria que el hombre ha caído por causa del pecado. «Los eventos de la historia mundial han sacudido la civilización occidental hasta la médula: dos
guerras mundiales devastadoras; las revoluciones
de Rusia y la China; los horrores perpetrados por los
gobiernos comprometidos con el socialismo nacio-
nal, el fascismo, el comunismo y el capitalismo».[28]
Además, hemos podido ver el colapso de aquellos
grandes imperios que colonizaron muchas partes
del mundo. Por otro lado, se ha podido ver el avance
veloz de la secularización del mundo. todo esto nos
dice que hoy más que nunca necesitamos llevar la
obra misionera adonde Dios nos quiera mandar
usando los medio que tenemos a la mano para llegar
a más personas. Es urgente hacer misiones.

La necesidad de la misión hoy más que nunca es
apremiante. –Cuando el hombre pecó Gen. 3, Dios
comienza un proceso de restauración (v15; Jn. 3:16,
Gal. 4:4), pero termina cuando las cosas sean restauradas al estado original. Es decir, cuando Cristo restaure todas las cosas al estado de perfección que tenían antes de la caída. «Jehová de los ejércitos" señala la misión de Dios en relación a su pueblo. La

---

[28] *Ibid*, p.445.

venida del Deseado de todas las Naciones, la presencia de Dios con su pueblo, y la fuerza para realizar su misión por su Espíritu son parte del significado del nombre "Jehová de los Ejércitos"».[29] La iglesia debe anunciar a Cristo viniendo en las nubes del cielo como la única realidad que merece atención. Según el tiempo pasa y las cosas en este mundo empeoran, la segunda venida del Señor es más segura.

Por otro lado, debemos ver que Dios creo todo en cuatro relaciones básicas: (1) La relación criatura Creador. –el hombre fue creado con la necesidad de mantener una relación saludable con lo divino. Dios creo al hombre para que se relacionara con Él, pero cuando el hombre peco perdió esa comunión y creo un seudo dios. Es decir, todo puede ser dios hoy y por eso el hombre termina adorando a la creación antes que al Creador Rom. 1:18-25. Para la cultura relativista, todo es dios, menos el Dios revelado en las Escrituras, porque los designios del corazón del hombre siempre van en contra del Dios verdadero. (2) La relación con los semejantes. –Es una necesidad intrínseca del hombre relacionarse con aquellos seres de su misma especie. La capacidad de relación entre el hombre con el hombre quedo interrumpida por el pecado. Adán y Evan jamás tuvieron la misma relación que tuvieron antes de la caída. Sin embargo, a través del mensaje de restauración, debemos proclamar esta unidad. (3) la relación conmigo mismo. Dios puso en mi ser la necesidad de estar en paz conmigo mismo porque de esto depende en gran medida la estabilidad social que puedo proyectar. (4)

---

[29] *Ibid*, p.24.

Relación con la creación. Aunque el movimiento ambientalista ha creado una doctrina acerca del calentamiento global y la importancia de cuidar de la tierra; nunca debemos de perder de vista que parte integral del gobierno que Dios pusó en el hombre es cuidar de lo que Dios creo. Debemos proteger la tierra, pero no porque es santa o porque vamos a habitarla para siempre, sino porque esta es parte fundamental del carácter cristiano y misiológico que tenemos como parte de la creación. Además, la iglesia si lo puede hacer por las razones correctas.

La relación con la sociedad. – Dios creo al hombre con una capacidad religiosa y cultural. Esto significa que: Capacidad cultural – Al hombre se le encomendó el gobierno, la administración, trabajo, la capacidad para procrear y desarrollar una cultura que traiga gloria al Creador. «Antes que un incrédulo pueda creer en Dios y relacionarse personalmente con Él como su Señor, tendrá que aprender algunos hechos básicos acerca de Dios. De la misma manera, el misionero debe entender ciertos elementos primordiales de la cultura a la cual entra, antes de establecer conexiones efectivas con el grupo que la representa».[30] Como ser cultural, el hombre tiene una conexión directa con la sociedad en la que se desarrolla. Todos somos parte de una cultura y es imposible vivir sin ella. «Si bien pueden crecer apreciando diferentes culturas, y aun comunicarse efectivamente con más de una, nunca pueden pasar por encima de la suya, ni de otras, para ganar una perspectiva verdaderamente supracultural. Por esta razón, aun el estudio de la cultura propia es una tarea

---

[30] *Ibid,* p.26.

difícil».[31] Jesús lo pone de esta manera: "nadie es profeta en su propia sino en su propia tierra", Mt. 13:57. Una persona carece de objetividad cuando se trata de su propia cultura.

El hombre fue creado con una propia capacidad religiosa. –El hombre siempre busca que adorar –Si el hombre no adora a Dios siempre va a adorar a algo. Siempre se ha inventado formas de adoración. Esto puede ser a sí mismo, u algún objeto que le dé seguridad religiosa y sentido de adoración. Crear y dirigirse religiosamente en la sociedad. El hombre contemporáneo está buscando una manera egocéntrica y propia para acercarse a lo que él cree que es Dios. «Los dioses de nuestra propia elección son hechos a la imagen del hombre. Claro que la Nueva Espiritualidad, magnánima en su unidad que no profiere juicios, no puede aceptar a alguien que piensa que hay una espiritualidad que *es* verdadera y otra falsa, un Dios verdadero y falsos dioses».[32] La religión verdadera siempre trae gloria a Dios y pone especial cuidado en la Palabra de Dios para estudiarla, predicarla y guardarla según nos ordena Dios. La región verdadera nos permite mantener un culto privado y público digno y con un sentido de reverencia a Dios y sus mandamientos. Por último, la verdadera religión permite a sus adeptos estar sometidos a un liderazgo bíblico y sabio.

Misión del Hijo Encarnado
La misión del Hijos le fue entregada por el padre y

---

[31] Kwast, Lloyd E., "«*Entendiendo la Cultura*», en *Misión mundial, tomo 3, ed. Jonatán P. Lewis*", p.27.
[32] Jones, Peter., "*Uno o Dos: Viendo un mundo de diferencia, trans. Donald Herrera Terán*", p.151.

es restaurar lo que Adán había echado a perder. Devolverle la dignidad que perdió el hombre con el pecado de Adán. Cuando Adán cayó en pecado su relación con Dios se vio interrumpida y además rompió la relación de la humanidad como representante
de ella, pero, sobre todo, rompió la relación que Dios
quiso tener con el pueblo de la promesa. El pueblo
del pacto jamás podría relacionarse con Dios de la
manera que Adán se relacionaba con Él porque hará
se había ganado un enemigo poderoso, satanás.
Cristo el Adán perfecto le quito el dominio a satanás
sobre la creación y está obrando a través de su iglesia para llevar esta nueva a los elegidos de Dios para
que vengan al arrepentimiento y puedan gozar de
una relación saludable con su Creador. Por eso es
importante volvernos a la Biblia para hacer una
evangelización bíblica. «Los profetas del Antiguo
Testamento advirtieron que Dios iba a hacer de su
Cristo el Heredero y la Luz de todas las naciones Sal.
2:8; Is. 42:6; 49:6). Así que, cuando Cristo vino, di-
chas promesas nos fueron endosadas en El».[33] La
verdadera evangelización viene como resultado de
una relación con el centro del mensaje evangelístico,
Jesucristo. El Señor antes de irse al cielo ungió a sus
discípulos y les dió la autoridad para que en su nombre fueran e hicieran esta obra misionera Mt. 28:18.
«Fue como consecuencia de esta potestad universal
que Él mandó a sus seguidores que hicieran discípulos de todas las naciones, bautizándolos como inicia-
ción a su nueva forma de vida y transmitiéndoles todas sus enseñanzas Mt. 28:19. Fue así que, cuando el
Espíritu de verdad y poder cayó sobre los primeros

---

[33] *Ibid*, p.14.

cristianos, éstos comenzaron a cumplir con aquel mandato».[34] La iglesia hace este ministerio en el poder de Cristo bajo la guia y protección del Espíritu Santo ya que la promesa fue proferida «he aquí estoy con vosotros todos los días hasta el fin del mundo», Mt. 28:20. Quien se puede revelar o resistir par año hace resta obra si el Espíritu que mora en el pueblo de Dios está trabajando a través de la iglesia.

¿Cuál es la misión del Hijo? La misión del Hijo es *brindar estabilidad espiritual* (salvación) al pueblo de Dios. –La misión principal del Hijo es crear conciencia en la iglesia para llevar las verdades de Dios a un mundo que camina sin brújula y a la perdición. El hombre que por causa del pecado se ha alejado de Dios y permanece incapacitado para acercarse a Dios por sus propios medios necesita oír el mensaje de la cruz. El mensaje que crea esperanza es el mismo que pronunció el ángel enviado para fortalecer a José, «*EMANUEL – Dios con nosotros*» Mt. 1:23. Hoy ya no estamos solos en el pecado, Dios bajó del cielo en forma humana para llevar en su vida y en su muerte la maldición del pecado 2ª Cor. 5:21, y así nos ha hecho libres para relacionarnos con Dios de la manera correcta y por los medios correctos. «La Encarnación es un milagro formidable y un misterio impenetrable. Este es el único lugar donde el Creador y la criatura se conjuntan misteriosamente en la misma persona, «sin confusión», como lo afirmaban los primeros Padres de la Iglesia».[35] Cuando Jesús asegura que no es que alguno haya visto al Padre, solo Él que procede de Dios le ha visto Jn. 6:46, pero

---

[34] *Ibid*, p.14.
[35] *Ibid*, p.273.

Él le ha dado a conocer Jn. 17:6; 14:9.

Jesús en su obra misionera vino para proveer ejemplo a los hijos de Dios. –El Padre le dió un pueblo y un reino a su Hijo y estos tienen que obedecer al que los compró. La manera como algunos cristianos ven su relación con Dios a través de Cristo es un poco distorsionada, fuera de la realidad bíblica. «Reconocen a Cristo como un rey lejano, cuyas leyes se deben obedecer con el fin de recibir la salvación y demás beneficios y bendiciones. Cumplen con lo que consideran un compromiso mínimo, integrado por hechos tales como asistir a reuniones de la iglesia y, bajo un programa autorreglamentado, mantener un código acerca de aquellas cosas que deben y no deben hacerse».[36] La religión, Jesús y la iglesia son algo así como un amuleto que pueden usar para su beneficio, para mantener un estatus o para mantener una ética de vida. Sin embargo, por obediencia a la Gran Comisión, cada creyente es responsable por hacer la obra misionera ya que el ejemplo lo recibimos directamente del Señor quien a su vez nos lo encomendó Mt. 28:18-20.

Por otro lado, Jesús vino para cumplir con la promesa mesiánica de Gen. 3:15, quitarle dominio a la serpiente, al diablo, a satanás. En Jesús se cumple la profecía del Antiguo testamento. «La cruz ha sido siempre tanto una ofensa al orgulloso como locura al sabio. Pero Pablo no la eliminó de su mensaje por esa razón. Por el contrario, siguió proclamándola con fidelidad y a riesgo de ser perseguido, en la confianza de que el Cristo crucificado es la sabiduría y

---

[36] *Ibid*, p.182.

el poder de Dios».[37] –En la cruz el Señor Jesús le quito dominio a satanás, aunque este domino es parcial, ya que el enemigo todavía actúa encontrar de los hijos de Dios. El domino que Jesús le quitó a satanás se ve reflejado en las cuatro todas del capítulo 28 de mateo. (1) Domino cosmológico. –«Jesús solo puede hacer la afirmación del v. 18 si es plenamente Dios, en la medida en que todo el universo está comprendido en la autoridad que le ha sido delegada.[38] «Toda potestad me es dada en el cielo y en la tierra», toda la intervención espiritual que viene del aire y del mismo universo está sometido a Cristo y no tiene influencia sobre los hijos de Dios, ni pueden intervenir en la obra de Dios sin que Él se los permita. (2) Dominio geográfico. –«Todas las naciones»– La autoridad del Hijo es internacional y la misión de la iglesia está segura porque es el Hijo el que tiene el control sobre la misma misión de la iglesia. Ya dije, la iglesia no tiene una misión propia, su misión es darle continuidad a la misión de Dios. (3) Domino intelectual. –«El término «haced discípulos» pone algo más de énfasis en el hecho de que tanto la mente como el corazón y la voluntad deben ser ganadas para Dios. Un discípulo es *un alumno, un aprendiz* […] Por tanto, los apóstoles deben proclamar la verdad y la voluntad de Dios al mundo. [39] Es imperativo que aquellos que caminan sin Dios oigan acerca de su condición pecaminosa, de la bondad de Dios, del plan de redención, de la gracia de Dios y la ley

---

[37] *Ibid*, p.188.
[38] Blomberg, Craig L., "*Mateo, ed. David S. Dockery, vol. 1, Nuevo Comentario Americano del Nuevo Testamento*", Mt. 28:18.
[39] Hendriksen, William., "*Comentario al Nuevo Testamento: El Evangelio según San Mateo*", p.1,048.

entre otras cosas. «Enseñándoles que guarden todas las cosas que os he mandado», Dios es el que abre la mente y el corazón de los elegidos para que escuchen el mensaje y respondan a este mensaje. Pero alguien tiene que llevar este mensaje con un espíritu de urgencia. El predicador o el que anuncia el evangelio solo presenta con diligencia y solvencia el mensaje, lo demás es obra de Dios. (4) Dominio de lo temporal y lo trascendente. –«La enseñanza de la obediencia a todos los mandatos de Jesús constituye el núcleo de la formación de discípulos. El evangelismo debe ser integral. Si los no cristianos no escuchan el evangelio y no son desafiados a tomar una decisión por Cristo, entonces la iglesia ha desobedecido una parte de la comisión de Jesús.[40] «He aquí yo estoy con vosotros todos los días, hasta el fin del mundo», Mt. 28:20. Este dominio es sobre todos aquello que controla este mundo, Dios tiene cuidado de su pueblo todos los días que estemos en este mundo y seamos puestos a pruebas por la maldad, es decir, cualquier peligro. Sin embargo, va más allá de lo temporal y trasciende a lo eternal donde nuestra existencia con Cristo en el reino de Dios está asegurada por la obra de Cristo.

El mensaje que la iglesia tiene es simple: tenemos un Padre que ama a sus hijos, a un Hijo que es eterno y redentor y aun Espíritu Santo que nos asegura que nada nos apartara del amor de Dios, así que pase lo que pase, seguimos en Él hasta la eternidad Ro. 8:28-39. «No hay nada de ambigüedad en cuanto a esta garantía. Ha sido llamada una promesa; es *una realidad*. Nótese la enfática introducción: "Recordad" o

---

[40] *Ibid*, Mt. 28:20.

«tomad nota», «poned mucha atención», «mirad». El pronombre –Yo–, incluido en el verbo, es escrito también como una palabra separada y es muy enfática, como si dijera, «Nada menos que yo mismo estoy con vosotros».[41] Lo enfático de la promesa nos lleva a entender que Dios está a nuestro lado para cuidarnos y asegurarse de que vamos a llegar a la meta.

La Obra Misionera del Espíritu Santo

No podemos continuar el estudio acerca de la misión de Dios sin mencionar que Dios es Tri-Uno, es decir, tres en uno. La Trinidad en la misión obra de forma colectiva, pero también de forma individual. Esto no significa que el uno se aleje del otro, al contrario, los tres trabajan juntos, pero en la obra del Hijo el Padre y el Espíritu no interviene y en la obra del Padre el Hijos y Espíritu tampoco intervienen y lo mismo sucede en la obra del Espíritu. Los tres respetan la obra del otro, se respetan entre sí. Pero hay otro término que es importante, el término —una misma esencia—. «A medida que la iglesia desarrolló su comprensión de Dios durante sus primeros cinco siglos, otros términos entraron en uso, incluyendo esencia, existencia, y subsistencia. Para comprender la importancia de estos conceptos, debemos retroceder hasta el pensamiento griego».[42] Las tres personas de la Trinidad forman una perfecta unidad, pero son tres personas independientes la una de la otra.

En la obra de salvación las Tres Divinas personas

---

[41] *Ibid*, p.1,052.
[42] Sproul, R. C.' ¿*Qué es la Trinidad?*, trans. Elvis Castro, vol. 10, *La Serie Preguntas Cruciales*", vol.10.

están trabajando activamente. El Padre llama a la Salvación, el Hijo salva y el Espíritu Santo convence al pecador de sus pecados. Pero desde el punto de la salvación el Espíritu el que toma el control de la persona. «La unidad de las tres personas es tal que nadie puede conocer al Padre sin conocer al Hijo. Jesús dice: «Todas las cosas me fueron entregadas por mi Padre; y nadie conoce al Hijo, sino el Padre, ni nadie conoce al Padre, sino el Hijo y aquel a quien el Hijo se lo quiera revelar» Mt. 11:27)».[43] La misión y la obra del Espíritu. –El Espíritu Santo trabaja en el corazón de la persona que escucha el mensaje para abrirlo y hacerlo sensible a la voz de Dios. Mientras el hombre permanece pasivo en la obra de salvación, la misión del Espíritu es mostrar al pecador cuan perdido esta y lo atrae hacia la cruz de Cristo donde la sangre del Cordero de Dios perfecciona su obra en él.

La obra de preservación. –El creyente después de ser salvo tiene asegurada su salvación porque es una obra de Dios de principio a fin. El que comenzó la buena obra en ti la perfeccionará hasta el día de la glorificación Fil. 1:6. La idea central de Pablo es que Dios es el que salva y el que se encarga de preservar a los santos en el Señor hasta el día de Jesucristo cuando todo lo ponga bajo los pies del Hijo. Es decir, la obra que comenzó en Genesis sea completa. «La perseverancia del creyente en la fe y la santidad no es algo aislado y solitario, sino el resultado de la causa apropiada. No debe ser visto como un fenómeno separado sino como el fruto de la obra divina.

---

[43] Balge, Richard D., "*La Trinidad: Un solo Dios, tres personas, ed. Curtis A. Jahn, Segunda edición., Enseñanzas de la Biblia Popular*", p.67.

El hecho de que el creyente continúe en los caminos de la justicia es un milagro, y cualquier milagro requiere la participación inmediata de Dios».[44] A los hijos de Dios nada los puede apartar de Cristo.

Dios está presente en la vida de sus hijos *–EL RUAH ELOHIM–* está presente en el acto de restauración del hijo de Dios como lo estuvo en el acto de creación. De hecho, el Espíritu Santo sigue creado cosas nuevas y nuevas criaturas, hablando de los elegidos. «El Espíritu Santo *mora* en el creyente. Este hecho escasamente necesita ser argumentado. Lo más importante es notar que esta *morada* no es ocasional sino intermitente. Es permanente y continua. Él permanece en nosotros. El cristiano es irreversiblemente un ser humano espiritual, aun cuando no se comporte como tal». [45] El Espíritu viene a la vida del hijo de Dios con poder restaurador para poner orden al desorden que el pecado ha causado en todo lo que es y hace; el Espíritu viene al corazón para implantar la vida eterna y asegurar que esta nueva vida en el reino producirá el fruto que el Padre espera que produzca. «Espíritu directamente con «la mortificación de las obras del cuerpo». La acción del Espíritu subyace detrás de nuestro odio contra el pecado, de nuestra hambre y sed de justicia, y de nuestra lucha contra los efectos de nuestras propias personalidades».[46] Es lamentable decirlo, pero la ausencia del Espíritu produce en el hombre desorden y ambigüedad espiritual. Aun en algunos cristianos

---

[44] Pink, Arthur W., "*Seguridad Eterna*", Editorial Tesoro Bíblico. Bellingham, WA: 2021. Logos.

[45] Macleod, Donald., "*El bautismo con El Espíritu Santo: Una perspectiva bíblica y Reformada, trans. Alonzo Ramírez Alvarado, 1a ed.*", p.100.

[46] *Ibid*, p.102.

que ven en la obra del Espíritu algo más emocional y psíquico que la obra sana del Espíritu Santo. «La doctrina por la cual estamos discutiendo aquí se presenta como una secuencia lógica de el perfeccionamiento divino: todo lo que sea agradable a ellos, y lo haga necesario, debe ser necesariamente cierto; por otro lado, todo lo que sea contrario a ellos y refleje deshonra sobre los mismos, entonces, debe ser falso».[47] El Espíritu se puede decir que guia y protege a la iglesia hasta que esta cumpla su meta, llegar al cielo.

Conclusión

Dios es el gran misionero y toda la obra misionera gira alrededor del plan de redención que Dios creo, pero que está ejecutando paso a paso hasta que se cumpla completamente. Dios en los actos de poder misiológico está restaurando a sus hijos al estado original de creación. «Nacer de nuevo significa ser transformado por la acción sobrenatural de Dios el Espíritu Santo. Entender esto es crucial para nuestra seguridad de salvación».[48] Lo que Adán perdió en la caída, Jesús, el Adán que descendió del cielo, va consumando esta obra de restauración hasta perfeccionarla en los hijos de Dios y así cumplir con toda justicia.

Dios tiene un plan que se está desarrollando en cuatro etapas en la historia de la humanidad. La creación y la caída forman la primera etapa de este plan, la restauración y consumación forman la segunda etapa que sin duda terminará cuando Dios

---

[47] Ibid. Seguridad Eterna. Logos.
[48] Sproul, R. C., *"Puedo Estar Seguro de que Soy Salvo?, trans. Elvis Castro, vol. 7, La Serie Preguntas Cruciales"*, vol.7.

enjugue las lágrimas de todos los santos que han trabajado para que su reino sea establecido. La Trinidad está trabajando continuamente para que este plan se desarrolle de tal manera que rinda gloria y honor a Dios en su plenitud. «El Padre no es el Hijo. El Hijo no es el Espíritu Santo. El Espíritu Santo no es el Padre. Cada uno es Dios. Cada uno es *totalmente* Dios. Pero cada uno es distinto del otro. Esta verdad no es difícil de expresar, pero es completamente imposible de entender».[49] Los tres trabajan en perfecta unidad para que todas las promesas a los santos sean cumplidas y para que las cosas sean perfectas como eran antes de la caída. «La verdad de la Trinidad debería guiar al cristiano a la adoración. Adoramos a Dios por lo que ha hecho. Adoramos a Dios por lo que ha hecho por *nosotros*. Pero Él lo ha hecho solamente por ser quien es».[50] Esto nos asegura que el Dios que comenzó la obra en su pueblo la perfeccionará el día de la redención de sus elegidos, la creación, la sociedad; así es que desde hoy podemos gozar las delicias de pertenecer a Dios.

Preguntas de Estudio
1. ¿Cuándo se elabora el plan de redención y cuando se confirma?
2. ¿Cómo vive el hombre sin Dios y con que no se puede comparar el estado en el que vive el hombre sin Dios?
3. ¿Por qué hoy más que nunca debemos hacer la obra de Dios?

---

[49] Olyott, Stuart., "*Los tres son uno: La enseñanza bíblica acerca de la Trinidad, trans. Demetrio Cánovas Moreno, Segunda edición*", p.50.
[50] *Ibid*, p.91.

4.   ¿Qué son las misiones y en que tienen sus raíces?

5.   Explique en sus palabras que es elección.

6.   Según el autor: ¿Quién es el fundamento de la elección?

7.   ¿Cuál era la obra misionera de Abrahán?

8.   ¿Cuál es la palabra que se usa para presentar defensa?

9.   Explique en sus propias palabras los términos soberanía y providencia.

10. ¿Qué es lo que tiene el hombre como ser cultural?

11. ¿Cuál es la misión del Hijo?

12. ¿Cuál es la misión del Espíritu Santo?

9

Conclusión

La iglesia es el cuerpo de Cristo. Su función principal y por la que fue llama del mundo a una vida
apartada es la proclamación del evangelio. Sin embargo, esta obra no podrá ser llevada a cabo si la iglesia no conoce e íntima con Dios de la manera correcta. El más glorioso privilegio que la iglesia ha recibido es pertenece a Cristo y madurar en ese conocimiento hasta llegar al perfeccionamiento de Jesucristo, el varón perfecto. Para lograr esto, los santos
deben ser moldeados por aquellas cosas que les ayuden a crecer, deben ser discipulados conocer el propósito por el cual el Señor les tiene en este mundo y
enseñando, es parte del perfeccionamiento de los
santos Ef. 4:12. El discipulado nos acerca a Dios por
medio del estudio sistematizado de la palabra de
Dios, pero desde una perspectiva evangelizadora y
nos permite adquirir el conocimiento básico de la fe
cristiana. Jesús dijo una gran verdad acerca de intimar con Él, «*Separados de mi nada podés hacer*», Jn.
15:5. Solo aquellos que permanecen en la vid podrán
mantenerse nutriendo de ella, los que se apartan de
ella mueren. Esto pretende lograr el discipulado,
mantener a los santos conectados a la vid, Cristo,

para crecer y desarrollarse según el propósito eterno de Dios. Así que, debemos entender que nosotros, los hijos del pacto, los hijos de Dios respondemos a un interés mucho más elevado que el nuestro propio, es el establecimiento de reino de Dios, primero en nuestros corazones y luego hasta lo último de la tierra Hch. 1:8. El crecimiento de un cristiano es algo natural y oportuno, pero no viene a la persona como por arte de magina, conlleva un proceso de maduración que involucra muchos factores necesarios.

Es por esta razón que en este estudio hemos tratado de proveer al estudiante con aquellas herramientas que le ayudaran al crecimiento persona y como cuerpo. No pretendemos creer que es la única manera para crecer; todo lo contario, hay mucho más por explorar acerca del crecimiento espiritual, pero Dios nos ha provisto un cuerpo en el que podamos aprender desde las cosas básicas hasta las cosas más profundas de la fe cristiana. Desde la primera lección de este estudio hasta la última, hemos querido colocar cada una en el orden que creemos que debe ir, ya que con esto lo que buscamos es la edificación del cuerpo de Cristo. Por eso, apropósito comenzamos con la importancia que debe tener para la iglesia la predicación del evangelio y este de la manera correcta. Hoy más que nunca carecemos de este cuidado, los pulpitos se han convertido en cueva de ladrones, clínicas psicológicas, centros de enfermería, pero jamás el evangelio fue enviado con esta intención, la predicación sigue un triple propósito según el consejo del apóstol Pablo, —*edificación, exhortación y consolación*—, 1ª Cor. 14:3. Nunca en la historia de la iglesia, la predicación ha sido usada con el fin de endulzar el oído del oyente, sino con la firme convicción de que este se convierta de su mal camino a Jesucristo.

Que importante es para la iglesia madurar en la fe del Hijo de Dios, pero este es un proceso que debe ser cuidadosamente enseñado. Los cristianos muchas veces confunden la fe con un mero activismo social, pero la verdadera fe cristiana se puede desglosar desde tres perspectivas: la fe salvadora, esta se desarrolla en nosotros el día que el Espíritu Santo nos convence de que somos pecadores y que tenemos necesidad de un Salvador y obra en nosotros el nuevo nacimiento. Sin embargo, tenemos la fe como fidelidad, la cual es una de las características del fruto del Espíritu y por último, la fe como don. Las formas de fe que encontramos en la Biblia son la obra del Espíritu Santo en un corazón regenerado. Jamás se podrá madurar en la fe si la doctrina que práctica la iglesia va en contra de la verdad que el evangelio proclama. Así que, el fundamento de la iglesia no se puede encontrar fuera de la esperanza de que tiene una sana doctrina, y la proclama con entusiasmo y esperanza porque la sana doctrina es la verdad acerca de Dios, el Dios de la Biblia. Así que fuera de la Biblia la doctrina es un engaño o una simple idea moralista. La sana doctrina le permite a la iglesia crear estabilidad y raíces profundas. Sin la doctrina la iglesia no tiene nada.

Sin embargo, en el hilo del proceso discipular de la iglesia no debe faltar la correcta adoración. Si existe la adoración verdadera, es porque la adoración falsa camina paralela. Nadab y Abiú, los hijos del Sacerdote Aarón son un claro ejemplo de lo peligroso que es inventarnos nuevas formas de adoración Liv. 10:1-21, ya que Dios ya nos dijo como quiere ser adorado; ¿Para que inventar nosotros? La adoración bíblica sigue la lógica de Dios y nunca se debe crear nuevas formas por innovadora que estas parezcan. Dios es celoso de la forma, así como de los medios que el a pedido con los que su pueblo se debe acercar a Él con su adoración. Muchos se preguntan por la razón por la que Caín fue rechazado por Dios, Caín fue rechazado porque su adoración estaba centrada en él y no en Dios; mientras Abel trae una adoración que nace de la idea correcta acerca de Dios Gen. 4:1-7. El v7 propone el disgusto de Dios por el abuso arrogante de Caín. Así que, la adoración juega un papel preponderante en la relación que sostenemos con Dios. Cuando el creyente sabe adorar a Dios, sabe también que tiene un lugar importante en el cuerpo de Cristo y se somete a este plan según Dios se va revelando a su vida con el discipulado. Por esta razón, conocer y apreciar el lugar en el que Dios nos ha puesto como cuerpo de creyentes es fundamental. La iglesia necesita de personas comprometidas con el reino de Dios para crecer en número y en relación, cada uno de los miembros de la iglesia han sido dotados por Dios con dones para la edificación del cuerpo mismo 1ª Cor. 12; Rom. 12.

Así como la iglesia ha sido dotada de dones, privilegios y oportunidades; así Dios engrandecido a la iglesia con virtudes que le permiten desarrollar el plan de Dios. Las virtudes del pueblo cristiano son las nueve características del fruto del Espíritu Gal. 5:22,23. Dios nos ama tanto que n ha dado estas virtudes como don para que crezcamos en unidad y en gracia hasta alcanzar la medida nos del varón perfecto Jesucristo. ¿Podemos desarrollar todas estas virtudes nosotros? Claro que no, pero Cristo si pudo y en Él nosotros nos vamos perfeccionado cada día hasta el día de la restauración de todas las cosas. Cuando Dios ha tomado el control de nuestras vidas y el fruto del Espíritu nos encamina a la madurez cristiana, el servicio cristiano sale de nuestro interior de forma natural, no tenemos que forzarlo. El llamado de Dios a la iglesia es a servir a los demás con amor y entusiasmo, sabiendo que cuando servimos a los demás estamos sirviendo a Dios y su reino de Dios cobra otro sentido en el día a día de nosotros y de los demás. A través del servicio cristiano Dios también nos va perfeccionando ya que nos lleva al único servicio genuino y perfecto jamás llevado a cabo, el sacrificio de Cristo en la cruz. Somos llamados a ser siervos, porque el Siervo sufriente modeló una vida de servicio hasta el último momento entre los hombres. Parte integral del servicio cristiano es lleva a cabo la gran Comisión desde la perspectiva de Dios. El gran misionero es Dios, el vino al encuentro de Adán cuando este se entregó al pecado; Dios envió a su Hijo al mundo para que se entregara en sacrificio vivo en favor del pueblo del pacto.

En el Plan de Redención Dios ha establecido que su obra sea cumplida con entusiasmo y dedicación. La formación cristiana es parte del plan de Dios para que la iglesia crezca y se desarrolle según su propósito. Para que la iglesia conozca a Dios, esta debe ser capacitada desde aquellas cosas más básicas hasta aquellas cosas más profundas. Por eso existen dos formas para cumplir este fin; el discipulado cristiano que es en sí una forma de evangelismo a través de métodos sistemáticos de educación; pero también está la enseñanza, algo más profundo y para eso tenemos las universidades y seminarios desde donde nuestros ministros se forman para alimentar el pueblo de Dios Mt. 28:18-20. Todos los miembros de la iglesia deben ser discipulados, ya que es a través del discipulado que aprendemos a intimar de una forma más comprensible con Dios y en esta relación crecemos en aquellas relaciones que son más complejas, a mar al prójimo como a nosotros mismos Mt. 22:34-40. Es mucho más fácil amar a Dios, pero amar al prójimo es un proceso de madurez cristiana. Mi oración es para que este estudio ayude a la iglesia en su madurez cristiana hasta el día de la redención. Que la gracia de Dios sea con la iglesia del Dios viviente.

$\mathscr{B}ibliografía$

Adams, Jay., "*Como vencer el Miedo*". Editorial CLIR. Guadalupe, Costa Rica: 2008.

Adrianzén de Vergara, Patricia., "*Amigas: Disfrutando las bendiciones de la amistad, ed. Patricia Adrianzén de Vergara, Primera Edición*". Ediciones Verbo Vivo. Lima, Perú: 2011.

Albrecht G. Jerome y Albrecht, Michael J., "*Mateo, ed. John A. Braun, Armin J. Panning, y Curtis A. Jahn, La Biblia Popular*", p. 159. Editorial Northwestern. Milwaukee, WI: 2002.

Asamblea General, el Comité., "*Libro de Confesiones: Catecismo Menor de Westminster*". Publicado por la Oficina de la Asamblea General. Witherspoon, Louisville, KY: 2004.

Balge, Richard D., "*La Trinidad: Un solo Dios, tres personas, ed. Curtis A. Jahn, Segunda edición., Enseñanzas de la Biblia Popular*". Editorial Northwestern. Milwaukee, WI: 2001.

Barclay, William., "*Comentario Al Nuevo Testamento*". Editorial CLIE. Viladecavalls, Barcelona, España: 2006.

Barrientos, Alberto., "*La Iglesia en que Sirvo*". Editorial UNILIT. Miami, FL: 2003.

Bartholomew, Craig G. y Goheen, Michael W., "La verdadera historia del mundo: Nuestro lugar en el drama bíblico, ed. Cristian Franco, trans. Davinsky de León". Lexham Press. Bellingham, WA: 2015.

Bartley, James W. "*La Adoración que Agrada al Altísimo*". Editorial Mundo Hispano. El Paso Texas: 2003.

Beeke, Joel., "*La espiritualidad puritana y reformada: Un estudio teológico y práctico tomado de nuestra herencia puritana y reformada, trans. Juan Sánchez Llamas y Armando Valdez, Primera Edición*". Publicaciones Faro de Gracia. Graham, NC: 2008.

Beeke, Mary., "*La enseñanza de la Bondad*". Publicaciones Faro de Gracia. Graham, NC: 2008.

Bello Valenzuela, Silverio Manuel., "*Diaconado Eficiente Para la Iglesia de Hoy*". Silverio Bello, 2011.

Berg, Muguel., "*El Placer de Estudiar la Biblia*". Editorial Caribe. San José Costa Rica /Miami, Florida. 1973.

Bertuzzi, Federico., "*El Despertar de las Misiones*". COMIBAM Internacional. Sante Fe, República Argentina: 1997.

Bertuzzi, Federico., "*Preparados para Servir*". Tear Fund y Scripture Union. Barcelona, Spain: 1989.

Biblia de Estudio Plenitud, "*Comentario al Antiguo testamento de la Biblia Plenitud*". Editorial Caribe Nashville, TN – 1994.

Blomberg, Craig L., "*Mateo ed. David S. Dockery, vol. 1, Nuevo Comentario Americano del Nuevo Testamento*". Editorial Tesoro Bíblico. Bellingham, WA: 2021.

Blomberg, Craig L., "*Mateo, ed. David S. Dockery, vol. 1, Nuevo Comentario Americano del Nuevo Testamento*". Editorial Tesoro Bíblico. Bellingham, WA: 2021.

Boice, James M. "Los *Fundamentos de la fe Cristian*". Editorial UNILIT. Miami, FL: 1996.

Borchert, Gerald L., "*Juan 12-21, ed. E. Ray Clendenen, vol. 4B, Nuevo Comentario Americano del Nuevo Testamento*". Editorial Tesoro Bíblico. Bellingham, WA: 2021.

Bosch, David Jacobus., "*Misión en transformación: cambios de paradigma en la teología de la misión*". Libros Desafío. Grand Rapids, MI: 2000.

Brenner, John M., "*La Conversión: No por mi propia Elección, trans. Fernando Delgadillo López, Enseñanzas de la Biblia Popular*". Editorial Northwestern. Milwaukee, WI: 2009.

Bruce, F. F., "*Hechos de los Apóstoles: Introducción, comentarios y notas*". Libros Desafío. Grand Rapids, MI: 2007.

Bruce, F. F., "*La Epístola a los Hebreos*". Libor Desafío. Gran Rapids, Michigan – 2007.

Burt, David F., "*Adornando la Doctrina de Dios, Tito 2:1–3:15, 1a Edición., vol. 157, Comentario Ampliado del Nuevo Testamento*". Publicaciones Andamio. Barcelona: 2001.

Burt, David F., "*Manual de Evangelización para el Siglo XXI: Guía para una siembra eficaz, 3a Edición.*". Publicaciones Timoteo; Publicaciones Andamio. Barcelona: 2005.

Caballero Yoccou, Raúl., "*Comentario Bíblico del Continente Nuevo: Efesios*". Editorial Unilit. Miami, FL: 1992.

Calvino, Juan., "*La Necesidad de Reformar la Iglesia*". Publicaciones Faro de Gracia. Burlington North Carolina, EEUU: 2009.

Carro et al., Daniel., "*Comentario Bíblico Mundo Hispano: Génesis*, 1. ed.". Editorial Mundo Hispano. El Paso, TX: 1993.

Cherry, Constance M., "*Arquitectos de la Adoración*". Editorial CLIE. Viladecavalls, Barcelona, España: 2018.

Conner, W. T. "*Doctrina Cristiana*". Editorial Mundo Hispano. El Pasó, Texas: 2003.

Cottrell, Jack., "*La Fe Una Vez Dada, trans. Dennis O'Shee y Dale Meade*". Literature And Teaching Ministries. Joplin, MO: 2013.

De Graaf S. G., "*El pueblo de la Promesa Tomo I*". Subcomisión Literatura Cristiana. Grand Rapids, Michigan, 1990.

Deiros, Pablo A., "*Dones y Ministerio, Formación Ministerial*". Publicaciones Proforme. Buenos Aires: 2008.

Espinoza Contreras, José Daniel., "*¿A quién Adoran los Cristianos?*". Publicaciones Kerigma. Salem Oregón, UUEE: 2017.

Fanning, Don., *"Dones Vigentes, First Edition"*. Branches Publications. Forest, VA: 2012.

Fitzpatrick, Elyse., *"Ídolos del Corazón: Aprendiendo a Anhelar Solo a Dios"*. Poiema Publicaciones. Medellín, Colombia: 2013.

Fitzpatrick, Elyse., *"Venciendo el Temor la Preocupación y la Ansiedad, trans. Cynthia Piñeda Canales"*. Publicaciones Faro de Gracia. Graham, NC: 2012.

Getty, Keith & Krystyn., *"¡Cantemos! Como la Alabanza Transforma tu Vida, Familia e Iglesia"*. B&H Publishing Group. Nashville, TN: 2018.

Gibson, O. J., *"La Iglesia, trans. Santiago Escuain"*. Editorial DIME. Cupertino, CA: 2005.

Glaze Andrés, *"Comentario Mundo Hispano tomo 07 Esdras, Nehemías, Ester y Job"*. Editorial Mundo Hispano. El Paso, TX – 2005.

Graham, Billy., *"El espíritu Santo"*. Casa Bautista De Publicaciones. El Paso, TX: 2001.

Green, Guillermo., *"El Evangelio y Nad Mas, 1ª ed."*. Editorial CLIR. San José, Costa Rica: 2011.

Harrison, Everett F., *"Comentario Bíblico Moody Nuevo Testamento"*. Editorial Portavoz. Grand Rapids, Michigan, 2001.

Helm, David., *"La Predicación Expositiva: Como Proclamar la Palabra de Dios hoy"*. Publicado por 9Marks. Northeast, Washington, D.C. 2014.

Hendriksen, William, *"Comentario al Nuevo Testamento: El Evangelio según San Juan"*. Libros Desafío. Gran Rapid, Michigan: 1981.

Hendriksen, William., *"Comentario al Nuevo Testamento de Romanos"*. Libros desafío. Gran Rapid, Michigan: 2006.

Hendriksen, William., *"Comentario al Nuevo Testamento Hebreos"*, Libros Desafío. Gran Rapids Michigan – 1999.

Hendriksen, William., *"Comentario al Nuevo Testamento: 1ª y 2ª Pedro y Judas"*. Libros Desafío. Gran Rapid, Michigan: 1994.

Hendriksen, William., *"Comentario al Nuevo Testamento: Efesios"*. Libros Desafío. Grand Rapids, MI: 1984.

Hendriksen, William., *"Comentario al Nuevo testamento: Efesios"*. Libros Desafío. Grand Rapids, MI: 1984.

Hendriksen, William., *"Comentario al Nuevo Testamento: El Evangelio Según San Mateo"*. Libros Desafíos. Grand Rapids, MI: 2007.

Hendriksen, William., *"Comentario al Nuevo Testamento: El Evangelio según San Marcos"*. Libros Desafío. Grand Rapids, MI: 1998.

Hendriksen, William., *"Comentario al Nuevo Testamento: El Evangelio según San Mateo"*. Libros Desafíos. Grand Rapids, MI: 2007.

Hendriksen, William., *"Comentario al Nuevo Testamento: Juan"*. Libros Desafío. Grand Rapids, Michigan, 2001.

Hendriksen, William., "*Comentario del Nuevo Testamento de 2ª Timoteo*". Libros Desafío. Gran Rapids, Michigan: 2006.

Henrichsen, Walter A., "*Entendamos: 24 Principios Básicos para Interpretar la Biblia*". Editorial Caribe. Miami Florida. 1976.

Henry, Mathew., "*Comentario Bíblico de Mathew Henry*". Editorial CLIE Galvani Terrassa Barcelona – 1999

Henry, Matthew. "*Comentario de la Biblia Matthew Henry en un tomo*". Editorial Unilit. Miami: 2003.

Henry, Matthew., "*Comentario de la Biblia Matthew Henry en un tomo*". Editorial UNILIT. Miami, FL: 2003

Jackman, David., "«*Preaching that Changes the Church*», en *Serving the Church, Reaching the World: In Honour of D. A. Carson*, ed. Richard M.*". Inter-Varsity-Press. Cunningham, London: 2017.

Jackman, David., "*Josué: Personas según el propósito de Dios trans. Loida Viegas, 1ª edición., Comentario Antiguo Testamento Andamio*". Andamio; Libros Desafío. Barcelona; Grand Rapids, MI: 2015.

Jackman, David., "*Josué: Personas según el propósito de Dios, trans. Loida Viegas, 1ª edición., Comentario Antiguo Testamento Andamio*". Libros Desafío. Barcelona; Grand Rapids, MI: Andamio; 2015.

Jamieson, Bobby, trans. Pérez Patiño, Xavier., "*9Marcas: Edificando Iglesias Sanas*". Poiema Lectura Redimida. Colombia: 2014.

Jamieson, Roberto Fausset, A. R. y Brown, David., "*Comentario exegético y explicativo de la Biblia - tomo 2: El Nuevo Testamento*". Casa Bautista de Publicaciones. El Paso, TX: 2002.

Jamieson, Roberto. Fausset, A. R. y Brown, David., "*Comentario exegético y explicativo de la Biblia - Tomo 1: El Antiguo Testamento*". Casa Bautista de Publicaciones. El Paso, TX: 2003.

Jamieson, Roberto. Fausset, A. R. y Brown, David., "*Comentario exegético y explicativo de la Biblia - tomo 2: El Nuevo Testamento*". Casa Bautista de Publicaciones. El Paso, TX: 2002.

Jones, Peter., "*Uno o Dos: Viendo un mundo de diferencia, trans. Donald Herrera Terán*". Editorial CLIR. Guadalupe, Costa Rica: 2012.

Kauflin, Bob., "*Nuestra Adoración Importa: Guiando a otros a encontrarse con Dios*". B&H Publishing Group. Nashville, TN: 2015.

Kuest, Robert D., "*Liderazgo contra la corriente: Liderazgo de servicio en un mundo basado en el poder, ed. Benigno José Aparicio, Bob Marsh, y Fernando Soto, trans. José José Aparicio*". Literatura Alcanzando a Todo el Mundo. Joplin, MO: 2011.

Kwast, Lloyd E., "«*Entendiendo la Cultura*», en *Misión mundial, tomo 3, ed. Jonatán P. Lewis*". Editorial Unilit. Miami, Fl: 1990.

Larson, Pedro., "«*Nuestro Dios Misionero*», en *Misión global, ed. Levi DeCarvalho*". Centro latinoamericano para la misión mundial.

Pasadena, California: 2006.

Lea, Thomas D., *"El Nuevo Testamento: Su Trasfondo y su Mensaje"*. Editorial Mundo Hispano. El Pasó, Tx: 2000.

Lewis, Jonatán., *"Misión Mundial, Tomo 1"*. Editorial Unilit. Miami, Fl: 1990.

Lewis, Norman., *"Finanzas para las Misiones Mundiales"*. Editorial Unilit. Miami, Florida: 1987.

Liefeld, Walter L., *"Del Texto al Sermón: Como Predicar Expositivamente"*. Editorial Vida. Miami, Florida: 1990.

Livingston, George Herbert., *"«El Libro de GÉNESIS»*, en *Comentario Bíblico Beacon: Génesis hasta Deuteronomio (Tomo 1)* ed. Sergio Franco"*. Casa Nazarena de Publicaciones. Lenexa, KS: 2010.

Lloyd, Roberto., *"Estudios Bíblicos ELA: El ministerio eficaz (2da Corintios)"*. Ediciones Las Américas, A. C. Puebla, Pue. México: 2005.

MacArthur, John, "Biblia de Estudio MacArthur".

MacArthur, John, *"Biblia de Estudio MacArthur"*. Publicado por Grupo Nelson, INC. Nashville Tennessee – 2011.

MacArthur, John., *"El Redescubrimiento de la Predicación Expositiva"*. Publicado por Grupo Nelson. Nashville, Tennessee:1996.

MacArthur, John., *"La Predicación: Como Predicar Bíblicamente"*. Grupo Nelson. Nashville, Tennessee. 2009.

Mack, Wayne A., *"Tú Puedes Resolver Conflictos Personales, trans. Lisa Rentz"*. Publicaciones Faro de Gracia. Graham, NC: 2002.

Macleod, Donald., *"El bautismo con El Espíritu Santo: Una perspectiva bíblica y Reformada, trans. Alonzo Ramírez Alvarado, 1a ed."*. Editorial CLIR & Sola Scritura. San José, Costa Ríca; San Juan, Puerto Río: 2005.

Martinez, Tomas Eliseo., *"La Predicación: El Proceso de Creación del Sermón"*. http://www.iglesiareformada.com/Martinez_La_Predicacion.pdf

Mártir, Justino., *"Lo Mejor de Justino Mártir, ed. Alfonso Ropero, Patrística"*. Editorial CLIE. Terrassa: 2004.

Medina, Juan y Thompson, Les., *"El Mensaje que Predicamos"*. Publicado por Ministerios LOGOI, Miami, Florida. 2008.

Metz, Donald S., *"«Primera Epístola de Pablo a los Corintios», en Comentario Bíblico Beacon: Romanos hasta 2 Corintios (Tomo 8)"*. Casa Nazarena de Publicaciones. Lenexa, KS: 2010.

Millón Perez, Samuel., *"Comentario Exegético al texto del Nuevo Testamento, Romanos"*. Editorial CLIE. Viladecavalls, Barcelona: 2011.

Morales Herrera, Jaime Andres., *"Proverbios: Sabiduría Bíblica para la Vida"*. Seminario Internacional MINTS. Miami, Fl. 2011.

Motyer, J. A., "Isaías: Admirable, Padre Eterno, Príncipe de Paz, trans.

Daniel Menezo, 2ª Edición., Comentario Antiguo Testamento Andamio". PUBLICACIONES ANDAMIO. Barcelona: 2009.

Mounce, Robert H., "*Romanos, ed. David S. Dockery, vol. 6, Nuevo Comentario Americano del Nuevo Testamento*". Editorial Tesoro Bíblico. Bellingham, WA: 2021.

Mouton, Boyce., "*Alimento espiritual—tres lecciones acerca del reino de Dios, trans. Bob Marsh*". Literatura Alcanzando a Todo el Mundo. Joplin, MO: 2009.

Mouton, Boyce., "*Marcados por el Amor, ed. Benigno. José A., trans. José José Aparicio*". Literatura Alcanzando a Todo el Mundo. Joplin, MO: 2007), 21.

Muñoz, Javier., "*Homilética: Predicando la Gracia, un Mensaje Cristocéntrico*". Centro de Publicaciones Biblos. Bogotá, Colombia: 2004.

Olford, Stephen F. y Olford, David L., "*Guía de Predicación Expositiva*". Publicado por Broadman & Holman Publishers. Nashville, Tennessee: 2005.

Olyott, Stuart., "*Los tres son uno: La enseñanza bíblica acerca de la Trinidad, trans. Demetrio Cánovas Moreno, Segunda edición*". Editorial Peregrino. Moral de Calatrava, Ciudad Real: 2006.

Orth, Stanford., "*Estudios Bíblicos ELA: Toma la estafeta (2da Timoteo)*". Ediciones Las Américas, A. C. Puebla, Pue., México: 1993.

Ortlund, Ray Jr., "*«No Descuides el Avivamiento», en Querido Timoteo: Cartas sobre el ministerio pastoral, ed. Thomas K. Ascol*". Publicaciones Faro de Gracia. Graham, NC: 2011.

Osborne, Larry., "*«Ariesgarse», en Hacia una definición del éxito: La necesidad de triunfar y el miedo al fracaso, ed. Cristian Franco, trans. Reynaldo Gastón Medina, Presiones pastorales*". Tesoro Bíblico Editorial. Bellingham, WA: 2017.

Panning, Armin J., "*Romanos, ed. John A. Braun y Curtis A. Jahn, La Biblia Popular*". Editorial Northwestern. Milwaukee, WI: 2001.

Pérez Millos, Samuel., "*Lucas, Comentario Exegético al Texto Griego del Nuevo Testamento*". Editorial CLIE. Barcelona, España: 2017.

Phillips, Richard D., "*Elección y Predestinación, ¿Qué Significa?, Cuestiones Básicas de la Fe Cristiana*". Publicaciones Faro de Gracia. Graham, NC: 2011.

Pink, Arthur W., "*Seguridad Eterna*", Editorial Tesoro Bíblico. Bellingham, WA: 2021. Logos.

Piper, John., "*La Supremacía de Dios en la Predicación*". Publicaciones Faro de Gracia. Graham, NC: 2008.

Platt, Alberto T., "*Estudios Bíblicos ELA: Para que creáis (Juan)*". Ediciones Las Américas, A. C.Puebla, Pue., México: 1995.

Platt, Alberto T., "*Estudios Bíblicos ELA: Promesas y proezas de Dios (Josué)*". (Puebla, Pue., México: Ediciones Las Américas, A. C.,

1999), 113.

Platt, Alberto T., "*Estudios Bíblicos ELA: Respuesta de Dios a las crisis (Hageo y Malaquias)*". Ediciones Las Américas, A. C. Puebla, Pue., México: 1998.

Platt, Alberto T., "*Estudios Bíblicos ELA: Verdadero hombre, verdadero Dios (Lucas Tomo II)*". Ediciones Las Américas, A. C. Puebla, Pue., México: 1993.

Polhill, John B., "*Hechos, ed. David S. Dockery, vol. 5, Nuevo Comentario Americano del Nuevo Testamento*". Editorial Tesoro Bíblico. Bellingham, WA: 2021.

Pomerville, Paul A., "*Introducción a las misiones: Libro de texto de estudio independiente, ed. Guido Féliz et al., trans. Milta Oyola, Segunda edición*". Global University. Springfield, MO: 2004.

Porter, Rafael., "*Estudios Bíblicos ELA: Una vida distinta (Tito)*". Ediciones Las Américas, A. C. Puebla, Pue., México: 1986.

Ramírez, Alonzo., "*«El Diácono», en Manual de capacitación de ancianos gobernantes y diáconos*". CLIR. San José, Costa Rica: 2010.

Ríos, Asdrúbal., "*Comentario Bíblico del Continente nuevo: Mateo*". Editorial Unilit. Miami, FL: 1994.

Robertson, Thomas Archibald, "*Los Cuatro Evangelios y la Epístola a los Hebreos*". Baker Book House, Gran Rapids Michigan – 1960.

Robinson, Haddon W., "*La Predicación Bíblica: Como Desarrollar Mensajes Expositivos*". Editorial Unilit. Miami FL: 2,000.

Sanders, Fred., "*«La Doctrina del Dios Trino», en Sumario Teológico Lexham, ed. Mark Ward et al*". Lexham Press. Bellingham, WA: 2018.

Saucedo V., José M., "*Vayamos O Enviemos, Pero Hagamos Misiones, ed. David Alejandro Saucedo Valenciano*". Ediciones el Principio de la Sabiduría. Coahuila, México: 2016.

Schultz, J. Samuel, "*Habla el Antiguo Testamento*". Editorial Portavoz. Grand Rapids, Michigan – 1976

Scott B. Jack, "*El Plan de Dios en el Antiguo Testamento*". Editorial UNILIT. Miami Florida – 2002.

Silva, Kittim., "*Bosquejos para Predicadores, vol. 1*". Editorial Clie. Viladecavalls, Barcelona: 1997.

Sizemore, Denver., "*Lecciones de Doctrina Bíblica, vol. 2*". Literatura Alcanzando a Todo el Mundo. Joplin, MO: 2003.

Smalling, Rogers., "*Liderazgo* Espiritual". MINTS International Seminary. (https://mintsespanol.com/admision.htm)

Somoza, Jorge S., "*Comentario Bíblico del Continente Nuevo: Romanos*". Editorial UNILIT. Miami, FL: 1997.

Sproul, R. C. "*¿Controla Dios Todas las Cosas?*" Reformation Trust, A Division of Ligonier Ministry. Orlando Florida.

Sproul, R. C., *"¿Qué es la Gran Comisión?, trans. Elvis Castro, vol. 21, La Serie Preguntas Cruciales"*. Reformation Trust: A División of Ligonier Ministries. Orlando, FL: 2015.

Sproul, R. C., *"Las Grandes Doctrinas de la Biblia"*. Editorial Unilit. Miami, FL: 1996.

Sproul, R. C., *"Puedo Estar Seguro de que Soy Salvo?, trans. Elvis Castro, vol. 7, La Serie Preguntas Cruciales"*. Reformation Trust: A Division of Ligonier Ministries. Orlando, FL: 2010.

Sproul, R. C., *"Todos Somos Teólogos: Una Introducción a la Teología Sistemática"*. Editorial Mundo Hispano. El Pasó, Texas: 2021.

Sproul, R. C.' *¿Qué es la Trinidad?, trans. Elvis Castro, vol. 10, La Serie Preguntas Cruciales"*. Reformation Trust: A Division of Ligonier Ministries. Orlando, FL: 2011.

Spurgeon, Charles., *"Comentario Spurgeon: 2 Timoteo, ed. Elliot Ritzema"*. Tesoro Bíblico Editorial; Lexham Press. Bellingham, WA: 2017.

Stott, John R., *"LA BIBLIA EN LA EVANGELIZACIÓN MUNDIAL, en Misión mundial, tomo 1, ed. Jonatán P. Lewis"*. Editorial Unilit. Miami, Fl: 1990.

Stott, John., *"El Sermón del Monte"*. ed. Adriana Powell, trans. Cármen Pérez de Camargo, 3ª ed. Ediciones Certeza Unida. Barcelona; Buenos Aires; La Paz: 2007.

Stott, R. W. John., *"La Predicación: Puente Entre Dos Mundos"*. Libros Desafío. Gran Rapid, Michigan: 2000.

Strauch, Alexander., *"Ama o Muere: Cristo llama a la iglesia a despertar del sueño espiritual: Apocalipsis 2:4, ed. Lucy Dillon, trans. Jael Saurenian"*. Editorial DIME Cupertino, CA: 2013.

Taylor, Mark., *"1 Corintios, ed. E. Ray Clendenen, vol. 7, Nuevo Comentario Americano del Nuevo Testamento"*. Editorial Tesoro Bíblico. Bellingham, WA: 2021.

Thompson, Les., *"Los Diez Mandamientos"*. Editorial Portavoz. Grand Rapids, Michigan: 2007.

Tozer, A. W. *"Diseñados para Adorar"*. Editorial Portavoz. Grand Rapids, Michigan: 2011.

Tozer, A. W., *"¿Que ha Sucedido a la Adoración?"*. Editorial Portavoz. Gran Rapid, Michigan: 2010.

Trenchard, Ernesto., *"Bosquejos de doctrina fundamental"*. Editorial Portavoz. Grand Rapids, Michigan: 1972.

Trenchard, Ernesto., *"Estudios de Doctrina Bíblica, Cursos de estudio bíblico"*. Editorial Portavoz. Grand Rapids, MI: 1976.

van Deursen, Frans., *"Proverbios"*. Fundación Editorial de Literatura Reformada, Felire. Barcelona, SP: 2003. www.felire.com

Williamson, G. J., *"La Confesión de Fe de Westminster, para Clases de Estudio"*. The Presbiterian and Reformed Publishing Company. Philadelphia, PA: 2004.

www.esword.net Comentario JFB.

Young J. Edward. *"Una Introducción al Antiguo Testamento"*. Publicada por T.E.L.L. Gran Rapids Michigan – 2001.

Apéndice 1
Guía de Estudio
Diseñada para uso personal o grupal

I. INTRODUCCIÓN

Si en su meta como líder o pastor esta ver una iglesia saludable y en crecimiento, usted debe enseñar a esta iglesia a conocer a Dios y debe llevarla a la práctica de aquellos principios bíblicos que le llevaran a la madurez cristiana. Desafortunadamente en la iglesia se puede ver a muchos cristianos inmaduros, débiles en la fe y sin fundamento doctrina, porque después de muchos años de haber recibido el don de gracia de la salvación siguen bebiendo leche en vez de comer comida solida 1ª Cor. 3:1-3. Por favor no me vaya a mal interpretar creyendo que lo que digo es que la persona ha perdido y va a perder su salvación; para nada, lo que quiero decir es que su vida en la iglesia será marcada por la inmadurez. Sin embargo, lo que el discipulado hace es da formación, fortalecer la fe y produce madurez cristiana. En este estudio, nos hemos propuesto presentar varios temas que ayudaran al creyente en su vida cristiana.

II. RESUMEN DEL CURSO

Este curso está enfocado en proveer al estudiante de Biblia una clara comprensión del evangelio desde la fe y la práctica. Por esta razón, se expone la teología-doctrina y la práctica actuando en armonía con la vida en todos sus ámbitos. Así que, el discipulado cristiano actúa como un modelo para formar cristianos a la imagen de Cristo según se encuentra en las líneas de la gran Comisión. Este estudio permite identificás varios elementos que conectan al creyente con el evangelio de gracia y de verdad. Se tratan asuntos como la predicación, la fe, la doctrina cristiana, la Misio Dei, el fruto del Espíritu, entre muchas otras; el creyente podrá beneficiarse viendo la obra de Dios desde la doctrina bíblica. Así el cristiano tendrá la oportunidad de llegar a su propia conclusión acerca de la fe, el amor de Dios, la esperanza y la comunión que gozamos en el evangelio.

III. PROPÓSITO DEL CURSO

El propósito general de este curso es llevar al estudiante a que conozca la importancia del discipulado y conozca que en la Gran Comisión el discipulado y la enseñanza-aprendizaje van de la mano para el crecimiento y madurez de la iglesia. el discipulado presenta una visión clara de la vida en el reino de Dios y ayuda al cristiano a vivir con pasión el evangelio aplicándolo a su vida y ministerio.

IV. OBJETIVOS DEL CURSO

Los objetivos que se esperan alcanzar con el presente Curso son los siguientes:

- Conocer de forma bíblica, histórica y vivencial la importancia que tiene la formación doctrinal por medio del discipulado en el nuevo creyente.

- Comprender todos los aspectos bíblico-teológicos más relevantes y los pasajes más significativos del discipulado bíblico.

- Llevar a la práctica aquellos aspectos pastorales de los que trata el discipulado con el fin de que el cristiano madure en la fe y el conocimiento de Dios y así que el crecimiento de su vida personal y ministerial.

V. METODOLOGÍA DEL ESTUDIO

- La metodología de la enseñanza asumirá un enfoque ecléctico, combinando la exposición magistral (07 horas de Conferencia con un Profesor) con un enfoque más participativo (08 horas de Sesiones de Trabajo con un Facilitador).

- Se espera que los estudiantes se involucren en las actividades diseñadas para un mejor aprovechamiento del curso.

- Las tareas serán entregadas al profesor del curso por la vía que él designe (correo electrónico o correo postal) y para tales efectos asignará una fecha límite de entrega.
- El examen final será aplicado por el facilitador del grupo y será su responsabilidad enviarlo al profesor. Esta modalidad se aplica en los Centros Oficiales de MINTS en el mundo. Para más información del Coordinador de MINTS en su país, puede escribir al profesor del curso: José J. Ramírez — mints-ca@hotmail.com

VI. REQUISITOS DEL CURSO

Los requisitos que el estudiante deberá cumplir para el presente curso son los siguientes:
- Asistir a 15 horas de Clase
- Cumplir con las tareas asignadas en el Plan de Tareas del curso.
- Adquirir y familiarizar las lecturas adicionales del curso.
- Desarrollar un proyecto final relacionado con el tema del curso.
- Rendir un examen final.

VII. EVALUACIÓN DEL CURSO

Para tener un resumen de todas las tareas que el estudiante deberá realizar, véase el Apéndice 2 "Plan de Tareas del Curso"; ahí se le indican las asignaciones para cada lección de este Curso. La evaluación seguirá los siguientes parámetros establecidos:

- *(15%) Asistencia*. El estudiante deberá asistir a las Conferencias del Profesor (07 horas) y Sesiones de Trabajo (08 Horas). Cada hora de asistencia tiene un valor de 1%.

- *(15%) Cuestionarios*. El estudiante leerá este libro como Manual del Curso y responderá todas las preguntas que se encuentran al final de cada lección. Presentará todos los cuestionarios como un solo documento con una portada al final del curso.

•   **(20%) *Informe de Lectura***. El estudiante deberá leer adicionalmente a este Libro, un total de 300 páginas (Licenciatura) y hacer un informe de lectura de 3 páginas; 500 páginas (Maestría) y hacer un informe de lectura de 5 páginas. El estudiante deberá usar el "Modelo para Informes de Lectura" que se provee en el Apéndice 5.

•   **(30%) *Proyecto Especial***. El estudiante seleccionará un tema relacionado con el discipulado cristiano y desarrollará una de las siguientes opciones:

•   *Redactar un Sermón:* Deberá tener una extensión mínima de 10 páginas e incluir un análisis bíblico-teológico del pasaje elegido, concentrándose en un punto principal. La estructura deberá incluir: introducción, tres enseñanzas generales, conclusión. Deberá reflejar lo que aprendió en el curso con aplicaciones orientadas a las necesidades de la iglesia local.

•   *Diseñar un Plan de Enseñanza:* Deberá tener una extensión mínima de 10 páginas con al menos tres lecciones de estudio bíblico sobre el tema seleccionado. Las lecciones deberán incluir: introducción, estudio bíblico, aplicaciones.

•   **(20%) *Examen Final***. El estudiante se someterá a una evaluación que incluirá todos los contenidos presentados en el curso. Tendrá 40 minutos de tiempo, sin prórrogas y no podrá utilizar material de apoyo.

Nota: *Aprobación del Curso*. El estudiante deberá alcanzar un mínimo de 60 puntos (60%) de la Nota Global para aprobar satisfactoriamente el curso. La calificación final del curso se hará saber al estudiante en forma oficial por la vía que el profesor designe.

VIII.   RECOMENDACIÓN FINAL

Con el propósito de que cada estudiante pueda comenzar, continuar y concluir de forma oportuna este curso, se proveen a continuación algunas recomendaciones que tienen la intención de dirigir al estudiante en su estudio personal y pueda obtener beneficios en su vida y en su ministerio. Las recomendaciones básicas para el estudiante son las siguientes:

•   Desarrolle una buena mayordomía de su tiempo. Algunas actividades del curso requieren más tiempo, por lo que debe prepararse con tiempo suficiente para ello.

•   Evite quedarse con dudas sobre los contenidos del curso o las instrucciones sobre las tareas. Pregunte al facilitador del grupo de estudio, él tiene instrucciones que pueden ayudarle a resolver sus dudas oportunamente y si este no fuere el caso, el facilitador se pondrá en contacto con el profesor para aclarar dudas.

•   Incluya en su estudio personal un tiempo para oración, la meditación y el repaso de sus clases. Recuerde que este estudio no está limitado a la adquisición de conocimiento, sino que está diseñado para la aplicación ministerial.

•   Haga siempre sus tareas con honestidad, basado en el conocimiento que usted ha adquirido. Esto le permitirá medir de forma genuina el nivel de su aprendizaje en el curso y le indicará cómo seguir avanzando en su preparación ministerial.

Apéndice 2
Respuestas a Preguntas de Estudio

LECCIÓN 1

1. ¿Cuál era la posición de Richard Baxter acerca de la predicación y porque es relevante para estos días cuando se sufre de una sana predicación?

R/. Nunca conoció un hombre que valiera algo en su ministerio, que no sintiera angustia por ver el fruto de su labor. Los ***principios*** y la ***pasión*** deben unirse para que algo significativo ocurra en el púlpito. Sin los principios y la pasión de un gran exponente entregado al arte de la predicación, el sermón es solo información y jamás logrará el sentido transformador para lo cual Dios iluminó he impulsó al predicador para que lleve el mensaje al corazón necesitado de oír palabra de Dios. A la investigación y ponencia del texto el exponente debe añadirle: su vida, su intuición, su madurez, su imaginación y su dedicación. Así como el ***hidrógeno*** y el ***oxígeno*** producen agua, el ***deseo*** y la ***preparación***, cuando se unen, producen comunicadores eficaces de la verdad de Dios

2. ¿Cuál debe ser la motivación y pasión del predicador bíblico?

R/. El predicador debe mantenerse apasionado por presentar un mensaje bíblico y que llegue al corazón del oyente.

3. ¿Cuáles son las tres declaraciones acerca de la predicación?

R/. Las tres declaraciones son: 1) La fuente del mensaje se halla en la Biblia. 2) La exégesis es hecha al pasaje. 3) Se estudia un solo pasaje bíblico.

4. ¿Cuáles son los tres componentes que no deben faltar en el sermón?

R/. Primer componente, la teología del pasaje. Segundo componente, la predicación involucra al predicador. Tercer componente, el beneficio que alcanzan los congregados.

5.   Defina lo que significa la oratoria.

R/. La oratoria es el arte de hablar elocuentemente, de persuadir y mover el ánimo mediante la palabra [...] La elocuencia es la habilidad de conmover y convencer. La oratoria es importante, dada la relevancia de la comunicación oral. La manera en que hablamos es base para juzgarnos y, por ella, se nos acepta o se nos rechaza.

6.   ¿Cuáles son las cuatro ventajas de predicar expositivamente?

R/. 1) La seguridad de que predicamos la voluntad de Dios. 2) Compromiso con la verdad. 3) Se expone el consejo de Dios. 4) La meta de la predicación es la gloria de Dios.

7.   ¿Qué se quiere decir con idea principal? ¿En qué nos ayuda seguir una idea definida?

R/. Una idea central para así seguir un hilo de pensamiento. Es algo así como una bala no un perdigón. No es divagar en muchos pensamientos para hacer aterrizar la idea. Todos los sermones deben tener solo una idea principal.

8.   ¿Qué es lo que hace un buen predicador? Y ¿Qué es lo que sigue para cautivar al oyente?

R/. Un excelente predicador articula sus ideas de tal manera que su lógica de pensamiento es sólida. No divaga en el pensamiento, sino que su oratoria consigue claridad en la exposición de los conceptos de su sermón. Sigue un método de estudio, claro y sencillo.

9.   ¿Cuáles son los cuatro métodos para la investigación del sermón?

R/. Los cuatro métodos son: 1) el método analítico. 2) el método literario. 3) el método inductivo. 4) el método devocional.

10.   Según el autor, ¿Qué es la predicación bíblica?

R/. Según el autor, la predicación es un arte y como todo buen arte hay que pulir la técnica para obtener resultados sorprendentes y gloriosos para la exaltación del nombre de Dios.

LECCIÓN 2

1.   ¿Los principales elementos de la fe que le han sido otorgados al creyente son?

R/. Los elementos de la fe son: Certeza, convicción y rendir la voluntad a Dios.

2.   ¿En qué estaba basada la fe de Abraham?

R/. La fe de Abrahán no estaba basada en la promesa de Dios; esta promesa solo le llevo a ejercitar esa fe; su fe reposaba en Dios que puede cumplir lo prometido.

3.   ¿Qué es tener fe y que implica no tener fe? ¿Qué significa confiar en Dios?

R/. Confiar en Dios es sinónimo de fe, la antítesis de fe es incredulidad y la incredulidad es pecado porque nace de un corazón rebelde. Cuando el creyente confía en Dios está expresando su completa dependencia en Él y nada le hará desistir de la convicción de que Dios tiene el control de su vida.

4.   ¿Qué es lo que ve el Lamec de Génesis 5 acerca del nacimiento de su hijo?

R/. Lamec ve la promesa de Dios cumplida.

5.   ¿En que difiere la fe de Abel, Enoc y Noé a la fe profesada por Abrahán?

R/. La fe de Abel, de Enoc y de Noé podría haber sido inferida de lo que se relata acerca de ellos… Pero la fe de Abraham esta atestiguada en forma explícita en la narración de Génesis y "*creyó a Jehová y le fue contado por justicia*" Gen. 15:6.

6.   ¿Qué es lo que Abrahán entiende con lo relacionado al sacrificio de su hijo Isaac?

R/. Abraham está confiando en Dios y está seguro de que, si el joven Isaac muere, Dios traerá de los muertos a su hijo, Abraham sabe que Dios tiene el control de la vida y de la muerte.

7.   ¿Prometió Jesús solo cosas buenas ara sus hijos? ¿Qué dijo que le sucedería a los que guardan su pacto?

R/. Jesús dijo que cosas iguales o peores les sucederían a los hijos de Dios.

8.   ¿Cuál fue la reacción de Job ante la prueba?

R/. Job en medio de todo su dolor, adoró a Dios porque reconoció que Dios dió y Él tiene el poder de quitar incluso la vida v21.

9.   ¿Cuál es el llamado de Dios para su pueblo?

R/. Dios ha llamado a sus hijos a confiar en Él en tiempo de necesidad. Dios tiene cuidado de su pueblo.

10.   ¿Cómo describe el autor a la viuda de Sarepta de Sidón?

R/. El autor describe a esta mujer como una viuda de fe y que era una mujer gentil pero que amaba a Dios con todo su ser.

11.   ¿Cuál es la responsabilidad del creyente en Cristo Jesús?

R/. La responsabilidad de cada creyente es seguir confiando en Dios aun en medio de todas las dificultades.

LECCIÓN 3

1.   ¿Qué es lo que crea la doctrina a la iglesia?
R/. La doctrina crea identidad en la iglesia, le otorga una misión, le otorga la predicación del evangelio
2.   ¿Cuál es la fuente de la doctrina? ¿Cómo se le puede llamar si la doctrina no es bíblica?
R/. La única fuente para conocer la verdad es la palabra de Dios escrita y sin esta verdad la doctrina no tiene autoridad divina, puede ser llamada "doctrina de hombres", pero jamás se le podrá llamar, doctrina bíblica con carácter divino.
3.   ¿Cuáles son las dos formas que la iglesia tiene para hacer doctrina?
R/. a. La doctrina institucional   b. La doctrina bíblica.
4.   ¿Cuál es el significado que le da el Catecismo de Heidelberg a la Cena del Señor?
R/. «76. Pregunta: ¿Qué significa comer el cuerpo sacrificado de Cristo y beber su sangre derramada? Respuesta: Significa, no sólo abrazar con firme confianza del alma toda la pasión y muerte de Cristo, y por este medio alcanzar la remisión de pecados y la vida eterna, sino unirse más y más a su santísimo cuerpo por el Espíritu Santo, el cual habita juntamente en Cristo y en nosotros de tal manera, que, aunque Él esté en el cielo y nosotros en la tierra, todavía somos carne de su carne y huesos de sus huesos, y que, de un mismo espíritu, (como todos los miembros del cuerpo por una sola alma) somos vivificados y gobernados para siempre.
5.   ¿Cuáles son las tres áreas en las que deben ser desarrollados los miembros de la iglesia?
R/. a. Identidad teológica. b. Identidad en la praxis.   c. Identidad apologética
6.   ¿Quién es el centro de la doctrina y en qué se basa esta doctrina?
R/. Dios es el centro de la doctrina. Se basa en lo que Él ha revelado de su ser.
7.   ¿Cuál es el principal objetivo de la doctrina?
R/. Conocer a Dios y para que rinda gloria a su nombre.

8.   ¿Cómo es vista la sana doctrina en muchos círculos cristianos? ¿Por qué se da esto?
R/. La sana doctrina es tenida por innecesaria o anticuada en muchos círculos evangélicos. El problema es que todos creemos tener la verdad.
9.   ¿Cuáles áreas del ser humano necesitan ser ministradas por la doctrina bíblica?
R/. el área físico-material y el área espiritual.
10.   ¿En que no consiste y en que si consiste el evangelio principalmente?
R/. El evangelio no consiste en hechos aislados o sentimentalismo. No, el evangelio consiste en el hecho tangible de la resurrección, una verdad que tiene una importancia para nuestra vida temporal y para la vida eterna.
11.   ¿Qué es lo que enfatiza el Nuevo Testamento para el creyente?
R/. Todo el Nuevo Testamento recalca el hecho de que oír la Palabra no es suficiente; debe ponérsela en acción.

LECCIÓN 4
1.   ¿Quin define la adoración? Y ¿Cuál es el fin de la adoración?
R/. La adoración la define Dios y es para su gloria.
2.   ¿Con que tiene que ver la doctrina de la adoración que Jesús le enseña a la mujer samaritana?
R/. La doctrina tiene que ver con el COMO y con al QUIEN
3.   ¿Cuáles son los dos extremos en la adoración?
R/. los dos extremos son: 1) la adoración arrogante y 2) la adoración negligente.
4.   La obra comienza y termina con lo divino mostrando su gloria en la *revelación general* y *revelación especial* para que el pueblo de la promesa pueda adorar a Dios en Espíritu y en verdad.
5.   ¿Cómo se revela dios en los primeros cuatro mandamientos?
R/. **Primer Mandamiento:** Dios se revela como lo que es
Segundo Mandamiento: Dios revela la forma como quiere ser adorador.
Tercer Mandamiento: Dios revela las condiciones de la adoración

Cuarto Mandamiento: Dios establece el día que quiere ser adorado.

6.   ¿Qué papel juega la Biblia en la adoración? ¿Por qué es importante la Biblia para entender la forma y la razón para adorar?

R/. La Biblia no es un simple manual de liturgia, la Biblia es el libro de orden para el culto cristiano. Un culto que no tiene como centro lo que Dios ha revelado para que su pueblo le adore, no es un culto al Dios verdadero

7.   Según el autor: ¿Cómo están los cultos de hoy?

R/. Según el autor, los cultos de hoy están cargados de una adoración humanista y pagana.

8.   Según el autor, el creyente debe conocer ¿A quién y por qué?

R/. Según el autor, el creyente va a entrar en la presencia de Dios y necesita conocer a ese Dios con claridad y certidumbre, pero también debe conocerse a sí mismo.

9.   ¿De qué nos da ejemplo Jesús? Y ¿Cómo nos dio ejemplo Jesús?

R/. Jesús nos da ejemplo de esta vida devocional. La noche que le arrestaron, en la última cena, el Señor contaba con sus discípulos canticos de adoración a Dios.

10.   ¿Qué elementos jugaban un papel fundamental en la adoración del Antiguo Testamento?

R/. Las fiestas solemnes, los ***holocaustos*** y las ***ofendas*** por el pecado también jugaban un papel fundamental en la adoración del pueblo de Dios del Antiguo Testamento.

11.   ¿Qué se puede observar en la unión hipostática de Cristo?

R/. En la ***unión hipostática*** de Cristo podemos observar su humanidad y su deidad a plenitud reveladas en su ser

12.   ¿Qué es antinatural y una incoherencia según el autor?

R/. Es antinatural para un cristiano adorar a Dios con oraciones, himnos, donaciones y ofrendas mientras le ofendemos con nuestra manera de vivir. Esta es una incoherencia.

LECCIÓN 5

1.   ¿Qué es lo que los miembros de la iglesia deben anhelar?

R/. Como seguidores de Cristo debemos anhelar con intrepidez una posición de honor en donde podemos desarrollarnos a plenitud como miembros del cuerpo del Señor Jesús.

2.   ¿Cómo se describe el trabajo misionero del apóstol Pablo?
R/. El trabajo misionero de Pablo incluyó plantar nuevas iglesias y edificarlas para irradiar la luz del evangelio.
3.   ¿Qué significa para la iglesia de que esta protegida por Dios?
R/. La iglesia está protegida en las manos de Dios. Ni satanás, ni ninguno de los demonios podrán con la iglesia porque Dios está peleando por ella sin desmallar. Pero esto va mucho más allá de una simple guerra espiritual. La muerte misma no tendrá poder sobre la iglesia de Jesucristo.
4.   ¿Qué debe ser lo más importante para un creyente?
R/. EL Servicio cristiano.
5.   ¿Cuál es la enseñanza que nos da el profeta Isaías en el capítulo 40?
R/. Que como el águila debemos renovar nuestras fuerzas en Cristo.
6.   ¿Qué otra cosa significa "renovar"?
R/. Renovar también significa: "*Resucitar*" es volver a la vida.
7.   ¿Qué fue lo que demostraron los cristianos de la iglesia primitiva?
R/. Los cristianos en la era de la Iglesia Primitiva "demostraron su amor por Dios, su humildad y su amor los unos por los otros en un generoso compartir
8.   La Escritura se cumple tanto en los elegidos como en los réprobos. Explique, ¿Cómo? y ¿Por qué sucede esto?
R/. Explicación propia.
9.   ¿Qué pasa cuando una iglesia desarrolla los dones y el ministerio alrededor de una persona o grupo de personas?
R/. Una iglesia que desarrolla sus dones y ministerios en derredor de un grupo o un individuo está faltando al principio bíblico de cuerpo.
10.   Según el autor, ¿Cómo se puede explicar la frase "Don de Cristo"?
R/. La frase "Don de Cristo" se refiere a sacrifico de Cristo en la cruz y que por medio de ese sacrificio los cristianos han alcanzado el favor de Dios para ejercer los dones que se le otorga para servir en la iglesia con humildad y mansedumbre sabiendo que son un regalo de Dios inmerecido.
11.   ¿Qué significan los términos DOXA y Dokeo?

R/. Doxa, *gloria* (de dokeo, *parecer*). Significa primariamente *opinión*, *estimación*; y de ahí el honor resultante de una buena opinión.

LECCIÓN 6

1.   ¿Cómo define virtud Gregorio de Nisa?

R/. La virtud es una disposición habitual y firme para hacer el bien: El fin de una vida virtuosa consiste en llegar a ser semejante a Dios.

2.   ¿En que descansa la idea de virtud según la Biblia?

R/. *"Lo que quieras que los hombres te hagan a ti, házselo a ellos" Mt. 7:12.*

3.   ¿Cómo debo tratar a mi enemigo? ¿Por qué debo de hacerlo?

R/. Si mi enemigo busca mi mal, debo amarle, y si voy a actuar contra él, debo hacerlo para edificarlo, «todo castigo cristiano debe proponerse, no la venganza, sino la cura. Este es el mandamiento que Jesús nos dió.

4.   ¿Qué es lo que se puede hacer con un amigo según el autor?

R/. Con un amigo se puede pensar en voz alta sin problemas.

5.   En base a la pregunta cuatro: ¿Existe esta clase de mistad hoy? ¿debería la iglesia hacer algo al respecto?

R/. Respuesta personal.

6.   ¿Por qué es importante pensar antes de hablar y no hablar para pensar según el autor?

R/. Cuando somos mansos podemos reflexionar antes de hablar y no hablar para que luego pasen días de reflexión en lo que dijimos, porque fue inoportuno o malicioso lo que dijimos.

7.   ¿Qué es desobediencia y que conduce la desobediencia?

R/. No hacer lo que Dios manda es desobediencia que conduce a la esclavitud.

8.   ¿Por qué es importante ser responsables y porque debemos hacer las cosas que nos piden los que lideran?

R/. Tenemos la responsabilidad de hacer con amor lo que nuestros líderes nos pongan a hacer.

9.   ¿Cuáles son las seis virtudes personales que se mencionan en este capítulo?

R/. 1. Valentía, 2. Inteligencia, 3. Respeto, 4. Trabajo, 5. Unidad y 6. Diligencia.

10. ¿Cuál es el común denominador de los líderes que tienen éxito?

R/. Los líderes exitosos tienen un común denominador, no le tienen miedo a los retos y siempre están dispuestos a arriesgarse para alcanzar sus metas.

11. La _____ es parte de la imagen de Dios en sus hijos. La _____ denigra las Sagradas Escrituras.

12. ¿Qué es lo que dice el Dr. Serafín Contreras?

R/. El Dr. Serafín Contreras dice: Es imposible tratar de agradar a todo el mundo siempre. Cualquier persona que lleva una vida pública sabe que la gente es inconstante. Una persona puede ser sumamente popular un día y al día siguiente, pasar inadvcrtida.

13. Describa en breve y en sus propias palabras a la mujer virtuosa de Proverbios 31.

R/. Respuesta personal.

14. Siempre se debe guardar la unidad pensando en ¿Qué?

R/. Siempre hay que pensar que la unidad se guarda sabiendo que la ruina de uno es la ruina de todos, que la bendición de uno es la bendición de todos y la felicidad de uno es la felicidad de todos.

15. ¿Qué significa el sustantivo que usa Pedro en 2ª Pedro 1:5-8?

R/. El texto griego de esta frase en particular es muy interesante. Pedro emplea el sustantivo *esfuerzo*, luego el verbo *aplicar* y finalmente el verbo *añadir*. Pedro coloca el sustantivo en primer lugar para darle énfasis. El sustantivo mismo significa "diligencia" y llega al punto de comunicar la idea de apuro.

LECCIÓN 7

1. Según el autor, ¿Qué es la oración?

R/. La oración no es una simple acción de meditar unos minutos al día y nada más, es un estilo de vida.

2. Según el autor, ¿Qué sucede con el que es llamado a la salvación y el que es abandonado en su pecado?

R/. El salvo es reconciliado con Dios; mientras que el pecador recibe lo que merecen sus obras.

3. ¿Cuáles son las tres formas que definen la condición del esclavo?

R/. Primero, el esclavo no ejerce su propia voluntad, Segundo, el servicio del esclavo era sin descanso, Tercero, el servicio del esclavo era incondicional,

4.   ¿A Quiénes Sirve la Iglesia?

R/. La iglesia fue llamada a servir a todos los hombres sin importar color, idioma, raza o estrato social.

5.   ¿De quienes fue llamado el cristiano a cuida sobre todo?

R/. El cristiano es llamado a cuidar de los demás, especialmente de la viuda y del huérfano.

6.   Según el autor, ¿Qué se debe hacer para ver una iglesia fuerte y saludable?

R/. Orar los unos por nuestros hermanos.

7.   ¿Cuándo se resuelve la inseguridad de nuestra salvación?

R/. La seguridad de que pertenecemos a Dios está resuelta cuando entendemos que Cristo nos escogió a nosotros, porque nosotros jamás hubiéramos podido escogerle a Él.

8.   ¿Qué es lo que va a pasar con la persona humilde y sumisa?

R/. La persona humilde y sumisa siempre va a ver a los demás con misericordia y con amor sacrificial.

9.   ¿Cuáles dos elementos podemos encontrar en la frase: "*Ahora pues, temed al Señor y servidle con integridad y con fidelidad*" Jos. 24:14?

R/. A) el temor del Señor y B) el servicio

10.   ¿Cuáles son las cuatro bases de un buen obrero?

R/. 1) Amable en su trato personal, 2) Apto para enseñar, 3) Sufrido y 4) Manso al corregir.

11.   ¿En qué libro y capítulo de la Biblia encontramos al Siervo Sufriente?

R/. Isaías 53.

LECCIÓN 8

1.   ¿Cuándo se elabora el plan de redención y cuando se confirma?

R/. El plan de redención fue elaborado en el cielo y confirmado en la encarnación del Hijo

2.   ¿Cómo vive el hombre sin Dios y con que no se puede comparar el estado en el que vive en hombre sin Dios?

R/. El hombre vive en una condición miserable sin Dios, pero esto no se puede comparar con lo que le espera cuando sea juzgado por el gran juez.

3.   ¿Por qué hoy más que nunca debemos hacer la obra de Dios?

R/. Porque hoy más que nunca estamos en los últimos días.

4.   ¿Qué son las misiones y en que tienen sus raíces?

R/. Las misiones son un patrimonio de Dios. Su raíz está en el propósito eterno de Dios.

5.   Explique en sus palabras que es elección.

R/. Respuesta personal.

6.   Según el autor: ¿Quién es el fundamento de la elección?

R/. Cristo

7.   ¿Cuál era la obra misionera de Abrahán?

R/. Abrahán tenía que dar a conocer a los pueblos las maravillas del Dios de los cielos, el único Yahweh

8.   ¿Cuál es la palabra que se usa para presentar defensa?

R/. Apología

9.   Explique en sus propias palabras los términos soberanía y providencia.

R/. Respuesta personal.

10.   ¿Qué es lo que tiene el hombre como ser cultural?

R/. El hombre tiene una conexión y no se puede vivir fuera de la cultura.

11.   ¿Cuál es la misión del Hijo?

R/. La misión del Hijo es *brindar estabilidad espiritual* (Salvación) al pueblo de Dios.

12.   ¿Cuál es la misión del Espíritu Santo?

R/. Trabaja en el corazón de los elegidos para convencerlos de pecado.

Acerca del Autor

José J. Ramírez se ha desempeñado como misionero, plantador de iglesia por 23 años. Al momento de escribir esta pequeña reseña biográfica esta felizmente casado con Rosa por casi 23 años (enero 14, 20000-2023) con quien han procreado dos hijos: Steve y Esmeralda y juntos sirven en la Iglesia Reformada Vida Nueva de la ciudad de Toronto, José como pastor y su familia son un apoyo incondicional en el ministerio. El pastor José comenzó su carrera ministerial el año 1999 y ha tenido el privilegio de plantar varias iglesias, de las cuales solo una se desintegró. Sirve también como anciano docente en la Iglesia Reformada el Pacto de Toronto. El llamado al ministerio lo recibió el pastor José en el año 2000, pero con este llamado también vino el anhelo de recibir una formación teológica adecuada para servir en el ministerio con excelencia; fue así como ingresó a la Universidad Lee de Cleveland Tennessee y estudió por tres años y medio para ordenarse como pastor de su denominación. Sin embargo, la formación recibida de dicha universidad sintió que no satisfizo su necesidad de conocimiento y la distancia entre Toronto y Cleveland no permitía seguir más de cerca su capacitación; así que entró al Canadá Christian Collage, pero tampoco se sentía cómodo con la corriente teológica que sigue esta universidad. En el año 2003 recibió su primera clase con MINTS y desde entonces se enamoró de la calidad de la educación y de las facilidades para estudiar y en su propio idioma natal, español.

El pastor José sirve en varios ministerios, es el Decano Académico Asociado de MINTS para Centroamérica, es pastor Misionero plantando iglesia reformadas por la región de Centroamérica (tenemos 5 iglesias reformadas plantadas) y es pastor de la Iglesia Reformada Vida Nueva de la ciudad de Toronto bajo la supervisión de la Iglesia Reformada el Pacto de Toronto. Es profesor a tiempo completo de MINTS y trabaja como Decano Académico Internacional Asistente de MINTS. El pastor José posee estudios Técnicos en Mantenimiento y Tecnología, Diplomado en Estudios Teológicos y Liderazgo Cristiano, Asociado en Teología y Arte, Licenciatura en Teología y Arte, Maestría en Teología y Arte, Maestría en Divinidades y actualmente esta estudiando un Doctorado en Ministerios Cristianos. Entre otro ministerio de academia, el pastor José fundó el Seminario Internacional MINTS en El Salvador y muy pronto comenzar con un proyecto de formación pastoral en Centroamérica. En todos estos años de ministerio hemos tenido que sobrepasar obstáculos grandes, pero siempre confiamos de que Dios está en el control de todo.

Colección
Ministerio y Pastoral

1. *Quinceañera Cristiana: Antología de Recursos para una Celebración Cristiana*
Andrés G. Kline

2. *Divorcio y Nuevo Matrimonio: Principios del Antiguo Testamento y su aplicación en el Nuevo Testamento*
Cornelis Van Dam

3. *Consuelo y Esperanza en el Libro de Job*
Cornelis Van Dam

4. *Asuntos de Adoración: Ensayos sobre la Adoración Pública*
Cornelis Van Dam

5. *Fundamentos del Matrimonio Bíblico: Una Perspectiva Teológico-Pactual*
Marvin J. Argumedo

6. *Pilares de la Vida Cristiana.*
José J. Ramírez

Aquiéralos en su librería cristiana más cercana o a través de Editorial Doulos en: www.editorialdoulos.com

Made in the USA
Columbia, SC
27 June 2023

19374243R00189